KB155983

# 세계의 언어정책 1

다언어사회와 일본

世界の言語政策 1

by 河原 俊昭

Copyright © 2003 All rights reserved.

Korean translation rights arranged with Kurosio Publishers, Tokyo

Korean Translation Copyright © 2017 by YOUKRACK Publishing Co.

이 책의 한국어판 저작권은 구로시오 출판사(くろしお出版)와 직접 계약으로 도서출판 역락이 소유합니다.

신저작권법에 의하여 한국 내에서 보호를 받는 저작물이므로 무단 전재 및 무단 복제를 금합니다.

# 세계의
# 언어정책

다언어사회와 일본

# 1

가와하라 도시아키 | 편저

채성식, 조영남, 김현아, 백이연 | 역

역락

# 다언어사회를 맞음에 즈음하여

가와하라 도시아키河原 俊昭

국제화의 시대를 맞아 일본에 거주하는 외국인의 수가 점차 증가하고 있다. 그 수는 아직 일본의 총인구의 1% 정도이지만, 우리들이 사는 사회는 확실히 다언어사회로 향해가고 있다. 그러나 다언어사회를 맞음에 즈음하여 과연 우리들은 그에 대한 준비가 되어 있다고 할 수 있을까? 본서의 목적은 어떤 준비를 해야 하는가에 대해 독자와 함께 생각하는 것이다. 그를 위해 세계 여러 국가가 다언어사회 안에서 어떠한 언어정책을 취해왔는가를 소개하고자 한다.

본서에서 거론하고 있는 나라는 저마다 사정이 다르다. 나라의 체제를 세우는 것이 우선시되는 개발도상국, 오랫동안 이민을 수용해 온 나라, 선(원)주민족의 언어와 문화를 지키려 하는 나라 등 실로 다양하다. 그러나 대부분의 나라가 다언어국가이며 그래서 발생한 문제점에 대해 여러모로 고민해 온 역사를 갖고 있다는 점은 공통된다. 그 점에서 이들 나라는 일본의 선배격에 해당한다. 이들 나라가 경험해온 것으로부터 겸허하게 배우고자 하는 태도는 반드시 필요할 것이다.

## 다언어사회와 언어정책

다언어사회에서는 각 민족 서로의 언어를 존중하는 「다언어주의」가 중요한 키워드가 될 것이다. 그러나 다언어주의를 실천하는 것은 그리 간단한 일이 아니다. 다언어사회란, 언어뿐만이 아닌 종교나 문화도 다른 집단으로 구성된 사회이며, 다양한 요소들이 서로 맞물려 있기 때문이다. 또한 각 집단의 언어는 서로 동등한 위치를 점하는 등가等價의 요소가 아니라, 위신威信언어로서의 높은 지위를 점하는 언어로부터 사적인 분야에서만 사용되는 마이너리티 언어까지 계층적으로 존재하는 경우가 많다. 소위 2언어병용-diglossia이라든가 3언어병용-triglossia, 혹은 다언어병용-polyglossia이 그 예이다. 이러한 사회에서는 높은 지위 언어의 화자는 자신의 언어밖에 구사할 수 없지만, 낮은 지위 언어의 화자는 생활의 필요성에서 복수언어의 화자가 되는 경우가 많다.

이러한 복잡한 언어사회 안에서는 '상호 이해 하에 공존 공생해 나가자'라는 표어만으로 간단히 이상적인 다언어사회가 실현된다는 것은 있을 수 없다. 그것을 가능하게 하는 것은 부단한 긴장의 연속을 수반하는 공생에 대한 노력일 것이다. 그를 위해서는 깊고 풍부한 통찰에 근거한 장래를 내다보는 언어정책이 필요해진다.

그도 그럴 것이 구체적으로 어떤 언어정책을 바람직하다고 할 수 있을까의 문제는 바로 답할 수 있는 성질의 것이 아니다. 역사적으로도 다양한 언어정책이 존재해 왔다. 이민자를 가능한 한 빨리 자국의 문화에 동화시키기 위한 언어정책이 있었으며, 식민지를 유효지배하기 위한 언어정책도 있었고, 독립된 지 얼마 되지 않은 신흥국에서는 원심력이 작용하기 쉬운 각 민족을 하나로 묶기 위한 언어정책이 있었다. 핵심은 목적에 따라 다양한 언어정책이 존재하였다는 것이다.

언어정책은 그 나라의 실정에 맞게 결정되어야 한다. 나라에 따라 무엇을 우선시할 것인가라는 점에서 서로 다르기 때문이다. 어떤 나라의 언어정책이 다른 나라에 그대로 적용된다는 것은 있을 수 없다. 다민족이 모여 독립된 신흥국이나 공통어를 수립하기 위해 고군분투하고 있는 다언어국가 등에 선진국의 다언어주의에 근거한 언어정책을 그대로 적용하는 것은 불가능할 것이다.

그렇다면 향후의 일본에 가장 필요한 언어정책은 무엇일까? 그것은 다름 아닌 임박한 다언어사회에 대응 가능한 언어정책이라고 할 수 있을 것이다. 일본이라는 사회 안에서 각 언어가 지닌 바람직한 본연의 모습을 찾아 그 준비를 시작하는 것이 될 것이다. 이 경우 키워드가 되는 것은 '언어의 평등'이다. 일본이라는 다언어사회가 원활하게 성립해가기 위해서는 '각 언어간의 평등을 추구하는 정책'이 반드시 필요하다.

여기서 '평등'이라는 개념의 의미를 생각해보자. 각기 다른 민족이 공존해가는 경우, 왕왕 발생하곤 하는 마찰을 제거하는 방법으로서 가장 유효한 것은 서로 간에 납득 가능한 평등을 실현하는 것일 것이다. 이는 각 민족 간의 경제격차를 없애나가는 것이라든가 정치적으로 평등한 권리를 보장하는 것이다. 그리고 부언하자면(이 점이 우리들의 주안主眼이지만), 언어에 관해서도 각 언어화자는 서로에게 평등해질 수 있는 정책을 추구해야만 한다. 물론 태평양의 고도孤島에 살고 있는 1000명 내외의 소수민족의 언어와 대국의 공용어를 동렬同列로 논할 수 없을지는 모르지만, 적어도 우리들의 목표는 그에 맞춰져야 한다.

## 이문화異文化와 언어

　각 민족이 공존공생함에 있어 경제적인 평등, 정치적인 평등만으로도 충분하지 않은가, 굳이 막대한 비용을 들여 화자가 적은 민족의 언어를 유지해나갈 필요는 있을 것인가, 라는 의문이 들 수도 있다. 이 점에 대해 생각해보자.

　인간은 이문화로부터의 방문자(여기서는 이방인異邦人으로 부르고자 한다)와 만난다면 비이성적인 반응을 보이곤 한다. 지금까지의 자신의 문화·세계관으로 파악할 수 없는 상대, 정체를 알 수 없는 상대이기 때문에 공황상태에 빠진다고도 볼 수 있다. 어떻게 대응하면 좋을지 몰라 난감해지곤 한다. 때문에 대응은 극단적인 방향으로 흐르곤 한다. 이방인에 대해 어떨 때는 극진히 대접하고 어떨 때는 심하게 배척하기도 한다. 그러나 이들 행동은 그 뿌리를 같이 한다(河原 2000). 문화인류학 용어를 빌리자면 이방인환대와 이방인학대는 같은 현상의 표리表裏관계를 이룬다. 영어 host(원래 의미는 '손님')로부터 hostile(적의가 있는)과 hospitable(극진히 대접하는)이라는 두 개의 파생어가 만들어진 것으로 봐도 영어권 역시 사정은 마찬가지였다고 생각된다.

　서로 다른 문화권에 속한 인간과 인간의 관계를 이어가기 위한 수단으로는 미소, 악수, 혹은 식사를 같이 하는 것 등이 있을 수 있으나, 역시 말만큼 유효한 수단은 달리 없을 것이다. 이문화권의 사람끼리는 오직 말을 통해서만 두 문화 사이에 가로 놓인 심연深淵을 넘어 상대방의 세계를 알 수 있게 되는 것이다. 오직 말을 통해서만 상대방이 정체를 알 수 없는 섬뜩한 존재가 아닌 자신처럼 때로는 기뻐하고 때로는 슬퍼하는 인간임을 이해하게 된다.

　이문화를 이해하려면 쌍방향적인 메시지 교환이 필요하다. 일방통행적인 메시지의 경우 메시지를 받지 못하는 쪽은 상대방을 정체모를 존재로 간주해버릴 위험성이 있다. 쌍방향적인 메시지가 중요하지만, 이를 가장 효과적으로 만드는 것이 바로 상대방의 언어를 서로 아는 것이다. 상대방의 언어를 서로 앎으로써 이문화간의 심연을 넘어 서로를 잇는 다리가 쌍방향에서 보강되어 여간한 일로는 무너지지 않는 견고한 다리가 되어 간다.


## 일본이라는 다언어사회

일본열도의 언어사회는 어떻게 변화되어 갈 것인가? 그 변화는 우리들이 할 수 있는 가장 대담한 상상조차도 훨씬 뛰어넘을 만큼 예상이 불가능할 수도 있다. 일본어와 영어, 이민자의 모어를 둘러싼 환경도 격변할지도 모른다. 이에 맞춰 다양한 언어정책이 입안立案되고 실제로 시행될 것이다.

예를 들어 뉴커머new comer라 불리는 외국인 주민의 경우를 생각해보자. 이들은 일상생활에서 언어 때문에 불이익을 당하는 경우가 많다. 병원에 다니는 법을 모르거나, 쓰레기 버리는 법을 모르거나, 아파트를 빌릴 수 없는 것 등이 그 예일 것이다. 도대체 누구에게 물으면 좋을지 모른다. 언어 면에서의 불이익을 최소한으로 하기 위해서는 어떤 형태로든 행정적 지원이 필요하다. 이를 위해 지방자치단체라든가 지방의 자원봉사자로부터의 언어서비스가 충실해져 가야만 한다(우리들은 이러한 사정을 조사하여 그 결과를 논문집『日本の地方自治体に言語サービスに関する研究』(2000)에서 보고하였다).

또한 뉴커머들은 일본어 이외의 언어를 모어로 하지만, 이 모어는 그들의 정체성의 원천이기 때문에 가능한 한 유지할 수 있도록 해야 한다. 그들의 다양한 언어는 일본사회의 귀중한 언어자원이기도 하며, 우리들이 일본어를 소중히 생각하고 있는 것처럼 모어를 귀중히 지키고자 하는 그들의 권리도 인정해 마땅하다. 이러한 의미에서 그들의 아이들을 대상으로 한 모어보존교육에 대한 이해와 재정적인 지원이 요망되는 바이다.

영어 문제에 대해서도 생각해보자. 일본에서는 최근 영어의 존재감이 점점 증대되어 영어의 제2공용어론, 초등학교에서의 영어교육 도입의 시시비비 등에 관해 많은 논의가 이루어지고 있다. 그러나 어떠한 영어를 가르쳐야하는가라는 점에서는 그다지 논의되지 않고 있는 것이 실정이다. 이는 영어교육의 규범이 미국 영어(혹은 영국 영어)라는 점이 당연시되어왔기 때문이다. '영어'라는 이름으로 일괄적으로 간주되는 대상이 실은 다양한 언어의 총체라는 사실이 망각되고 있다.

영어교육의 규범의 범위를 넓혀야만 한다. 이 경우 캐나다 영어와 호주 영어 등을 규범에 포함시키는 것에 많은 사람들이 찬성할 것이다. 남아프리카 영어의 경우에도 모르긴 몰라도 찬성자가 꽤 있을 것이다. 그러나 인도 영어, 필리핀 영어, 홍콩 영어 등을 규범으로 하자고 하면 사람들은 꽤 주저하지 않을까? 미국 영어에 비해 인도 영어와 필리핀 영어의 경우 도저히 격이 다르다고 느끼는 사람도 많을 것이다. 그러나 '언어의 평등'은 그런 영역에까지 철저히 적용되지 않으면 안 된다.

이를 인정한다면 중학교와 고등학교에서의 ALT<sup>Assistant Language Teacher</sup> 등도 영미인에 한정되어 채용이 이루어져서는 안 되며 필리핀인, 방글라데시인 등 다양한 사람을 대상으로 함이 바람직하다.[01] 교과서에서 사용되는 용법에 관해서도 미국 영어뿐만이 아닌 다양한 나라의 영어를 소개함이 마땅하다. 인도나 필리핀의 경우, 그 나라 특유의 영어가 충분히 기능하고 있으며, 화자의 수 역시 방대하다는 점을 그 근거로 들 수 있다.

일본인이 사용하는 영어는 흔히 재패니스 잉글리시<sup>Japanese English</sup>로 불리나 이에 대한 평판이 별로 좋지 않다. 할리우드 영화에 등장하는 일본인이라면 대체로 기묘한 성적 습관을 갖고 있으며, 도수가 높은 안경을 쓰고 억양이 강한 영어를 사용하는 인물로 묘사되어 조롱의 대상이 되곤 한다. 일본인 스스로도 재패니스 잉글리시를 부끄러워하여『안녕, 일본인 영어』,『일본인 영어를 고치다』라는 제목의 책이 세상에 널려 있다.

재패니스 잉글리시는 멸칭蔑稱이 되었다. 그러나 발상의 전환을 통해 이를 우리들의 정체성의 기반으로 삼고 싶다는 생각이 든다. 재패니스 잉글리시 자체는 우리들이 만들어낸 소산所産이기 때문에 부끄러워할 필요는 없을 것이다. '언어의 평등'이란 이러한 가치관의 전환까지도 의미한다.

일본어의 문제에 대해서도 생각해보자. 나는 가나자와에 살고 있으나 거기에 있는 교회에 종종 얼굴을 비치곤 한다. 교회에는 필리핀인, 한국인, 폴란드인, 일본계 브라질인, 멕시코인 등 많은 외국인들이 일요일마다 모인다. 그들끼리 말할 때는 일본어를 사용한다. 일본어가 그들에게는 링구아프랑카lingua franca(공통어)인 것이다.

일본인도 그들과 이야기할 때에는 천천히 단어를 선택하면서 일본어로, 때로는 그들의 언어와 영어 단어를 섞어 말을 한다. 당연히 이는 일본인들끼리가 보통 사용하는 일본어와는 다른, 일종의 피진pidgin(두 개 이상의 언어가 섞인 혼합어) 일본어이다. 그 역사가 일천한 피진 일본어는, 외국인들이 귀국하면 당연히 잊힐 것이고 일본에 정착하는 경우에도 일본어 실력이 좋아짐에 따라 자연히 소멸되어 갈, 일종의 중간언어interlanguage[02]라고 생각된다.

그러나 정착한 외국인의 수가 증가하면 어떻게 될까? 소멸되어 가는 피진 일본어에서 서서히 안정된 크레올creole(혼합어에 조어나 차용어가 첨가된 혼효어, 混淆語)적인 일본어가 되어 갈 것이다. 지금은 업신여겨지는 피진 일본어이지만, 향후 지속적으로 성장해 나가 결국에는 무시할 수 없는 존재가 될 것이다. 3K라고 야유 받는 직장에서 일하는 노동자와 엔

터테이너들의 어눌한 일본어가 열도의 외국인들 사이에서 링구아프랑카의 시초가 될지도 모르는 일이다.

1988년에 국립국어연구소로부터 외국인이 사용하기 쉽도록 '절약일본어'가 제안되었다. 내용은 어미는 'です', 'ます'체로 통일할 것, 동사의 활용은 연체형으로 한정할 것, 기본어휘는 1,000어로 한정할 것 등이 골자였다. 나름의 평가를 받기도 하였으나, '절약일본어'는 부자연스러운 일본어로서 일본어를 왜곡시킨다는 각계로부터의 거센 반발로 인해 어느 샌가 사라져버렸다.

사회에서 밑바닥생활을 보내고 있는 외국인노동자가 사용하는 일본어가 장래의 일본어의 큰 기둥이 될 것이라고 말하면 국어교사들은 황당해할지도 모른다. 국립국어연구소라는 공인기관으로부터 보증을 받은 '절약일본어'조차도 사람들의 반발은 상당하였다. 하물며 출생 자체가 수상한 피진 일본어의 경우는 완전히 무시될지도 모른다.

그러나 '언어의 평등'이라 함은 긴 역사를 자랑하는 정통 일본어와 일천한 역사의 피진 일본어를 대등하게 보는 발상인 것이다. 피진 일본어를 기술한 문법서와 사전이 만들어져 일본어 교육의 장에서 소개된다면 피진 일본어도 나름의 정통성을 갖게 될지도 모른다. 그리고 전통에 얽매여 꼼짝달싹 못하고 있는 일본어에 신선한 충격을 줄 수도 있다. 다언어사회에 대비한 언어정책이란 이러한 것까지 시야에 넣을 필요가 있을 것이다.

## 장래에 대한 전망

급속하게 다언어사회화되어 가는 속에서 우리들이 이해하고 있던 일본어와 영어의 모습이 변해가고 있다. 또 지금까지 우리들에게는 익숙하지 않았던 언어가 다수, 일본사회에 등장하고 있다. 이러한 와중에 임박한 다언어사회에 대비한 언어정책이 점점 중요하게 되었다.

다언어주의에 근거한 언어정책이란 이문화권 사람들 사이에 가로 놓인 심연深淵에 다리를 놓고자 하는 시도이다. 세계 각지에서 행해져 온 언어정책으로부터 겸허하게 배움으로써 우리들도 일본 사회에 어울리는 다리를 놓을 수 있을 것이다.

### 주석

01  최근에는 다양한 나라로부터 ALT가 채용되게 되었다. 이 경향이 한층 더 견고화되어 가는 것이 바람직하다.
02  목표언어를 습득해가는 과정에서 발생하는 언어를 중간언어라 한다.

### 참고문헌

河原俊昭　2000.「歴史に探る異文化理解の深層：異人の意味の変遷」、淺間正通編
　　著『異文化理解の座標軸』pp.19-48　東京：日本図書センター
大学英語教育学会言語政策研究会（編）　2000.『日本の地方自治体における言語サービスに関する研究』　横浜：春風社（委託販売）

# 차례

제 1 장 미국의 공용어는 영어?
-다언어사회 미국의 언어논쟁-

마쓰하라 고우·지松原 好次

## 1. 들어가며

일본인관광객이 뉴욕과 로스앤젤레스의 거리에서 길을 묻는다고 하자. 당연히 통할 것이라고 생각했던 영어가 통하지 않아 놀랄 수도 있을 것이다. 어떤 통계(1990년)에 의하면, 미합중국에서는 영어 이외에 5개의 언어가 100만 명 이상의 모어화자를 갖는다고 한다.[01] 이들 언어는 스페인어, 프랑스어, 독일어, 중국어, 이탈리아어이다. 또한 40만 명 이상 100만 명 미만의 미국인이 가정에서 사용하고 있는 언어도 6개가 있다(타갈로그어, 폴란드어, 한국어, 베트남어, 포르투갈어, 일본어). 아시아 언어를 사용하는 사람들이 많다는 점은 주목할 만하다. 그러나 보다 놀라운 점은 스페인어를 일상적으로 가정에서 사용하고 있는 사람의 수로, 1980년의 1,100만 명에서 1990년에는 1,700만 명 이상으로 늘어났다. 대도시의 거리에서 영어 이외의 언어, 특히 스페인어를 제1언어로 하는 미국인(히스패닉/ 라티노)과 조우할 기회는 점점 많아지리라 생각된다.

미합중국은 다민족국가로 형용되는 경우는 많으나, 다언어사회라는 측면이 강조되는 경우는 좀처럼 없다. 왜 그럴까? '세계의 공통어'로 불리는 영어가 미국의 국어 혹은 공용어로 일반적으로 인식되고 있기 때문일까? 아니면 미국에서 사는 이상, 영어를 습득해두지 않으면 진학과 취업 시 불리하기 때문에 당연히 누구라도 영어사회에 동화되어 간다는 전제가 있기 때문일까?

본고에서는 다언어사회 미국이 안고 있는 언어문제를 들어 이 논쟁이 어떤 방향으로 진행되어 갈 것인가에 대해 살펴보고자 한다. 우선 영어 공용화운동Official English/English Only Movement[02]의 배경을 살펴보는 한편, 잉글리시 온니English Only에 대항하는 세력으로서 1980년대 후반에 나타난 잉글리시 플러스English Plus를 주장한 단체의 동향에 대해서도 다루어 영어공용어 논쟁의 장래를 전망하고자 한다(제 2절). 다음으로 미국 내에 있는 소수언어화자의 언어관의 관점에서 하와이 주에서의 선주민족언어복권의 동향을 소개한다(제 3절). 마지막으로 다언어사회 미국의 경험으로부터 우리들 일본인이 무엇을 배울 수 있는가에 대해 검증한다(제 4절). 이는 1980년대 이후 아시아와 남미로부터 많은 사람들이 일본에 유입된 결과, 사회 자체가 급속히 다언어사회화되고 있기 때문이며, 일본의 선주민족·아이누가 언어나 문화의 복권운동을 실행함에 있어 선주 하와이 민족의 경험으로부터 배울만한 점 역시 상당하다고 판단되기 때문이다.


## 2. 영어공용어화 논쟁의 향방 - English Only 대 English Plus-

### 2-1. 미합중국의 공용어

미합중국의 공용어는 무엇이냐는 질문을 받으면 '영어'라고 답할 사람이 많을 것이다. 그러나 연방헌법은 영어도 포함해서 특정한 언어를 공용어로 지정하지 않고 있다. 역사적 관점에서 고찰하자면 그 이유는 명확하다. 독립전쟁을 치르는 과정에서 영어를 공용어로 지정하는 것은 득책(得策)이 아니라는 판단이 지도자층에 있었기 때문이다. 독립이라는 대의에 응해 준 프랑스와 독일의 이민자의 감정을 자극하고 싶지 않다는 의식의 발현이라고 볼 수 있다. 실제로 독립전쟁 전, 영어화자인 벤저민 프랭클린은 독일이민자 색출과 식민지의회에서의 독일어 추방을 주장하였다. 독립전쟁 종결 후에도 독일어를 사용한 의회문서의 작성금지조치와 프랑스어 사용금지가 행해졌다. 프랑스어 화자가 압도적으로 많은 루이지아나주에 영어 화자 3만 명을 이주시킨다는 제퍼슨 대통령의 제안은 부결되었지만, '루이지아나 주 의회의 문서는 모두 영어로 해야 한다'는 규정이 19세기 초 연방의회의 압력으로 주헌법에 삽입되었다.

연방헌법에는 공용어규정이 없음에도 불구하고, 독립전쟁종결 후 모든 공적인 면(입법, 사법, 행정)에서 영어가 사실상의 공용어가 되어 언어적 동화English Monolingualism를 막을 수 없었다. 실은 이 흐름이 꾸준히 현재까지 이어져 온 것이다. 건국 이래 이민자는 2세, 3세가 되면서 영어로의 동화가 진행되었기 때문에 지배층의 입장에서는 굳이 영어를 공용어로 지정할 필요성이 없었던 것이다.

그런데 특정 언어가 국가와 주의 공용어로 지정된 경우, 어떠한 역학이 작용하는 것일까? 개개의 케이스에 따라 사정은 다를 것이다. 예를 들어 웨일즈어와 하와이주의 하와이어와 같이 소수파가 된 선주민족언어가 복권운동 끝에 국가와 주의 언어정책에 의해 공용어로 지정된 경우도 있을 것이다. 혹은 인도나 싱가포르와 같은 다언어국가에서 각 민족 또는 각 언어화자 간의 균형을 맞추기 위해 복수언어가 공용어로 지정된 경우도 있다.

그러면 미합중국의 경우에는 어떠한 역학관계가 배후에 있었던 것일까? '공식 공공성, 대항적 공공성'[03]의 개념을 원용하도록 한다. 프레이저(1999 : 148)는 '공공적'이라는 개념의 정의에 대해 언급하는 과정에서

'〈공식 공공성〉의 지배에 대해 그것을 끊임없이 감시하는 것과 같은 〈하위의 대항적 공공성〉을 만들어 낼 필요가 있다'라고 말하고 있다. 이를 미국의 언어사정에 적용시키면 공공성을 가진 언어는 다름아닌 영어이다. 그리고 영어를 연방정부의 공용어로 지정하고자 하는 움직임은 스페인어라는 '대항적 공공성'의 출현이 계기가 되었다고 생각된다. 히스패닉의 대량유입의 결과, 스페인어의 위협이 빼도 박도 못하는 지경에까지 이르게 되었다고 할 수 있을 것이다. 종래의 이민이 미국사회(영어사회)에 동화되어 간 것과 달리 히스패닉은 '대항적 공공성'을 획득함은 물론, 꾸준히 대항적 공공권을 확대해가고 있다. 이는 체제 측에 비이성적인 공포심을 불어 넣어 다시금 대언어大言語(영어)의 공공성을 주장하게 하는 데 일조하였을 것이다. 사실 절대적인 힘을 가진 영어에 한층 더 '공적 공공성'을 부여하고자 하는 운동이 주·시 레벨에서 해마다 강화되어 가고 있다.

현재 영어는 미국에서 '실질적인 공용어'이기는 하나 엄밀한 의미에서는 '공식 공용어'라고는 볼 수 없다. 이러한 불가해不可解한 상황을 이해하기 위해서 다음 페이지에서는 영어공용어화운동의 배경과 현황을 상세히 살펴보도록 한다.


## 2-2. 영어공용어화운동의 배경

미국의 영어공용어화운동에 대해 일본의 매스컴(주로 신문)은 1980년대 후반 이후, 적잖은 흥미를 표명하고 있다. 예를 들어 『아사히신문』(1995년 2월 23일)은, '영어를 미국의 공용어로'라는 비교적 큰 헤드라인으로 행정서비스에서의 영어 이외의 언어사용을 제한해야한다는 움직임이 연방 레벨에서 힘을 얻고 있다고 보도하였다. 또한 동 신문(1995년 5월 12일)은

1994년 11월에 캘리포니아 주의 주민투표로 가결된 '제안 187'을 들어 불법이민자를 공공의 교육과 의료로부터 추방하고자 하는 움직임이 주 레벨에서 본격화되고 있다고 전하였다. 동시에 스페인어계 주민과 중국어계 주민의 반발도 커, 영어를 공용어로 지정하고자 하는 움직임을 제지하기 위해 전미 각지의 이민단체가 결속하기 시작하였다는 내용의 보도도 있다(예를 들어, 『아사히신문』1986년 8월 29일).

이 논쟁의 도화선에 불을 붙인 것이 캘리포니아 주 선출 공화당 상원의원인 하야카와에 의해 1981년에 연방의회에 제출된 상원합동결의안 72호라는 것은 주지의 사실이다. 영어수정안English Language Amendment이라 불리는 이 법안은 헌법을 수정해서 영어를 합중국의 공용어로 해야 한다고 주장하였다. 이 법안은 폐지는 되었으나 그 후 상원합동결의안 혹은 하원합동결의안의 형태로 계속해서 연방의회에 제출되고 있다.

1983년에는 U.S.English라는 단체가 설립되어 영어공용어화운동을 본격적으로 전개하게 되었다. 주창자인 하야카와 외에도 솔벨로와 아놀드슈워제네거 등의 유명인이 발기인 명부에 이름을 올려 로비활동과 선거자금원조에 매진하고 있다. 또한 86년에는 English First라는 단체가 결성되어 잉글리시 온니의 정신을 연방·주 레벨에서 추진하고자 활발히 움직이기 시작했다. 동년 11월, 캘리포니아 주가 주민투표에 의해 영어수정안(제안63)을 가결하여(73.2%의 찬성), 주헌법을 수정한 것은 U.S.English 및 English First의 원조에 의한 바가 크다고 판단된다.

일본의 매스컴은 주민투표의 결과를 대대적으로 보도하였다. 예를 들어 『아사히신문』(1986년 11월 6일)은 '주민투표로 〈공용어는 영어〉-일본계 주민에도 타격'이라는 제목으로 이 결정이 전미에 큰 파문을 던질 가능성이 있다고 지적하였다. 또한 하야카와 및 탄톤J.H.Tanton[04]의 '캘리포니아는 실험실. 금후 다른 주에도 운동을 확장시켜 머지않아 영어가 미국의 공용어가 되도록 연방헌법이 수정될 때까지 지속적으로 이어가고 싶다'는 발언을 인용하였다. 수정된 캘리포니아 주 헌법의 제3장·제6조는 이하와 같이 기술되어 있다.

(a) 목적

영어는 미합중국 국민 및 캘리포니아 주민의 공통어이다. 본 조항의 목적은 영어를 보존, 보호, 강화하는 것으로 본 헌법이 주민에게 보장하고 있는 권리를 파기하는 것이 아니다.

(b) 캘리포니아 주의 공용어로서의 영어

영어는 캘리포니아 주의 공용어이다.

아칸소 주에서는 1987년에 영어수정안이 의회에서 가결되어 영어가 주의 공용어로 자리잡게 되었다. 또한 88년에는 애리조나 주의 헌법이 수정되어 공용어로서의 영어의 역할이 상세하게 명기되었다. 다시 말해 투표, 공립학교, 의회, 재판소의 언어로서의 규정만이 아니라 공무원 전원에게 근무 중 영어사용을 의무화하였다. 2002년 3월 현재, 어떠한 형태(제정법, 주헌법수정, 구속력이 없는 결의)로든 영어를 공용어로 지정하고 있는 주는 26주이다.[05]

1980년대 초 표면화된 영어공용어화운동의 추진력은 과연 무엇이었을까? 70년대 후반의 불황이 초래한 미국의 보수화 등 다양한 요인을 상정할 수 있겠으나, 60년대의 에스닉 리바이벌 운동에 대한 반동이라고 보는 것이 타당할 것이다. 1964년의 공민권법(1964 Civil Rights Act)성립의 원동력이 된 블랙파워에 추종하는 형태로 각 민족집단이 에스니시티를 주장하기 시작한 결과, 60년대 후반부터 80년대에 걸쳐 문화다원주의cultural pluralism가 첨예화되어 점차로 급진적인 다문화주의multiculturalism로 변용되어 갔다. 특히 히스패닉계 미국인이 비백인으로 간주되어 인종적 우대정책의 대상으로 편입될 무렵 큰 전환점을 맞이하게 된다.

언어에 관해서도 다언어주의multilingualism가 힘을 얻어 1966년에는 캘리포니아 주 헌법에서 '영어를 공용어로 한다'는 조항이 삭제되었다. 이러한 시대정신을 구현화한 것으로서는 1968년 2언어사용교육법(Bilingual Education Act of 1968)을 들 수 있을 것이다. 이 법률은 멕시코계 미국인 등에게 강제적 동화를 요구하는 '물에 빠지기 싫으면 헤엄쳐sink-or-swim'라는 종래의 방식을 바꿔, 교육언어로서 아이들의 모어를 사용함을 허용한 것이다. 영어에 의한 수업을 따라가지 못해 자신감과 자존심을 뺏겨 차별의 대상이 되고 있었던 히스패닉계 아이들에게 있어 모어에 의한 교육은 축복이었다. 학교교육에서의 소외가 사회적·경제적 약자로의 길로 직접적으로 이어졌기 때문이었다. 이러한 교육법의 종래의 목적이 2언어교육이 아닌 영어문화로의 동화라는 비판[06]도 있었으나, 스페인어 등 미국 내의 소수파언어에 의한 교육을 인정한 의의는 크다. 그 후 카터 정권(1976-1980) 당시에 창설된 연방교육성이 2언어사용교육에 충분한 예산을 계상하였기 때문에 소수파 언어집단의 모어를 보존하고자 하는 운동은 미국사회에 뿌리를 내리게 되었다.

그러나 1978년에 2언어사용교육법이 수정되었을 무렵부터 다언어주의에 반대하는 움직임이 표면화되었다. '영어로의 전환을 목표로 한 프로그램에만 자금을 원조한다'라는 수정의 이면에서 반이민감정의 고조를 엿볼 수 있다. 1964년의 공민권법과 연동하여 성립된 65년의 이민법 발본적 개정(국민할당제의 폐지) 및 78년의 개정(동반구·서반구별 할당틀의 철폐)에 의해 아시아계, 중남미계의 이민자가 대량으로 유입되기 시작했기 때문이다. 아시아계 이민의 경우, 1975년의 남베트남정부 붕괴로 인한 도시나 난민의 유입과 같은 정치적 요인, 오일쇼크 등이 초래한 NIES지역으로부터의 난민의 급증이라는 경제적 요인이 상정된다. 중남미계 이민의 경우 쿠바 혁명(1959년) 이후, 플로리다 주 마이아미 근교의 데이드 지역이 카리브해 연안 국가로부터 유입된 스페인어 화자에 의해 정치적·경제적·문화적으로 압도당하고 있다. 밀려드는 히스패닉계 이민자에 대해 위협을 느껴 1980년 시점에 전미 최초의 영어공용어화조례를 가결(주민투표에서 약 60%가 찬성)한 이 군이 실은 63년에 전미 최초의 2언어사용교육을 도입하여 73년에는 영어와 스페인어 쌍방을 공용어로 하는 조례를 가결하였던 것이다(Resnick 1988).

1980년대에 들어 '다언어·다문화상황은 미국이란 국가를 분단시킬 우려가 있다'라는 인식이 보수적인 레이건 정권(1981-1989)에 의해 증폭되었던 것도 간과할 수 없다. 레이건 자신이 이하와 같이 말하며 당시의 2언어사용교육의 방향성을 아래와 같이 비판하였다(Bennett 1985).

> 2언어사용교육이 도움이 된다고 한다면 그것은 미국적 생활의 본류에 충분히 참가할 수 있는 다리로서 사용될 때이다. 영어를 모어로 하지 않는 학생들을 격려한 나머지, 성공으로의 길을 닫아버리는 형태로 실시되어서는 안 된다.

특히 히스패닉계의 이민에 대해 탄톤은 '히스패닉의 인구증대가 합중국 내에 언어적, 경제적, 인종적, 종교적 아파르헤이트를 낳게 될 것이다'라고 지적하며 위기감을 그대로 드러내었다(Crawford 1988). 하야카와도 영어문화로의 동화를 거부하는 히스패닉계 이민자의 지도자들을 공격의 대상으로 삼아 '장기적으로 봤을 때, 아마도 흑인과 백인의 단절 이상으로 험악한 단절을 미국사회에 초래하게 될 것이다'라고 하였다(Hayakawa 1985).

하야카와가 제출한 상원 동결의안72호(1981년)의 제5조는 '영어사용을 향한 중간적 역할을 할 수 있다면'을 조건으로 영어 이외의 언어를 교육언어로서 사용하는 것을 허가하였다. 이 정신은 하원합동결의안 13호(1987년)의 제3조, 동 81호(1989년)의 제3조에도 계승되고 있다. 예를 들어

연방정부사용언어법(Language of Governmnet Act of 1995)의 법안은, 제2조에서 '건국 이래의 공통어인 영어의 습득은 미국민의 지상명제이다'라고 주장한 후 영어에 의한 이민자의 조기 동화를 명문화하고 있다.

1995년 2월 21일 하원에 제출된 1995년 국어법(National Language Act of 1995)의 법안은 영어공용어화운동의 본래 목적을 가장 명확하게 법문화한 것이라고 할 수 있을 것이다. 제3조에서 2언어사용교육법의 폐지와 교육성 내에 설치되어 있는 2언어사용교육·소수파언어문제국의 폐국을 요구하고 있다. 또한 제4안은 1965년의 투표권법·제203조[07]를 파기하고 선거의 투표용지로부터 영어 이외의 언어를 축출하자는 내용을 담고 있다.

80년대 이후에 고양된 영어공용화운동의 배경을 살펴봤으나, 다시금 주목해야할 점은 헌법에서 공용어를 지정하지 않고 있음에도 불구하고 미국 내에서는 이미 19세기 후반부터 20세기 초반에 걸쳐 '신이민자'에 대한 혐오, 전쟁에 따른 애국심의 고양, 대공황에 의한 경제파탄 등이 맞물려 잉글리시 온니라는 시책이 많은 주에서 강구되고 있다는 점이다. 예를 들어, 1923년 시점에서 공립 및 사립학교의 교육언어를 영어로만 한 주가 34주에 달하고 있었다는 사실을 명기해야할 것이다(Leibowicz 1985). 한편 연방 레벨에서는 영어의 교육언어화를 요구하는 법안(예를 들어 1919년 상원에 제출된 상원합동결의안)이 가결되었다는 사실도 잊으면 안 될 것이다.


## 2-3. 이언어주의·다언어주의의 반격

잉글리시 온니의 대항세력으로서 잉글리시 플러스가 출현한 것은 1980년대 후반의 일이다. 그러나 1987년 EPIC(English Plus Information Clearing house : 잉글리시 플러스 정보 센터설립은 반드시 U.S. English와 English First에 대한 직접적 대항조치는 아니었다(Combs 1992). 레이건 정권의 교육장관 윌리엄 베네트에 의한 2언어사용교육에 대한 집요한 공격이 계기가 된 모양새였다. 85년 9월, 뉴욕시에서 행한 강연에서 베네트 장관은 이하 와 같이 말하며 2언어사용교육에 대한 예산삭감의 필요성을 호소하였다 (Bennett 1985).

우리들은 영어학습의 목표를 잃어버리고 말았다. 영어를 배우는 것 은 교육의 기회균등에 있어 결코 빠질 수 없는 요소였음에 틀림없다. 실 제 건강·교육·복지성은 2언어사용교육이야말로 학생들의 모어와 모국문 화에 대한 지식을 심화시키는 것으로 보고 앞으로도 더욱 중시할 자세를 취하고 있다. 2언어사용교육은 학생들이 확실하게 영어를 습득하기 위한 수단으로서, 혹은 영어습득까지의 이행조치로서는 더 이상 받아들여지 고 있지 않다. 오히려 모국문화에 대한 자긍심의 상징, 혹은 긍정적인 자 기이미지를 학생이 갖게 하기 위한 수단이 되었다.

이 연설로부터 수개월 후, 마이아미에 본부를 둔 공민권 운동 단체 SALAD Spanish-American League against Discrimination(차별에 반대하는 스페인어계 미국인 연맹)가 '잉글리시 온니가 아닌, 잉글리시 플러스를! 2언어사용교육문제의 분석'이라는 상세한 견해를 표명하였다(Combus 1992). 이 문서를 계기로 잉글리시 플러스의 정신이 점차 침투되어 1987년 EPIC창설로 이어지게 된 것이다.[08] 88년에는 문화권리수정안Cultural Rights Amendment이 영어수정 안에 대항하는 형태로 연방회의에 제출되었다. 다음 해 89년에는 세 주(뉴 멕시코, 오리건, 워싱턴)의 회의에서 잉글리시 플러스 결의안이 가결되었다.[09] 또한 시 레벨에서도 동 취지의 결의안이 가결되었다. EPIC의 지원은 법정 투쟁에까지 이르러 90년 애리조나 주의 연방지방법원은 전술한 영어수정 조항을 위헌(연방헌법수정 제1조·언론의 자유를 침해)으로 판단하였다.

1995년 7월 13일, 연방의회에 상정된 양원공동결의안은 법률로서의 효력은 갖지 않으나 잉글리시 온리에 대항하는 존재로서의 잉글리시 플러스의 입장을 연방 레벨에서 명확하게 하였다는 점에서 획기적이었다. 잉글리시 플러스 결의English Plus Resolution로 명명된 이 결의는, 미국에서의 영어의 중요성을 인정하는 한편, 다언어주의 쪽이 훨씬 더 유익하다고 논하였다. 국제경제전쟁, 외교, 국가의 안전 및 이문화간의 상호이해에 있어 다언어주의가 건국 이래, 얼마나 국가에 공헌해왔는가에 대해 서술하고 있다.

또한 1990년의 국세조사에서도 국민의 94%가 영어를 사용하고 있는 실태를 보더라도 부동의 지위에 있는 영어를 공용어로 지정할 필요는 없다고 하였다. 나아가 잉글리시 온니를 지향하는 법적 조치는 문화다원주의의 전통을 침해하여 민족 간의 분열을 조장할 뿐만 아니라 현 단계에서 한정된 영어능력밖에 갖지 못한 주민에게 다대한 불이익을 끼칠 수 있다는 우려를 표명하였다. 영어공용화법안은 헌법으로 보장된 표현의 자유 및 법 아래에서의 평등에 족쇄를 채우게 됨과 동시에 국제적인 인권규약에도 저촉한다고 하였다.

마지막으로 1923년의 최고재판결Meyer v. Nebraska의 1절 '헌법은 만인에게 적용되는 것이며 영어를 모어로 하는 사람만이 아닌 다른 언어를 사용하는 사람도 헌법의 비호 아래 있다'를 예로 들어 아래의 5항목을 결의하였다. 영어습득의 기회보장(제1항), 영어 이외의 언어보존장려(제2항), 선주민족의 언어·문화보존(제3항)에 이어 제4·5항에서 잉글리시 온니에 대항하는 결의를 이하와 같이 행하였다.

**합중국정부가 준수해야할 정책**
    4) 생활에 불가결한 행정수속을 용이하면서도 간편한 것으로 하고, 사람들의 건강과 안전을 촉진하며, 법의 적정 수속을 확보하여 교육

의 기회균등을 추진하고 기본적 인권을 비호하기 위해 계속해서 영
어 이외의 언어에 의한 서비스를 제공한다.

5) 다언어주의가 미국의 이익 및 개인의 권리에 있어 사활을 좌우할
정도로 중요하다는 것을 인식하여 소위 잉글리시 온니를 표방하는
법안과 동종의 언어제한주의적 법안에 반대한다.

영어공용화법이 성립하면 다양한 행정 서비스에 있어 영어 이외의 언
어 축출이 현실 문제화된다.[10] 회의, 공청회, 관보 및 그 외 공적인 장에
서 공무원이 영어 이외의 언어를 사용하는 것은 금지될 것이다. 퇴거명
령, 이혼, 양자입양 등의 법률수속은 모두 영어로 행해지게 된다. 공립학
교에서의 2언어사용교육과 투표용지의 2언어병기도 폐지될 것이다. 더불
어 서민 생활에 있어 사활의 문제가 될 수 있는 경찰신고, 의료·구급서비
스와 재해·방재정보도 영어로만 가능해진다. 일상생활레벨에서는 전화부
와 전화요금청구서, 소득세신고서류, 교통표지 등에도 영어 이외의 언어
의 기재가 없어질 것이다. 직장에서의 계약서류 등에까지 파급되는 것은
명약관화이다.[11] 실제로 캘리포니아 주의 주민투표의 결과를 언급하며 『아
사히신문』(1986년 11월 6일)은 '약 26만 명의 일본계 미국인도 일본어로 볼
수 있었던 운전면허시험이 영어로만 가능하게 되는 등 영향은 적지 않
다'고 보도하고 있다.

영어의 공용어화는 경제에 심각한 타격을 준다고 잉글리시 플러스 측
은 주장한다. 예를 들어 관광안내를 영어로만 하게 되면 관광객은 감소
할 것이며, 간판과 표식에까지 규제를 적용하게 되면 상점의 매상에 악
영향을 끼치게 된다고 한다. 이러한 의미에서 스페인어로 된 신문, 라디
오·TV방송, 기업광고의 증대는 잉글리시 온니 측에 대한 암묵의 저항이
라고 볼 수 있을 것이다(Guiterrez 1985 ; Heath and Krasner 1986).

## 2-4. 전망

잉글리시 온니와 잉글리시 플러스의 대립실태를 개관해왔으나, 영어 공용어화운동은 어떠한 방향으로 진행될까? 연방레벨과 주·시 레벨이 서로 다른 방향으로 진행되는 것은 아닐까?

1995년 연방의회에 제출된 Language of Government Act of 1995(잉글리시 온니 측)와 English Plus Resolution(잉글리시 플러스 측)을 비교하는 것에서부터 고찰하고자 한다. 언어의 다양성과 영어의 중요성을 인정하고 있다는 점에서 쌍방은 같은 출발점에 서 있다고 생각된다. 그러나 어느 쪽이 국가로서의 미국을 대변하는 논리인가는 자명하다. English Plus Resolution은 인권 면에서의 국제적 배려의 필요성을 강조하며 잉글리시 온니의 정신을 비판한다. '인권과 평등, 자유와 입헌정치, 리버럴 데모크라시의 철학'(다마키 1996)이란 '미국의 이상'을 세계를 향해 표방해 왔던 미국에 있어 마이너리티의 존엄을 승인하는 방향성이야말로 진정으로 요구되는 덕목이다. 피, 에스니시티ethnicity, 종교와 더불어 언어도 미국민을 식별할 수 있는 지표일 수는 없다는 점을 고려해야할 것이다. 이 점에 대해 미국사회의 단편화·인종재격리화를 우려하는 사람들 중에는 다른 견해를 가진 사람도 있다. 예를 들어 슐레진저(Schlesinger, Jr.1991 : 138)는 미국적 신조의 하나로 '공통의 언어'를 들고 있으나 이는 어디까지나 앵글로계 미국인의 주류파·다수파의 논리Anglo-conformity가 숨어있는 논법이라고 생각된다.

잉글리시 온니가 서서히 힘을 얻어가고 있는 듯하나, 연방 레벨에서 통용될지 여부는 다른 문제일 것이다. 영어를 유일한 공용어로 하고자 하는 움직임은 건국 초기부터 파상적으로 있었으나 연방 레벨에서 각하되어 왔다. 예를 들어 '미어美語, American를 미국의 공용어로'를 주장 한 1923년 법안은 폐안이 되었다. 현 상황에서는 연방의회통과가 더욱 곤란해진 것 같다. '영어를 이해할 수 없는 공립학교의 학생에게 특별 프로그램을 준비해야 한다'라고 한 최고재판결(라우 구제) 및 발언권(language rights)를 명확하게 한 국제규약(국제연합헌장, 국제연합인권선언, 헬싱키선언 등)을 뒤집는 것도 그리 간단하지 않을 것이며, 상하 각원 3분의 2 이상, 그리고 주의회 4분의 3 이상의 승인이라는 비추요건의 엄격함에도 직면하지 않을 수 없기 때문이다.

한편 주 레벨과 시 레벨에서는 향후에도 영어공용어화운동이 기세를 계속 유지해나갈 것으로 전망된다. 지방정부가 교육 내용과 방법의 결정에 대해 폭넓은 자유도를 인정받는다는 제도적 측면에 주목할 필요가 있을 것이다. 그러나 가장 큰 이유는 히스패닉계와 아시아계 이민·불법입국자의 위협이 손을 쓸 수 없을 만큼 심각한 상황에 이르렀기 때문이다 (그림 1 참조).

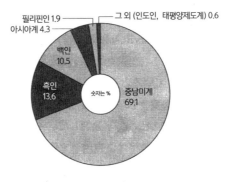

그림 1

1985년 중국계 1세 여성이 로스앤젤리스(사진 1)의 베드타운 몬 트레파크의 시장에 취임한 것은 인종별 인구구성 상(아시아계가 51%) 당연한 것이나 현지 영어화자에게 있어서는 상당한 위협이 되었음에 틀림없다. 실제로 다음해 몬 트레파크는 주민투표로 영어를 연방의 공용어로 지정하는 결의안을 가결(찬성 53%·반대 47%)하였다. 그리고 캘리포니아 주 전체로서는 전술한 영어수정안 가결(1986년)에 이어 1998년 6월의 주민투표로 2언어사용교육폐지법안(English for the Children이란 타이틀의 '제안227')을 압도적 표차로 가결하였다. 또한 2000년 11월 아리조나 주에서도 동 취지의 '제안203'이 통과되었다.

사진 1 : 스페인어가 범람하는 LA의 다운타운(2001년 9월 촬영)

사진 2 : 몬트레파크시(별칭, 리틀 타이펜)에 있는 타이펜 센터(2001년 9월 촬영)

한편 영어공용어화운동의 추진자들이 정말로 노렸던 것은 헌법수정이라는 형태를 취한 2언어사용교육에 대한 공격, 그리고 히스패닉 지도층의 정치적 영향력 배제라는 의견도 있다.[12] 피쉬맨(Fishman 1988)은 '권력의 좌에 있는 자(그 자리에 오르기를 절실히 바라는 앵글로계도 비앵글로계도 포함해서)는 미국사회에서의 자신의 지도적 지위가 흔들려 특권을 뺏기는 것을 우려하고 있다'고 단언하였다. 국제어로서의 영어의 지위가 확고해지고 있는 한편, 미국민의 갈색화browning of America가 급격하게 진행되고 있기 때문에 잉글리시 온니와 잉글리시 플러스의 저항은 21세기에 들어서도 격화되어 갈 것으로 예상된다.

영어공용어화운동이 히스패닉계와 아시아계 이민자에 대한 2언어사용교육과 면밀히 관련되어 있음을 서술하였으나, 바이링구얼리즘에 대한 당사자의 인식에 큰 차이가 있음을 여기서 지적하고자 한다. 즉 최종적인 목표를 영어문화로의 동화로 생각한 잉글리시 온니 측은 초등학교의 일정 단계까지는 이민자의 모어에 의한 교육을 허용하나 중학년부터는 영어만을 교육언어로 사용하도록 요구한다. 최근의 바이링구얼리즘에 관한 연구[13]에 따르면 이러한 종류의 2언어사용교육은 소수파언어의 보존에 성공할 수 없는 '소극적 바이링구얼리즘subtractive bilingualism'이다. 이에 비해 잉글리시 플러스 측은 소수파언어에 의한 이머전immersion 교육을 가능한 한 고학년까지 지속함으로써 민족의 언어를 보존할 수 있도록 노력한다. 우세언어(미국의 경우는 영어)에 대해서는 초등학교 고학년부터 배우기 시작해도 습득에 문제가 없으므로 양 언어의 습득에 성공한 '부가적 바이링구얼리즘additive bilingualism'이 된다고 주장하였다.

향후 잉글리시 플러스 측은 분리주의적·급진적인 자민족 중심주의ethnocentrism(예를 들어 80년대 말에 커리큘럼 개혁운동의 형태를 취한 〈아프리카 중심주의Afrocentrism〉)에 빠지지 않도록 방침을 굳힐 필요가 있을 것이다. 로스 폭동(1992년) 등에서 밝혀진 바와 같이 소수파 이민 집단 간의 충돌이 각지에서 현실화되어 가고 있기 때문이다.

반면에 잉글리시 온니 측은 2언어사용교육에 대한 공포심을 맹목적으로 키워갈 것이 아니라 바이링구얼리즘에 관한 연구 성과를 냉정하게 받아들여야 할 것이다. 또한 울프(1996)의 주장처럼 배제의 논리만을 주장하지 말고 '공동체의 구성원을 다양성의 측면에서 승인하고 존경하는' 것이 바람직하다. 그러한 의미에서 고등학생을 대상으로 외국어를 필수과목으로 지정하는 법안이 플로리다 주에서 검토되고 있다는 보고[14]는 주목할 만하다. 왜냐하면 고교의 졸업요건으로서 외국어 이수를 규정하고 있는 주는 1980년 시점에서 전무하며 대학에서조차 외국어를 필수로 지정하고 있는 곳이 불과 8%에 지나지 않았기 때문이다. 바론(Baron 1987)의 지적대로 영어를 제1언어로 삼는 미국인이 다른 언어를 배우려 하지 않는 자세야말로 비판받아 마땅할 것이다. 이민자의 언어를 자원으로서 최대한 활용하는 방향으로 언어교육정책을 전환해야 한다. 동시에 군사, 외교, 경제 등에서의 국익우선의 외국어교육을 일부 엘리트에게만 시행할 것이 아니라 이질적 문화에 접하며 타자 이해의 정신을 함양하기 위한 외국어교육이 미국에서 널리 행해질 수 있기를 바란다.

2001년 9월 11일의 동시다발테러사건 후 미국정부가 과시한 '정의 justice'는 미국의 언어문제에 헤아릴 수 없을 만큼 엄청난 영향력을 갖는 것 같다. 이 대의의 실행을 지탱해 온 것이 달러와 정치, 군사, 그리고 영어라는 언어이기 때문이다. CNN에 의해 산포된 강자의 언설은 애국주의에 경도되어 가는 미국민의 지지를 얻어 그 영향력을 지속적으로 극대화하기 위해 영어로의 구심력을 높여갈 것은 명약관화하다. 그 결과, 영어공용어화운동에 박차가 가해짐과 동시에 대항세력의 반격 역시 강해져 갈 것이다.

영어공용어화 논쟁은 이성적인 대화라기보다는 비이성적인 공포심에 이끌려 진행되고 있기 때문에 단순한 해결은 있을 수 없을 것이다. '타자를 배움으로써 내 자신이 변하고 나아가 자신만의 익숙한 기준만으로 판단하지 않게 된다.'(테일러 1996)라는 시점을 갖는 것이 중요함과 동시에 그것이 얼마나 어려운 것인지를 미국의 언어 문제는 여실히 보여주고 있다.

## 3. 소수언어화자의 언어관
### - 하와이에서의 선주민족 언어의 복권운동을 중심으로 -

### 3-1. 하와이 주의 공용어

전절에서는 영어 이외의 언어를 사용하는 사람들(특히 히스패닉)이 영어 공용어화에 반대하는 형태로 자기주장을 전개하기 시작했음에 대해 살펴보았다. 종래 동화의 대상이기만 했던 이민자들이 자신들의 언어·문화를 보존하기 위해 상대적으로 우위인 영어에 대적하기 시작한 것이다.

여기서 미국사회의 소수언어화자 중에는 선주민족이 있다는 사실을 잊어서는 안 된다. 과거 수 세기에 걸친 가혹한 탄압정책 끝에 미국 내의 선주민족 사이에는 억압받던 언어의 복권을 꾀하는 움직임이 최근 나타나고 있다. 본 절에서는 선주민족의 언어권이란 관점에서 하와이어의 복권운동에 초점을 맞추고자 한다.

호노루루 국제공항에 내린 순간부터 일본인 관광객은 하와이가 미합중국의 하나의 주임을 실감한다. 입국심사를 비롯한 행정만이 아니라 사법, 입법, 그 외 하와이사회의 모든 것이 영어로 이루어지기 때문이다. 그러나 하와이 주의 공용어는 영어만이 아니다. 1978년에 주헌법이 수정되어 영어와 나란히 하와이어가 주의 공용어로 제정되었다(제XV장·제4조).

> 영어와 하와이어가 하와이주의 공용어이다. 단 하와이어는 법에 정해진 경우에 한해 일반법률 그리고 거래행위에 적용된다.

그러나 공용어로 지정되었다는 것과 그 소수언어가 실제로 사회에서 사용되고 있는가는 별개의 문제이다. 예를 들어 아일랜드어는 영국의 식민통치로부터 벗어났을 때, 제1공용어로서 헌법에 규정되었음에도 불구하고 실제 사용은 제한되어 명목적인 것이었다고 밖에 볼 수 없다. 웨일즈어도 1967년의 언어법(Welsh Language Act)에 의해 400년 만에 공용어의 지위를 되찾았으나 웨일즈에서 웨일즈어 화자는 20%에도 미치지 못한다. 이는 뉴질랜드의 선주민족 언어인 마오리어에도 그대로 적용된다. 1987년 마오리 언어법(Maori Language Act of 1987)에 의해 선주민족 언어화자의 언어권이 일부 보장되었음에도 뉴질랜드 사회전체로는 마오리어가 영어와 동등한 정도로 사용되기까지는 이르지 못하였다.

그런데 하와이의 경우는 어떨까? 주의 공용어로 규정되고 20년 이상 경과된 현재, 여전히 하와이가 영어사회라는 점은 부정할 수 없는 사실이나, 주헌법의 수정에 의해 '대항적 공공성'이 과거 20년간 정착된 분야가 있다. 공교육에서의 하와이어 복권을 위한 노력이 바로 그것이다. 다음 페이지에서는 하와이어를 교육언어로 규정하는 한편, 선주민족 언어의 재활성화를 위한 활동에 대해 개관하도록 한다.


### 3-2. 하와이어 복권운동의 현황

쿡 선장의 내항(1778)이 발단이 된 유럽열강에 의한 하와이쟁탈전은 1893년 하와이 왕조 전복으로 새로운 국면을 맞이하게 된다. 언어정책의 관점에서 조망하였을 때, 미합중국에 의한 병합(1898)은 학교교육을 비롯한 사회의 다양한 영역에서 하와이어를 축출하는 최종단계가 갖추어졌음을 의미한다. 전염병에 의한 하와이선주민족의 인구격감과 맞물려 영어에 의한 하와이어의 축출이 철저히 진행되었다. 그 결과, 20세기 후반에는 모어화자가 극단적으로 감소하게 되었고 하와이어는 사멸 직전까지 몰리게 된다.

그러나 1980년대 초반부터 하와이어를 재활성화하고자 하는 움직임
이 하와이제도 전역에서 활발히 진행되었다. 하와이어만으로 취학 전
의 아이들을 보육하는 푸나나 레오Pūunana Leo : Hawaiian language immersion
preschool[15]가 하와이의 각 주요섬에 탄생한 것은 80년대 중반 경이었다.
또한 80년대 후반 무렵부터 모든 교과를 하와이어로 가르치는 카이아
프니 하와이이Papahana Kaiapuni Hawaiʻi : Hawaiian Language Immersion Program가
각지의 공립초등학교에 설치되게 되었다. 하와이주 교육국State of Hawaii
Department of Education : DOE은 이 프로그램의 발전을 통해 하와이 선주민
족의 언어 및 문화가 하와이 사회에 되살아날 수 있도록 시책을 강구하
고 있다.

하와이 선주민족의 언어복권운동에서 가장 큰 계기가 된 것은 1970년
대에 용솟음친 하와이안 르네상스Hawaiian Renaissance[16]의 물결과 뉴질랜드
선주민족 마오리로부터의 후원일 것이다. 마오리의 코한가 레오Kōhanga
Reo[17]에 촉발되어 첫 푸나나 레오가 카우아이도의 케카하에 탄생한 것이
1984년의 일이다. 이어 3년 후인 1987년에는 하와이어만으로 K-1(유치
원아 그리고 초등학교 1학년생)을 가르치는 클래스가 하와이도 히로의 케아
우카하 초등학교와 옴후도 파르·시티의 와이아우 초등학교에 설치되었
다(사진 4). 하와이판 쿠라 카우파파 마오리Kura Kaupapa Māori(마오리어를 교
육언어로 하는 뉴질랜드의 초등학교)이다. 이는 푸나나레오에 아이들을 보낸
부모들의 강한 열망이 주의 교육위원회와 DOE를 움직인 결과물이다.

사진 3 : 호놀룰루에 있는 푸나나레오(1994년 9월 촬영)

사진 4 : 와이아우 초등학교인 카이아프니 하와이이(1994년 9월 촬영)

표 1은 2000년 3월 현재의 카이아프니 하와이이 그리고 재적아동·학생의 수이다.

표 1 : 카이아프니 하와이이의 현황(2000년 3월)

| 학교명(설립연도) | 배치학년 | 재적수 |
|---|---|---|
| Keaukaha Elementary (87) | K-6 | 235 |
| Nāwahīokalaniʻōpuʻu (93) | 7-12 | 85 |
| **Konawaena** Elementary (95) | K-5 | 104 |
| **Waimea** Elementary (96) | K-4 | 73 |
| Pāʻia Elementary (88) | K-5 | 109 |
| Kalama Middle School (95) | 6-8 | 34 |
| Kekaulike High School (97) | 9-11 | 23 |
| Kualapuʻu Elementary (92) | K-6 | 116 |
| Molokaʻi High and Inter (99) | 7 | 10 |
| Hauʻula Elementary (98) | K-2 | 58 |
| Pūʻōhala Elementary (90) | K-6 | 132 |
| Ānuenue (95) | K-12 | 344 |
| Waiau Elementary (87) | K-4 | 111 |
| Nānākuli Elementary (95) | K-5 | 122 |
| Kapaʻa Elementary (89) | K-5 | 109 |
| Kapaʻa Middle School (96) | 6-8 | 21 |
| Kapaʻa High School  (98) | 9-10 | 7 |
| 계 | | 1,716 |
| 범례 : K-6 은 유치원으로부터 제6학년까지를 설치 | | |

출처 : DOE (2007)

　　그 후 마우이도의 라하이나에도 신설되었기 때문에 2001년 8월 현재 18개의 카이아프니 하와이이에서 약 1,800명의 아이들이 하와이어만으로 교육을 받고 있다. 여기에 10개소의 푸나나 레오(2001년 8월)에서 보육을 맡고 있는 아이들을 더하면 약 2,000명이 이머전 보육·교육의 대상이다. 현재에는 초등·중등교육만이 아닌 고등교육에서도 교육언어를 하와이어만으로 하는 대학이 출현하였다. 또한 2002년 5월에는 하와이대학 히로교의 대학원Ka Haka 'Ula O Ke'elikolani College of Hawaiian Language, University of Hawai'i at Hilo으로부터 첫 석사과정 수료자가 배출되었다. 소수 몇 명의 의지에 의해 푸나나 레오 협회가 설립된 1983년 당시, 18세 이하로 하와이어를 말할 수 있는 아이들이 50명이 체 되지 못했다는 사실을 감안하면 실로 격세지감이 아닐 수 없다.

## 3-3. 선주민족언어복권운동에 대한 비판

연방정부는 1968년의 2언어사용교육법에서 1992년 네이티브 아메리칸 언어법(1992 Native American Language Act)에 이르기까지 영어를 제1언어로 하지 않는 소수민족의 아이들에게 민족어에 의한 교육을 허가하는 자세를 관철시켜 왔다. 민족어의 교육 및 전통적 문화의 계승은 이러한 법의 정신에 기반한 교육프로그램의 틀 안에서 실시되어 온 것이다. 이러한 다언어주의 흐름이야말로 하와이어 재생운동을 지탱한 큰 버팀목이 되어왔다는 것은 하와이주 의회의 동향과 주 교육국이 발행한 『하와이어 이머전 프로그램의 장기계획(Long-Range Plan for the Hawaiian Language Immersion Program : Papahana Kaiapuni Hawai'i : DOE 1994)』의 방향성을 통해서도 명확히 파악할 수 있다.

그러나 전절에서 본 바와 같이 '영어를 연방정부의 공용어로 지정하여 다른 언어의 사용을 제한해야 한다'는 움직임이 본토에서 커지기 시작했다. 이민사회에 부합하는 언어정책으로서의 다언어주의에 의해 미합중국 그 자체가 사분오열四分五裂되는 것은 아닌가라는 의구심을 많은 미국인들이 품기 시작한 듯하다. 에스니시티를 과도하게 강조하면 연방국가라는 틀이 붕괴되기 마련이라 영어에서 그 구심력을 찾았던 것일 지도 모른다.

1990년대에 들어와서는 하와이에서도 카이아푸니 화와이이에 대해 의심의 눈초리를 보내는 사람들이 나타나게 되었다. 『호노루루 스타 블루틴』의 논설위원인 스마이저A.A.Smyser의 '하와이어 이머전이란 사고는 우리들을 분단·분열시킬 수밖에 없다'(『블루틴』1991년 2월 26일)는 논설을 계기로 파문이 확산되었다. 스마이저는 하와이 주 헌법 제I장·13조를 인용하여 '두 공용어 중 영어에 우선권이 있음은 자명하여 적대관계를 낳을 우려가 있는 카이아프니 하와이이의 방향성은 잘못된 것이다'라고 주장하였다. 프로그램의 조기중지를 요구하는 논거로서 다음과 같이 서술하고 있다.

> 국민전체가 영어를 사용함으로써 동화가 강화되고 '멜팅 포트'의 효과가 유감없이 발휘되어 왔다. 때문에 우리나라는 강하고 풍요로운 국가가 될 수 있었던 것이다. 만약 영어만이 아닌 프랑스어, 독일어, 스페인어, 이탈리아어, 미국선주민 언어, 그리고 최근 주목 받게 된 아시아 언어를 사용하여 주정부가 제각각으로 행정을 수행했었다면 현재와 같은 국가는 되지 못했을 것이라는 데 의심의 여지가 없다.

'잉글리시 온니'의 논조는 그 이후도 계속되어 카이아프니 하와이이의 아이들 자신이 장래에 필연적으로 불이익을 받게 될 것이라고 보고 다음과 같이 주장하였다.

> 어수가 불과 2만 5천에 지나지 않는 하와이어는 옛날 사회라면 충분히 도움이 되었을 것이다. 그러나 영어 사전 중에는 600만어를 게재하고 있는 것도 있을 정도이며 그 중에는 하이테크와 과학으로 대변되는 복잡한 현대사회를 살아가는 데 있어 필수불가결한 단어도 많다.

1992년 2월 하와이 주 교육위원회가 카이아프니 하와이이의 연장(K-12 : 유치원-12학년)을 결정했을 때도 스마이저는 정보화사회에 있어서의 영어의 중요성을 강조하며 이머전 프로그램에 대한 반대의 자세를 굽히지 않았다(『블루틴』 1992년 3월 24일). 『블루틴』지에는 찬반양론에 관한 다수의 투서가 도착하였다고 한다. 대부분은 스마이저의 의견에 대한 반박이었다. 예를 들어 '사회를 분단하는 것은 언어가 아닌 무지이다'(1991년 3월 5일), '이머전이야말로 하와이어를 사멸에서 구할 수 있다'(1991년 3월 14일), '이머전은 하와이선주민문화를 주장하는데 일조한다'(1992년 4월 27일) 등과 같이 논박함으로써 카이아프니 하와이이를 비호하였다. 인종 간의 분열은 하와이어 이머전 프로그램으로부터가 아닌 스마이저 자신이 주장한 소수파언어·문화의 억압에서 비롯되었다고 주장하였다.

또한 '이머전 프로그램은 마오리어를 부활시킨다'(1991년 3월 18일)는 논리를 펴며 마오리의 입장에서 하와이어 복권운동을 옹호하는 투서도 있었다. 뉴질랜드에서의 코한가 레오나 레오야쿠라 카우파파 마오리의 성공은 이머전 방식에 의한 소수파언어의 복권운동이 교육적으로 타당함을 증명한다고 주장하였다. 스마이저의 우려와는 달리 아이들은 마오리어와 영어 두 언어의 바이링구얼 능력을 습득하였다고 한다.


## 3-4. 전망

하와이어 복권운동이 '잉글리시 온니'라는 큰 흐름에 휩쓸리지 않고 발전해가기위해서는 어떠한 자세를 지속적으로 취해야 할까? 역설적이기는 하나 Kanahele(1982)가 주창한 방향성, 즉 에스니시티에 구애받지 않는 하와이선주민족 문화의 계승에서 그 활로를 찾을 수 있지 않을까? 이러한 방향성은 선주민족의 역사, 전통, 생활양식 등을 무시하는 것이 아니다. 오히려 하와이 지역에 뿌리 내린 문화에 대해 자긍심을 갖게 함으로써 다른 문화에 대한 경의를 아이들에게 심어주고자 한 것이다. 하와이선주민의 피를 이어받았는지의 여부와는 상관없이 문화적, 심리적, 정신적으로 공명할 수 있을 것이라면 같이 하자는 자세이다. 구체적으로는 물질만능주의, 소비지상주의, 능률우선주의에 대한 안티테제로서 선주민족의 삶을 재조명하자고 제안하였다.

문화부흥과 연동시켜 민족어를 재생시키자는 움직임에는 민족의 긍지를 다시 되찾는 것뿐만 아니라 인간으로서의 생존 권리를 되찾자는 희망도 담겨있으므로 하와이선주민족의 피의 농도에 고집할 필요가 없다고 카나헤레는 주장한 것이다. 50% 이상 하와이 민족의 피를 이어받은 아이들만을 대상으로 한 보육원 구상이 1983년에 좌절된 것은 상징적이다. 후에 탄생한 푸나나 레오와 카이아프니 하와이이가 에스니시티의 제한을 철폐한 점은 주목할 만하다. 하와이안 르네상스의 키워드가 된 '민족으로서의 정체성'을 되찾기 위해서는 에스니시티로의 회귀가 필요할지 모르지만, 에스니시티에 독선적인 뉘앙스가 배어 있다는 것을 카나헤레는 일부러 피하려고 했던 것은 아닐까?

앞 페이지에서 본 바와 같이 선주민족 언어의 복권운동에 대해서는 하와이 사회의 체제 측으로부터 비판의 목소리가 나왔다. 또한 1990년대 말부터는 다른 마이너리티 집단으로부터의 이의신청이 눈에 띄게 많아졌다. 이는 선주민족과 소수파 이민집단 사이에 현재懸在화되어 온 알력이자 다문화·다언어사회에서의 선주권, 특히 언어권의 확립과도 밀접하게 관련된 문제이다. 하와이 경제는 일본의 경기에 좌우되는 경우가 많고 교육예산도 최근 긴축경향이기 때문에 DOE의 하와이어 교육프로그램에 대한 예산삭감안이 빈번하게 제출되게 되었다.[18] 1998년 주의회에 제출된 법안(House Bill 3130)도 같은 취지에서 선주권의 제한을 요구하였다. 법안제출의 배경에는 주경제의 침체에 따라 부각된 민족 간의 대립이란 문제가 있다. 선주민족 만이 우대를 받는다는 불만이 다른 마이너리티 집단 안에서 팽배하여 교육면에서도 '하와이민족의 문화, 역사, 언어의 학습을 촉진한다'라고 규정한 1978년의 주헌법수정조항에 대한 반발이 일어났다.

그렇다면 하와이어의 복권운동을 논리적으로 지탱하는 근거는 과연 어디에서 찾아야할 것인가? 오스트리아의 아보리지니 중에는 '국내의 선주민의 곤궁을 모른 체하며 해외로부터의 이민자들에게 먼저 극진한 보호의 손길을 뻗치는 것은 뭔가 순서가 잘못된 것이 아닌가'라며 정부의 선주민족대책을 비판하는 그룹이 있다. 또한 뉴질랜드에서는 마오리민족을 지지모체로 하는 정당New Zealand First Party이 이민의 제한을 주장하였다. 대량으로 유입된 이민자에 의해 자신의 존재가 구석으로 몰릴 수 있다고 걱정하는 선주민족이 다른 마이너리티 그룹과 서로 반목하는 상황을 어떻게 피해야만 하는가?

우선 캐나다와 오스트리아 등의 다문화·다언어사회에서의 언어권의 확립이 이민자 집단의 기본적 인권을 인정하는 과정에서 이루어져 왔다는 사실을 확인할 필요가 있을 것이다.[19] 캐나다의 다문화주의법(Multiculturalism Act 1988)과 미국의 네이티브 아메리칸 언어법은 다문화주의라는 큰 흐름 속에서 탄생한 것이다. 마이너리티 집단의 기본적 인권을 법적으로 비호하고자 하는 흐름이 선주민족의 언어권 확립에 기여한 점을 잊어서는 안 될 것이다. 스카토나브-캉가스와 필립슨(Skutnabb-Kangas and Phillipson 1995)이 제창한 기본적 인권으로서의 언어권Linguistic Human Rights도 이민자, 선주민족, 그 외 마이너리티집단을 시야에 넣은 것이다.

과도한 자민족중심주의가 선주민족의 언어복권운동에 속박이 될 수 있다는 점을 잊어서는 안 될 것이다. 이는 언어제국주의가 온갖 술책을 부려 식민지주민에게 자국의 언어를 강요했던 것과 극히 유사하며 자민족중심주의도 '하나의 민족, 하나의 언어, 하나의 국가'를 지나치게 표방한 나머지 '단일 언어주의'에 빠질 우려가 있다. 그래서 다문화주어·다언어주의의 흐름에 따라 일상생활에서의 기본적 인권을 확보해나가는 한편, 언어권을 주장해가는 것이 선주민족 언어의 복권운동에 있어 바람직한 방향일 것이다.

## 4. 일본은 미국의 경험에서 무엇을 배워야만 하는가?

### 4-1. 외국적 아동·학생에게 모어교육을

제1절에서는 절대적인 힘을 가진 영어에 한층 더 공공성을 부여하고자 하는 움직임이 영어공용어화운동이라는 형태로 미국에서 추진되고있는 상황에 대해 언급하였다. 일본도 1980년대 이후, 아시아나 남미로부터 유입된 노동자가 급증하였기 때문에 다언어사회의 현상이 두드러지게 되었다. 본 절에서 미국의 경험을 참고로 하는 한편, 외국적 아동·학생에 대한 언어교육이라는 문제에 대해 고찰하고자 한다.

외국적 아동·학생에 대한 일본어지도에 관해서는 국가차원뿐만이 아니라 각 지방지자체, 자원봉사자 그룹에 의해 다양한 프로그램이 준비되어 있다. 한편 다양한 언어배경을 가진 아이들의 모어교육은 오랜 기간에 걸쳐 재일한국·조선인에 대한 배타적이자 동화적인 시책의 연장선상에 있으며 행정원조가 미흡한 분야라고 해도 결코 과언이 아닐 것이다.

그러나 공적지원체제의 정비가 진행되지 않는 상황에서도 모어지도가 지속적으로 이루어지고 있는 실태를 코코아의 모임(子どもの**こ**とばと**ア**イデンティティを考える会 : 아이들의 말과 정체성을 생각하는 모임)에서 조사하였다(표 2 참조).

표 2 : 가나가와 현 내의 언어별 모어교실수(1999년 1월 현재)

|  | 외국인학교 | 공립학교 | 자원봉사 | 상업기반 | 계 |
|---|---|---|---|---|---|
| 한국·조선어 | 6 |  | 4 |  | 10 |
| 포르투칼어 |  | 2 | 5 | 1 | 8 |
| 중국어 | 2 | 4 | 1 |  | 7 |
| 스페인어 |  | 2 | 4 |  | 6 |
| 캄보디아어 |  | 2 | 4 |  | 6 |
| 베트남어 |  | 2 | 2 |  | 4 |
| 라오스어 |  | 2 | 2 |  | 4 |
| 영어 | 3 |  |  |  | 3 |
| 독일어 | 1 |  |  |  | 1 |
| 프랑스어 |  | 1 |  |  | 1 |
| 계 | 12 | 15 | 22 | 1 | 50 |

㈜ 숫자는 교실수. 단 하나의 단체에서 복수의 언어를 가르치고 있는 경우가 있으므로 총수와는 일치하지 않는다. | 출처 : 石井(1999)

학교교육에서 일본어지도를 철저히 받은 아이들이 부모와의 커뮤니케이션 갭에 대해 고민하는 경우가 늘어났다. 또한 초등학교 고학년 이후 일본에 온 아이들은 생활언어로서의 일본어를 체득하는 것만으로도 벅차기 때문에 교과내용을 확실하게 이해하지 못한 채로 학년이 올라가게 되어 버리는 경우가 많다. 혹은 장래에 부모의 조국에 돌아갈 경우, 모어를 체득하지 못한 관계로 사회에 잘 적응하지 못하는 아이들이 나오는 상황도 충분히 예측가능하다. 외국적 아동·학생이 정체성을 확립시켜 감에 있어 모어지도 또는 모어에 의한 교육은 불가결할 것이다.

대언어 측이 새삼스레 공공성을 주장할 때, 그것이 소수파언어의 보존·복권에 심대한 영향을 준다는 것은 이미 전절에서 살펴본 바이다. 일본에서도 최근 '영어를 일본의 (제2) 공용어로'라는 움직임이 관찰되고 있다. 이러한 주장이 '일본어(모어)를 제1공용어로'라는 움직임으로 이어져 결과적으로 외국적 시민의 기본적 인권(언어권도 포함)을 위협하게 된다는 점은 이미 많은 연구에서 지적되고 있다.[20] 언어권을 소수파 언어화자의 기본적 인권으로 파악하고자 한다면 '공식 공공성'에 대한 '대항적 공공성'을 비호하는 시책의 충실함이 꾀해져야 한다. 귀화를 전제로 한 사고방식이 당연시되는 일본 사회에서 외국적 시민의 아이들에 대한 모어 교육의 필요성을 이념·시책 쌍방의 레벨에서 확립시키는 것도 이러한 관점에서 추진해야할 것이다.

## 4-2. 공교육 안에서 아이누어를

2000년 3월, 카우아이 도의 카파야 초등학교에서 제2회 카이아푸니 하와이이 지원집회Paipai Kaiapuni II가 개최되어 하와이어 재활성화에 관여한 교사, 부모, 교장, 교육위원, 교육행정 담당자, 지원그룹 등 150명이 참가하였다. 토의의 키워드가 된 것은 kuleana책임라는 하와이어로 21세기를 살아가는 아이들에 대한 책임을 다하기 위해 어떻게 협력 체제를 구축해나갈 것인가가 논의되었다. 또한 이머전 프로그램의 교원양성, 커리큘럼과 교재의 개발, 예산획득, 스쿨버스의 확보, 차터스쿨화의 가능성 등 여러 문제에 대해 논의가 이루어졌다.

때마침 2000년 8월 삿포로에서 개최된 선주민 여성포럼 2000이 아이누어 재활성화에 대한 공적 프로그램의 필요성을 이하와 같이 의결하였다(아이누의 여성 모임 : アイヌの女の会 2000 : 8).

1. 공립 학교교육의 커리큘럼 안에 아이누어의 수업이 이루어지는 것
을 목표로 하며 그를 위해 필요한 교재작성과 교원양성의 자금이

지급될 것.
2. 전 교과, 아이누어가 사용될 아이누 학교가 설립되기 위한 연구·조
   사를 할 것.

　민족언어의 존속을 최종적으로 결정하는 것이 해당 민족 자신의 의사
라고 한다면 이 한 걸음은 크디 큰 한 걸음이라고 할 수 있을 것이다. 하
와이의 선주민족 언어의 복권에 비해 언어사회학적 여건(모어화자수, 표기
법의 확립, 방언의 다과多寡, 선주민족 권리회복운동의 확대, 법률에 의한 선주권의
옹호 등)이 크게 상위할 수 있으나 아이누어 재활성화를 위해 하와이어의
복권운동으로부터 배울 점은 상당히 많다고 할 수 있다.


## 5. 맺음에 갈음하여

　미합중국의 언어정책에는 건국 초기부터 현재에 이르기까지 대립의
구조가 숨어있다. 다시 말해 영어를 유일한 국가어로 하여 영어에 의한
미국의 이상 실현을 지향하고자 한 동화주의assimilationism와 영어 이외의
언어사용을 공적인 장소에서 인정하고자 한 다원주의pluralism의 대립이
다. 1980년대 이후 이 대립의 구도가 영어공용어화 논쟁이라는 형태로
미국 전체를 혼란의 소용돌이로 몰아간 사실에 대해서도 개관하였다. 더
불어 미국 안에서의 소수언어화자가 언어권을 주장하기 시작한 예로서
하와이 주의 하와이어 복권운동을 다루었다.
　상기 두 언어논쟁은 현재도 진행 중으로 미국 사회가 안고 있는 다른
문제처럼 진자가 지나치게 한쪽으로 치우쳐 흔들리게 되면 그 반동으로
다른 방향으로 돌아가려고 하는 힘 역시 커질 것이다. 다만 '공식 공공성'

에 대한 '대항적 공공성'을 확립하는 한편, 마이너리티의 기본적 인권(언어권도 포함)을 옹호해야 한다는 방향성이 점차로 확고해져 가고 있음을 확인할 수 있다. '〈공식 공공성〉을 독점한 언어가 사회를 획일적으로 규제할 수 없도록 〈대항적 공공성〉을 구축할 필요가 있다'(イ 2000)는 것을 다언어사회를 살아가고 있는 우리들은 항상 염두에 두어야 한다. 경제 뿐만이 아니라 정보와 문화 등 여러 영역에서 글로벌화가 진행되고 있는 현재, 각 언어공동체가 지닌 문화와 지역성이 '세계기준'에 의해 일방적으로 매몰되지 않기 위한 방향성을 모색해야 한다.

## 주석

01. U.S. Bureau of the Census(1990)을 참조. 미상무성 2000년 Census에 의하면 영어를 전혀 구사하지 못하는 미국인은 1,050만 명이며, 그 3분의 1은 캘리포니아 주에 거주(Washington Post Aug. 6, 2001)

02. 영어공용어화운동의 추진자들은 Official English와 English Only를 동일시해서는 안된다고 주장하였으나, 활동내용으로 판단컨대 일반적으로 같은 의미로 다루어지고 있다.

03. フレイザ―(1999)를 원용해서 イ(2000)가 제창하고 있는 개념.

04. 캐나다 출생인 일본계미국인. *Language in Thought and Action*이란 의미론에 관한 저작이 유명.

05. U.S.English의 발기인 중 한명. American Immigration Reform이란 단체를 결성하여 이민제한운동을 이끌고 있는 안과의사. 1988년 히스패닉을 모독한 메모가 발각되어 U.S.English의 회장직을 사임.

06. 최근에는 아라스카 주가 1998년, 유타 주가 2000년에 지정하였다.

07. 예를 들어 Fishman(1981)은 "Anglification of non-English speakers"라 규정하였다.

08. 소수민족집단이 주민의 5%를 넘는 경우, 그 민족 언어를 투표용지에 명기할 것이 의무화되어 있다.

09. 구성단체(50이상의 공민권운동단체 · 교육관계단체)에 대해서는 English Plus Information Clearinghouse(1987)을 참조.

10. Combs(1992)는 Atlanta, Cleveland, Dallas, San Antonio, Tucson, Washington, D.C등의 도시를 들고 있다.

11. 상세히는 Mexican American Legal Defense and Educational Fund(1989), Perez-Bustillo(1992) 등을 참조.

12. 실업보험의 신청용지, 민사 · 형사소송의 통역, 항만, 공항시설의 표지, 버스의 운행예정표, 임산부를 위한 팸플릿 등에 대해서는 Sloarz(1988) 및 Marshall(1986)을 참조. Nunberg(1989)은 은행에 의한 스페인어의 저당증서발행거부, 교정에서의 스페인어 금지조치, 슈퍼 점원의 근무중 스페인어 사용금지 등의 실례를 들고 있다.

13. 예를 들어, Leibowicz(1985), Crawford(1992a), 本名(1994) 등을 참조.

14. 예를 들어, Baker(1993)를 참조.

15. Marshal(1986)을 참조.

16. Pūnana는 보금자리, leo는 음성 · 말의 의미. 마오리의 kōhanga reo(말의 보금자리)에서 유래한 말임이 자명함.

17. 1970년대 초, 하와이에 퍼진 선주민족 문화의 복권운동. 60년대에 미국본토에서 시작된 공민권 운동과 베트남 전쟁이 계기가 되어 세계 각지로 번진 민족해방운동이 배경에 있다.

18. 마오리어를 보육언어로 정한 보육원. 1982년에 탄생하여 뉴질랜드 전역으로 퍼져 10년 후에는 700개를 넘을 정도로 성장하였다(Simmonds 1994).

19. 상세히는 松原(1995)를 참조.

20. Benham(1998), Durbin(1998) 등을 참조.
21. 예를 들어 加藤(1997), 関根(1997).
22. イ(2000), 三浦(2000) 등.
23. 松原(2000b)를 참조.『아사히신문』(2002년 3월 11일)은 시즈오카 현 하마마츠 시가 2002년 4월부터 외국적 아동·학생을 위한 바이링구얼 교실을 공립교에 설치하기 위해 약 1,200만 엔을 신년도 예산안에 계상하였다고 보도하였다.


참고문헌

アイヌの女の会　2000.『アイヌの女の会ニュース』no.1.

イ・ヨンスク　2000.「〈国語〉と言語的公共性」三浦信孝・糟谷啓介(編)『言語帝国主義とは何か』pp.337 - 350　東京：藤原書店

石井美佳　1999.「多様な言語背景をもつ子どもの母語教育の現状―〈神奈川県内の母語教室調査〉報告」『中国帰国者定着促進センター紀要』no,7,pp.148 - 187

ウルフ、スーザン　1996.「多文化主義と教育」佐々木毅他訳『マルチカルチュラリズム』pp.111 - 127　東京：岩波書店

加藤普章　1997.「カナダの多文化主義の意味するもの―歴史と政治的ダイナミズム」西川長夫他(編)『多文化主義・多言語主義の現在―カナダ・オーストラリア・そして日本』pp.75 - 91　京都：人文書院

クロフォード、ジェームズ(本名信行訳)　1994.『移民社会アメリカの言語事情』東京：ジャパン・タイムズ

関根雅美　1997.「多文化主義国家オーストラリアの誕生とその現在」西川長夫他(編)『多文化主義・多言語主義の現在―カナダ・オーストラリア・そして日本』pp.147 - 164　京都：人文書院

玉本偉　1996.「アメリカにおけるナショナリズムの現在」『思想』no.863,pp.100 - 114

辻内鏡人　1994.「多文化主義の思想史的文脈―現代アメリカの政治文化」『思想』no.843,pp.43 - 66

テイラー、チャールズ(佐々木毅他訳)　1996.『マルチカルチュラリズム』東京：岩波書店

フレイザー、ナンシー　1999.「公共圏の再考―既存の民主主義の批判のために」キャルホーン(編)(山本啓・新田滋訳)『ハーバマスと公共圏』東京：未来社

本名信行　1994.「〈言語のるつぼ〉後のアメリカの言語政策」『言語』vol.23,no.5,

pp.39 - 45

松原好次　1995. 「ハワイにおけるハワイ語再生運動―ワイアウ小学校のハワイ語イ
マージョン・プログラムを中心に」『湘南国際女子短期大学紀要』no.3,pp.41 -
100

松原好次　1998. 「米国における英語公用語化運動の行方」*Oliva* no.4,pp.55 - 70

松原好次　1999. 「英語優位に対する少数民族言語の抵抗―クラ・アーヌエヌエにお
けるハワイ語復権の試み」*Oliva* no.5,pp.193 - 210

松原好次　2000a.　*Indigenous Languages Revitalized?* 横浜：春風社

松原好次　2000b. 「外国籍児童生徒に対する日本語指導と母語指導―藤沢市の事例
研究を中心に」大学英語教育学会言語政策研究会(編)『日本の地方自治体にお
ける言語サービスに関する研究』pp.41 - 58　横浜：春風社(委託販売)

三浦信孝　2000. 「植民地時代とポスト植民地時代の言語支配」三浦信孝・糟谷啓介
(編)『言語帝国主義とは何か』pp.7 - 24　東京：藤原書店

Baker, Colin. 1993. *Foundations of Bilingual Education and Bilingualism.* Clevedon:
Multilingual Matters.

Baron, Dennis. 1987. " Federal English," in Crawford (1992b), pp.358 - 363.

Baron, Dennis. 1990. *The English - Only Question : An Official Language for Ameri-
cans?* New Haven: Yale University Press.

Benham, Roy 'Illkea. 1998. "DOE Hawaiian studies education, a constitutional
mandate, is threatened," *Ka Wai Ola o OHA,* vol.15, no.3, p.1.

Bennett, William J. 1985. " The Bilingual Education Act: A failed path," in Crawford
(1992b), pp.358 - 363.

Combs, Mary Carol. 1992. " On the curious question of language in Miami,"
in Crawford (1992b), pp.216 - 224.

Crawford, James. 1988. "What's behind Official English?" in Crawford (1992b),
pp.171 - 177.

Crawford, James. 1992a. *Hold Your Tongue: Bilingualism and the Politics of "English
Only".* Mass. : Addison - Wesley.

Crawford, James. (ed.). 1992b. *Language Loyalties: A Source Book on the Official
English Controversy.* Chicago: The University of Chicago Press.

DOE (State of Hawaii Department of Education). 1994. *Long - Range Plan for the
Hawaiian Language Immersion Program (Papahana Kaiapuni Hawai'i).*

DOE. 2000. Current Status: Ka Papahana Kaiapuni ʻŌlelo Hawaiʻi.

Durbin, Paula. 1998. "OHAʼs legislative packages," *Ka Wai Ola o OHA*, vol.15, no.3, p.1.

English Plus Information Clearinghouse. 1987. "The English Plus Alternative," in Crawford (1992b), pp.151 - 153.

Ferguson, Charles A. and Shirley Brice Heath (eds.). 1981. *Language in the USA*. Cambridge: Cambridge University Press.

Fishman, Joshua. 1981. "Language policy: Past, present, and future," in Charles A. Ferguson and Shirley Brice Heath (eds.) (1981), pp.516 - 526.

Fishman, Joshua. 1988. " 'English only' : Its ghosts, myths, and dangers," *International Journal of the Sociology of Language*. no.74,pp.125 - 140.

Gutierrez, Felix. 1985. "The increase in Spanish - language media in California from 1970 to 1975: An index of the growing use of Spanish," *International Journal of the Sociology of Language*. no.53,pp.99 - 114.

Hayakawa, S. I. 1985. "The case for Official English," in Crawford (1992b), pp.94 - 100.

Heath, Shirley Brice, and Krasner, Lawrence. 1986. "Comment," *International Journal of the Sociology of Language*. no.60,pp.157 - 162.

Kanahele, George S. 1982. *Hawaiian Renaissance*. Honolulu: Project Waiaha.

Leibowicz, Joseph. 1985. "Official English: Another Americanization campaign?" in Crawford (1992b), pp.101 - 111.

Marshall, David F. 1986. "The question of an official language: Language rights and the English language amendment," *International Journal of the Sociology of Language*. no.60,pp.7 - 75.

Mexican American Legal Defense and Educational Fund. 1989. "Resolution opposing Official English/English Only measures," in Crawford (1992b), pp.149 - 151.

Nunberg, Geofferey. 1989. "Linguists and the official English language movement," *Language*. vol.65,no.3,pp.579 - 587.

Perez - Bustillo, Camilo. 1992. "What happens when English Only comes to town? A case study of Lowell, Massachusetts," in Crawford (1992b), pp.194 - 201.

Resnick, Melvyn C. 1988. "Beyond the ethnic community: Spanish language roles and maintenance in Miami," *International Journal of the Sociology of Language.* vol.69,pp.89 - 104.

Schlesinger, Jr., Arthur M. 1991. *The Disuniting of America: Reflections on a Multicultural Society.* New York: W.W.Norton & Co.

Simmonds, Ockie H. May 3, 1994. Personal communication with the present writer.

Skutnabb - Kangas, Tove and Phillipson, Robert (eds.) 1995. *Linguistic Human Rights: Overcoming Linguistic Discrimination.* Berlin: Mouton de Gruyter.

Solarz, Stephen J. 1988. "Official English: A concession to nativism," in Crawford (1992b), pp.124 - 127.

Tatalovich, Raymond. 1995. *Nativism Reborn?: The Official English Movement and the American States.* Lexington, Kentucky: The University Press of Kentucky.

Taylor, Charles *et al.* 1994. *Multiculturalism: Examining the Politics of Recognition.* Princeton: Princeton University Press.

U.S. Bureau of the Census. 1990. *1990 Census of Population: Social and Economic Characteristics* (1990 CP - 2 - 1), Table 13.

U.S.English,Inc. 2001. "States with Official English laws," in http://www.us - english. org/states.htm.

Yarborough, Ralph. 1967. "Introducing the Bilingual Education Act," in Crawford (1992b), pp.322 - 325.

Wilson, William H. 1998. "Ka Haka 'Ula O Ke'elikolani: UH Hilo's new Hawaiian language college," *Ke Kuamo'o* vol.7,no.1,p.1.

# 제 2 장

# 몽골국에 있어서의 문자의 역사와 민주화 후의 언어정책

고토다 유코後藤田 遊子

## 1. 들어가며

'몽골에 갔다 왔어요'라고 하면 '좋겠군요', '초원이지?', '말 탔어요?', '가고 싶어'라며 부러워 한다. 그 때마다 사람들이 몽골에 관해 어떤 지역을 이미지로 떠올리고 있는지를 생각해보곤 한다. 필자가 말한 몽골은 1990년대까지는 사회주의 사회를, 그리고 현재는 자유주의 사회를 건설 중인 몽골국Mongolia라는 이름의 독립국이다. 일본으로부터는 직행편이 있어 간사이와 나리타로부터 수도 울란바토르까지 4시간 만에 도착한다. 하늘에서 내려 본 울란바토르시는 쥘부채와 같은 형태의 근대적인 도시이나 도시로부터 조금 멀어지면 일면의 초원에 게르(하얀 펠트를 덮어씌운 이동식 주거)가 여기저기 흩어져 있고 양과 산양의 무리가 한가롭게 풀을 뜯고 있는 모습이 눈에 들어온다.

몽골국은 러시아연방과 중화인민공화국(중국)에 끼인 내륙국가로 중앙아시아 동부에 위치한 몽골 고원북부에 있고 동쪽으로는 대흥안령大興安嶺 산맥, 남쪽으로는 만리장성과 기련祁連 산맥, 서쪽으로는 천산天山 산맥과 알타이 산맥, 북쪽으로는 사얀 산맥과 야브로노이 산맥으로 둘러싸여 있다. 이 광대한 지역은 몽골 민족의 발상지로 불린다. 그러나 몽골 민족 안에서 독립국가를 이룬 것은 몽골국(구 몽골인민공화국)뿐이다.

몽골인민공화국은 소련의 영향으로 몽골문자가 러시아어의 문자인 키릴 문자(러시아 문자)로 변경되었다. 그리고 1990년에 민주화되어 몽골국이 된 지금도 키릴 문자를 사용하고 있다.

본고에서는 우선 13세기에 몽골민족에게 문자를 제공하였다고 알려져 있는 칭기즈 칸의 몽골제국시대부터 시작된 몽골문자의 역사, 중국과 소련에 의한 몽골민족의 분단과 몽골어의 분열, 몽골인민공화국시대의 몽골어의 키릴문자화와 분열된 몽골민족의 언어상황에 대해 서술한다. 다음으로 민주화된 몽골국의 몽골문화부활의 움직임과 영어교육을 들어 이 나라의 언어정책에 대해 고찰하고자 한다.

## 2. 몽골문자의 유래

### 2-1. 몽골민족의 거주지역

현재 몽골 고원의 몽골 민족의 거주지역은 이하와 같이 크게 네 곳으로 나뉜다.

① 몽골국
② 내몽골 자치구(중화인민공화국 내)
③ 브리야트 공화국
④ 칼미키야 공화국

① 몽골국은 국토면적이 약 156만 평방킬로로 일본의 약 4배에 해당한다. 총인구는 230만 명, 1km²당 인구밀도는 1.5명이다. 도시생활자는 인구의 약 3분의 1로 수도 울란바토르에 약 67만 명, 제 2의 도시인 다르항에 약 7만 명, 제 3의 도시인 에르데네트에 약 6만 명이 거주하고 그 외의 대다수는 광대한 초원에서 생활하고 있다. 몽골국에서는 16세기 후반부터 몽골 고원 일대에 정착한 유목민인 하루하 족이 인구의 압도적 다수를 차지하며 몽골어의 하루하 방언을 사용하여 왔다. 즉 몽골국은 주로 하루하 몽골어를 사용하는 몽골인으로 구성되어 있다고 볼 수 있다.

② 내몽골 자치구는 몽골 고원남부를 차지하며 면적은 약 120만 평방 킬로로 구도區都는 후후호토이다. 중국 내의 몽골민족의 거주지로서는 최대인 약 340만 명이 거주하고 있다. 내몽골 자치구에서는 몽골어인 할흐 방언과 차하르 방언이 사용된다. 그 외에도 내몽골 자치구 동부에서는 다구르 방언, 중국의 청해성靑海省과 감숙성甘肅省에서는 몽구오르 방언과 둔샹 방언이 사용되고 있다.

③ 브리야트 공화국은 동시베리아 남부의 바이칼 호 주변에 위치하여 면적은 약 35만 평방 킬로로 수도는 울란 우데이다. 인구 약 104만 명 중 몽골민족은 약 25만명으로 브리야트 몽골어를 사용한다. 몽골 민족 중 최북단에 거주하는 브리야트 인은 17세기에 제정 러시아의 지배 하에 들어가 러시아 혁명 후인 1923년에 소비에트 연방 중 하나인 브리야트 몽골 자치공화국이 되었다. 1958년부터 1991년까지는 민족명인 '몽골'이 소련의 억압에 의해 삭제되어 브리야트 자치공화국으로 불렸다. 소비에트 연방 붕괴 후인 1992년에 브리야트 공화국이 되었으나 민족명은 삭제된 상태 그대로이다.

④ 칼미키야 공화국은 카스피해 북서안에 위치하며 면적은 약 7만평방킬로, 인구 약 31만 명으로 수도는 옐리스타이다. 몽골 민족은 약 17

만 명으로 칼미키야 어를 사용한다. 칼미키야 인은 몽골 고원의 서부에 거주하고 있던 오이라트 부족을 말하며, 1630년 경, 부족 간의 내분과 청조의 지배를 피해 현재의 거주지에 정착하였다. 1920년에는 소비에트 연방 내의 자치구가 되어 1935년에 자치공화국이 되었다. 소비에트 연방 붕괴 후인 1992년에 칼미키야 공화국이 되어 현재에 이르고 있다.

몽골국 이외의 지역은 자치구이던 공화국이던 몽골민족 자체가 소수 민족에 해당하므로 중국 문화와 러시아 문화로의 동화는 어쩔 수 없는 선택이었다. 이러한 상황이 몽골 민족의 언어에 변화와 다양성을 초래하게 되었다는 사실은 새삼 언급할 필요도 없을 것이다.

## 2-2. 몽골국의 공용어

몽골어는 광의로는 몽골민족이 사용해 온 언어전반을 가리키나 협의로는 앞에서 언급한 네 지역에서 사용된 몽골민족의 언어를 지칭한다. 몽골국과 내몽골 자치구에서 사용된 할하 몽골어, 브리야트 공화국의 브리야트 몽골어, 칼미키야 공화국의 칼미키야 어이다.

몽골국의 헌법 제1장 제8조에는 '몽골어를 국가의 공용어로 한다'고 규정하고 있으나, 이는 할하 몽골어를 말한다.

몽골국의 소수민족은 전 인구의 10%에도 미치지 못하나, 최대 인구는 카자흐스탄과의 국경에 근접한 알타이 지방의 카자흐 인으로 몽골국 인구의 약 4%에 해당한다. 여기서는 카자흐어와 몽골어로 교육이 이루어지고 있다.

## 2-3. 몽골 문자의 형성

NHK의 TV 프로그램 중에 유명한 대하드라마가 하나 있다. 2001년 도의 타이틀은 '北条時宗호조 도키무네'로 가마쿠라막부鎌倉幕府을 집권하였던 호조 도키무네(1251~1284)가 몽고습래蒙古襲來를 물리친 이야기이다. 일본원정을 시도한 후비라이 칸(1215~1294)은 몽골제국 5대 손이자 원元왕조의 초대황제로 조선반도의 고려부터 남송까지를 지배하였으며 현재의 북경을 수도로 삼고 왕조를 이뤄 전 중국을 수중에 넣었다. 필자는 몽고습래가 테마라는 점에서 '北条時宗'에 관심이 컸으나 그 이상으로 스크린에 그려진 타이틀 한자(北条時宗) 4문자의 디자인에 주목하였다. 일본인에게는 그다지 익숙하지 않은 문자, 전통적인 세로쓰기의 몽골문자를 흉내 내어 작성되었기 때문이다.

그런데 몽골문자는 어떻게 형성되었던 것일까? 몽골고원을 무대로 그 역사를 새겨온 몽골민족은 6세기 돌궐突厥시대부터 문자를 사용하기 시작했다고 한다. 13세기에 들어 몽골고원의 한 부족에서 테무진, 후에 몽골민족의 영웅이 되는 칭기즈 칸(1167~1227)이 등장하였고 1206년에 칭기즈 칸의 칭호를 받아 여러 부족을 통일 후 유목국가 몽골제국을 세웠다. 이 시대에 몽골인은 위구르 문자Uighur를 차용하여 문자를 갖게 되었으며 이 문자를 위구르 식 몽골문자로 부른다. 위구르 문자는 북세므계의 아람 문자Aramic에서 만들어진 소그드 문자Sogdian를 차용하여 수정한 것이다. 중국 원사元史에 따르면 칭기즈 칸이 왕위계승자와 왕자들에게 위구르 문자로 몽골어를 쓰는 법을 배우도록 명하였다고 전해진다(ハイシッヒ 2000 : 55). 위구르 식 몽골 문자가 위구르 문자와 다른 점은 오른쪽에서 왼쪽으로의 가로쓰기를 세로쓰기로 바꿔 왼쪽에서 오른쪽으로 행을 따라가는 데 있다. 17세기에는 몽골어의 발음에 맞춰 개량이 이루어져 현재에도 사용되는 몽골문자의 기초가 완성되었다.

후비라이 칸은 티베트불교를 받아 들여 티베트 승려인 파스파에게 티베트 문자를 차용한 세로쓰기 문자를 만들게 하였다. 이로 인해 문자수가 늘어나게 되어 몽골어를 보다 정확하게 표기할 수 있게 되었다. 이 문자는 파스파 문자로 불리며 1269년에 원조의 정식 표기법으로 정해졌으나 복잡한 파스파 문자는 일반에게는 보급되지 않아 원조 멸망 이후에는 사용되지 않게 되었다.

17세기에 들어서자 현재의 신장 위구르 자치구(중국)에 사는 오이라트 부족이 이 지방 방언의 표기법으로 오이라트 몽골문자를 고안하여 이후 이 지역에서 사용하고 있다.


## 2-4. 티베트불교와 몽골문자

몽골의 종교·예술·문학의 발전은 티베트 불교의 승려들의 덕을 많이 보았다. 문자문화의 실제 향유자, 즉 읽기와 쓰기가 가능한 것은 칭기즈 칸 시대부터 사회주의시대 초기까지 지배계층과 승려로 한정되어 일반 민중은 문자와는 연이 없는 존재였다. 티베트 불교는 우선 후비라이 칸 시대에 몽골의 국교가 되었으나 주로 지배계층의 종교였다. 14세기에는 많은 경전이 서사書寫되어 파스파 문자에 의해 몽골어로 번역된 경전도 남아 있다. 또한 이 시대에 몽골 최고의 고전이라 불리는 '원조비사元朝祕史'가 지어졌다. 이 책은 몽골사를 연구하는 이에게는 결코 빼놓을 수 없는 몽골의 고사기古事記라고 불러도 손색이 없을 정도의 작품으로 내용의 대부분이 칭기즈 칸의 일대기이다. 작사는 미상으로 명明시대에 서사되어 한자 음사音寫가 사용된 몽골어 원전元典밖에 남아있지 않으나, 원래는 위구르식 몽골문자, 혹은 파스파문자로 쓰였다는 두 가지 설이 대립하고 있다(金岡 2000 : 141).

## 3. 청조淸朝 지배에서 사회주의국가로

### 3-1. 청조 지배 시대

당시 몽골고원의 거의 전역을 점하고 있던 몽골은 1636년에 남방의 몽골지역(현 중국 내몽골 자치구)이, 1691년에는 북방의 몽골지역(현 몽골국)이 청(1616~1912)의 지배 하에 놓이게 된다. 청조는 몽골을 식민지화할 때 전자를 내몽골, 후자를 외몽골이라 불렀다.

청조는 몽골의 티베트불교를 용인하였으며, 나아가 봉건지배자 계급과 사원을 우대하여 그들에 의한 간접 정치를 행하였다. 몽골민족의 대부분은 유목을 생업으로 삼고 자연과의 융합을 꾀하며 광대한 대지를 자유롭게 이동하며 생활하였다. 청조에 의한 지배자 층 우대정책과 간접통치에 의해 목초지는 청조의 소유, 가축은 봉건제후, 하급귀족, 그리고 사원의 소유가 됨으로써 유목민은 지배자의 영지 내에서 그들을 따르게 되었고 자유로운 이동이 불가능해졌다.

여기서 특기할만한 사항은 청조의 관료와 상인이 몽골인의 생활공간에 진출했음에도 불구하고 몽골문자가 한어화된 정황은 없었다는 것이다(Hentz 1977 : 374). 한어(표의문자)는 몽골어의 표기법으로서는 적합하지 않다는 점도 이유로 들 수 있을지 모르겠으나, 아무튼 청조시대에는 몽골문자가 변경되는 일은 없었다.

청조시대 후반이 되자 제정 러시아가 세력 확장을 위해 몽골에 진출하였다. 청조의 지배확대를 두려워 한 몽골에서는 1911년의 신해혁명으로 청조가 붕괴되자 우선 내몽골이 독립을 선언하고 티베트 불교의 최고권위자活佛 제브츤단바 호도쿠토를 황제로 옹립한 한 보그도 한 정권을 수립하였다. 이 때 외몽골은 제정 러시아의 원조를 기대하였으나 뜻을 이루지 못하여 외몽골은 중국을 종주국으로 한 자치정권이 되었다. 내몽골은 중국의 지배하에 머물며 현재에 이르고 있다. 한편 제정 러시아에서는 1917년에 러시아혁명이 발발하여 국내정세가 혼란에 빠지게 되었으나 1922년에 소비에트사회주의공화국연방(1922~1991)이 결성되어 사회주의국가건설이 시작되었다.


## 3-2. 몽골인민공화국시대

외몽골의 인구통계조사는 1918년에 처음으로 실시되었다. 이에 따르면 인구는 약 64만 명, 그 중 중국인이 약 10만 명, 러시아인이 약 5천 명, 그리고 나머지가 몽골인이다. 또한 계급구조로는 노용(봉건제후)이 26.2%, 타이지(하급귀족)이 5.65%, 아르바트(예속유목민 중 상위 계급)가 26.2%, 함지라가(노예유목민 중 중위 계급)이 16.6%, 샤비(예속유목민 중 하위 계급) 7%, 그리고 인구의 최대다수를 점한 라마(승려)가 44.5%의 비율이었다(ナムジム 1998a : 44). 라마승의 비율이 높은 것은 당시 일반민중은 남자가족 중 한 명을 승려로 만들기 위해 사원에 맡기는 관습이 있었기 때문이다.

중국은 제정 러시아의 붕괴로 인해 소련 국내가 약세화의 움직임을 보이던 1919년에 외몽골의 자치제 철폐를 시도하였으나 실패하게 되었고 이에 외몽골은 소련의 원조를 받아 민족혁명을 일으켰다. 민족혁명의 공로자 스흐바토르(1894~1923)를 중심으로 한 혁명그룹은 1921년에 임시정부를 수립하였다. 신정부는 소련과 우호조약을 맺고 국가 간 협정에 조인하는 한편, 1924년에는 국명을 '몽골인민공화국'으로 정하고 수도 크론庫倫을 울란바토르로 개명하였다. 그리고 예속상태에 있던 일반 민중을 해방시키고 새로운 사회의 건설과 경제개혁을 목표로 소련형 사회주의국가건설을 개시하였던 것이다.

소련은 몽골인에 대한 계몽교화정책의 일환으로 러시아인으로 구성된 각종 전문위원을 몽골인민공화국으로 파견, 몽골인의 정치·교육활동 추진요원의 양성에 착수하였다. 또한 소련의 대학과 중등학교에서 몽골인 청년이 교육을 받을 기회를 늘리는 등, 국가지도자 양성을 위한 원조와 교육을 행하였다. 1921년에는 몽골인이 처음으로 소련 학교에 파견되었다(モンゴル科学アカデミー 1988a : 232). 소련에 파견된 각 분야의 고등기술자, 전문요원은 러시아를 배우고 고등전문교육을 받음으로써 엘리트(지적지도자층)로서의 역할을 수행하기 시작했다.

미국의 아시아사 연구자인 라티모아Lattimore는 몽골인민공화국을 가리켜 소련의 '위성국satellite country'이라 부르는 한편, 위성국의 정치체제에 대해 ① 주도국으로부터의 원조에 의해 성립되고 원조가 없으면 존립이 불가능하며, ② 주도국을 모방한 사회·정치의 조직화와 경제정책에 매진하며, ③ 주도국의 동향은 곧바로 위성국에 반영된다고 정의 내렸다(Lattimore 1955 : 42).

신사회건설은 당초 봉건지배자와 티베트불교사원의 저항으로 인해 진전이 없었으나 1930년대 후반 이후에는 소련의 지도가 활발해져 반정부지도자, 지식인, 승려는 체포, 처형되어 1940년에 이르기 전에 봉건지배와 사원이 완전히 소멸됨으로써 소련형 사회건설이 촉진된 말 그대로의 위성국이 되었다.

제2차 세계대전 후에 소련이 초강대국이 되자 몽골인민공화국도 국제적으로 독립국으로서의 지위를 인정받았다. 1946년에는 중국으로부터의 승인, 1961년에는 국제연합 가맹 달성, 1962년에는 코메콘COMECON, Council for Mutual Economic Assistance 가입 등을 통해 소련·동유럽 국가들과 경제협력을 강화하였다. 일본과는 '노몬한 사건'(할하강 사건)으로 단절된 국교가 1972년에 회복되었다. 노몬한 사건이란 1939년에 일본군과 소련·몽골인민공화국군과의 사이에서 일어난 사건으로 몽골인민공화국과 만주국의 국경문제가 얽힌 무력충돌이었다. 소련·몽골인민공화국군은 일본군의 정예부대에 괴멸적인 타격을 입혔으며 이후 일본과는 1972년까지 국교를 단절하였다.

제2차 세계대전 후의 국내 발전으로 눈을 돌리면, 1950년대 후반에 유목이 개인경영에서 농목업협동조합화(네그데르화)되어 국영화라는 사회주의생산의 발전 양상을 엿볼 수 있다. 이 시기에 생산 확대, 경제발전, 사회보장의 내실화, 국민교육의 보급, 식자율識字率의 상승이 이루어졌다. 그러나 사회주의가 궤도에 오름에 따라 정치체제는 경직화되어 갔다. 일당독재 중앙집권체제가 확립됨으로써 전 권력이 몽골인민혁명당 중앙위원회에 집중되게 되었고, 모든 활동이 직접적으로 총괄되는 정체통제체제로 진입한 것이다. 이 체제는 1980년대 후반까지 이어졌다.

1999년 여름, 필자는 몽골국의 지인 A씨와 그 가족과 함께 울란바토르로부터 1시간반 정도 운전을 하여 울퉁불퉁한 바위투성이의 구릉을 오른 적이 있다. 거기는 민간신앙의 신봉자가 소원을 빌기 위해 방문하는 것으로 유명한 '어머니의 바위'가 있는 장소였다. 어머니의 바위는 높이와 주위가 약 2m나 되는 바위이다. 바위에는 참배로 오는 사람들에 의해 하다그로 불리는 청색 스카프와 같은 비단옷이 몇 겹으로 걸쳐져 있어 바위의 표면이 보이지 않을 정도였다. 바위 주변을 시계방향으로 3번 돌고 귀에 닿는 부분에 소원을 속삭이면 소원이 이루어진다고 한다. A씨는 사회주의시대에 몰래 참배하러 온 적이 있었다. 그러나 반대방향에 중년 남성이 와 있는 것을 발견하고는 당국에 고발될 것을 염려한 나머지 '어머니의 바위'를 그냥 지나쳐버렸다. 그 남자도 바위를 그냥 지나쳐 반대방향으로 걸어가고 있었다. 얼마 후에 A씨는 다시 돌아와 봤다. 그랬더니 그 남자가 어머니의 바위에서 소원을 빌고 있는 것이 아니겠는가!

사회주의시대, 사람들은 서로가 서로를 항상 감시하는 그런 체제 속에서 살고 있었던 것이다.

## 4. 사회주의시대의 언어정책

　사회주의시대 초기, 민중의 아이들이 교육을 받기 위해서는 사원에 제자로 들어가든가, 글방에서 지방영주를 섬기는 서기관리書記官吏로부터 읽기쓰기와 산수를 배울 수밖에 없었다.

　민중 출신인 민족혁명지도자 스후바토르는 건국의 아버지라고도 불린 몽골인의 영웅이다. 청조지배시대 말기에 빈민의 아이로 태어났다. 14세를 지날 무렵에 이미 읽기쓰기의 필요성을 충분히 인식한 총명한 소년으로 글방에서 읽기쓰기를 배웠다고 한다. 낮에는 노동에 여념이 없고 밤이 되어서야 겨우 조악한 램프 등불 아래서 공부를 할 수 있었으나, 그 램프조차도 어머니로부터 '아까우니까 빨리 끄고 자'라고 혼날 정도의 애옥살이를 할 수 밖에 없었다고 '스후바토르의 생애'에 기술되어 있다 (Nachukdorji 1965 : 100-106).

### 4-1. 라틴문자화에서 키릴 문자화로

#### 4-1-1. 몽골인민공화국정부의 식자識字대책

　1921년에 신정부가 수립되었으나 신사회건설에 있어 중요과제 중 하나는 국민에게 몽골어의 읽기쓰기를 습득시키는 것이었다. 교원과 전문직원의 양성에 힘을 쏟아 같은 해에는 울란바토르에 사범학교와 특별전문학교의 설립이 시작되어 최초의 3년제 국민초등학교가 개설되었고 40명의 학생이 배움의 시간을 가질 수 있었다. 1925년에는 최초의 중학교가 개설되었고, 1934년에는 초등학교가 59개교로 증가되었다(モンゴル科学アカデミー 1988a : 422).

이렇듯 학교에 다니는 자가 늘어나긴 했으나, 이 시기는 아직 스후바토르가 배운 것과 같은 글방식 가정학습이 대부분이었다. 게다가 초원에 분산된 다수의 사람들에 대한 읽기쓰기 교육 실행의 곤란함, 쓰기읽기를 가르칠 수 있는 교원의 부족, 교과서의 부족 등의 문제가 있었다. 그러나 가장 심각한 문제는 몽골문자를 쓰고 읽게 하기 위한 학습이 지나치게 어렵다는 것이었다. 그 이유로는 발음되지 않는 문자가 다수 사용되고 있다는 점, 문어와 구어의 간극이 넓다는 점, 더불어 정서법正書法이 복잡하다는 점 등을 들 수 있으며, 이들이 일종의 장애가 되어 일반민중의 식자능력양성은 좀처럼 나아지지 않았다.

### 4-1-2. 라틴문자화(로마자화)

소련은 1920년대 후반, 소비에트연방 내의 여러 민족의 문자통일을 위해 라틴문자를 채용하였다. 유럽 지향의 레닌은 라틴문자화 운동을 '동쪽에서의 혁명'이라고 불렀다고 한다(ハールマン 1985 : 198).

몽골인민공화국에서도 정부는 학교와 관공서를 통해 라틴문자를 보급시키게 되었으나, 몽골문자는 여전히 사용되어졌다고 한다. 소련의 방침으로 몽골인민공화국에 라틴문자화를 강요하지는 않았으나, 그 이유로 독립국인 몽골인민공화국은 소비에트연방 내의 자치구와 공화국과는 다르다는 점, 중국이 독립을 인정하지 않고 있는 점, 그리고 일본의 영토 확대의 야심을 자극하지 않는다는 점 등을 들 수 있다(Hentz 1977 : 380).

### 4-1-3. 키릴문자화(러시아문자화)

|  |  |
| :---: | :---: |
| 몽골문자 | 키릴문자 |

몽골문자와 키릴문자로 쓰인 '몽골'

라틴문자화운동이 융성했을 때는 소비에트연방 내 여러 민족의 키릴
문자화는 러시아화의 냄새가 나기 때문에 소련 입장에서는 그다지 좋은
방책으로 간주되지 않았다고 한다(ナハイ口 1992 : 143). 그러나 1930년대
말이 되자 소련은 소비에트연방 내 여러 민족에 대해 키릴문자를 강요하
게 되었다.

이러한 정세가 이어지는 상황에서 몽골인민공화국에서는 1941년 3
월에 라틴문자의 정서법을 제정하게 되었으나, 갑자기 라틴문자가 아닌
키릴문자의 채용이 결정되었다. 그 이유로는 '라틴문자에는 몽골어를 써
서 나타내는데 필요한 자음이 결여되어 있는 점, 인쇄 상의 기반여건이
불충분한 점, 소련과의 관계라는 측면에서 형제적 관계의 강화와 러시아
문화의 습득이 몽골사회의 발전을 촉진시킨다는 점, 러시아어로 된 출판
물과 문헌의 필요성이 인정된다는 점, 그리고 몽골의 고급기술자와 전문
가가 소련에서 교육을 받았다는 점' 등이 있으며 이를 종합적으로 고려
하여 키릴문자의 채용을 단행하였다고 한다(田中 1975 : 163).

키릴문자를 기반으로 한 신문자新文字는 이 때 만들어져 현재도 사용되고 있다. 이 신문자는 키릴문자에 없는 알파벳 2문자를 더한 35문자로 구성되며 문어가 구어에 가까워짐으로써 통일적인 발음을 이끌어낼 수 있게 되었다.

정부가 국민교육에 힘을 쏟았다는 것은 헌법에서도 엿볼 수 있다. 1940년에 제정된 헌번 90조는 '몽골인민공화국국민은 교육을 받을 권리를 갖는다. 다시 말해 무상으로 교육하고 많은 일반교육학교, 중등기술학교, 고등전문학교를 확장·발전시켜 학교에서는 국어로 교육을 행하고 고등전문학교의 학생에게는 국가가 장학금을 지급하며 그 권리를 보장한다'고 강조하고 있다(モンゴル科学アカデミー 1988a : 221). 1941년~42년 학년도부터는 초중학교에서의 신문자 교육이 시작되었다. 『신문자 알파벳』, 『신문자 정서법』, 『알파벳 수첩』 등의 교과서와 참고서가 차례로 출판되어 학교에서의 식자교육이 진전되었다. 노동자에 대한 서클교육도 개시되어 서클활동을 통해 문자를 습득한 노동자와 공무원에게는 각자 3명 이상의 사람에게 읽기쓰기를 가르칠 의무를 부과하였다. 이러한 일련의 제도 시행의 결과, 식자율은 급속히 상승되어 갔다. 1940년에는 20%를 조금 상회하였던 식자율이 1947년에는 42.3%가 되었다. 1956년에는 7세 이상 전 인구의 72.2%가, 1963년에는 90%가 읽기쓰기가 가능해졌다(モンゴル科学アカデミー 1988a : 219-220).

키릴문자화는 소련으로부터 강요된 측면이 없지 않아 있으나, 국민의 식자율이 높아짐으로써 그 후의 사회·문화발전에 공헌하였다고 할 수 있을 것이다.

## 4-2. 몽골민족의 언어상황

### 4-2-1. 할하·몽골어 지향

본 절에서는 몽골어를 사용하는 몽골 민족의 움직임을 살펴보도록 하자. 소비에트연방 내에서 라틴문자화운동이 한창이었던 1931년에 모스크바에서는 몽골문자통일을 목적으로 한 '몽골 제諸부족 문화회의'가 개최되었다. 참가자는 몽골인민공화국, 브리야트·몽골자치공화국, 그리고 카르므이크 자치주로부터의 대표자들이었다. 거기에 중국의 내몽골자치구는 포함되지 않았다.

이 회의에 대한 보고는 브리야트·몽골인으로 몽골어 통일에 진력한 정치사상가 E.D. 린치노(1888~1938)에 의해 이루어졌다(モンゴル研究会 1995 : 46-47). 그에 따르면 브리야트·몽골자치공화국과 몽골인민공화국은 통일된 라틴문자를 약간의 수정 후에 채용하고, 할하·몽골어를 새로운 문장어의 기초로 삼으며, 정서법의 통일을 도모한다는 것 등이 논의되었다고 한다.

이에 앞서 1920년대 브리야트·몽골자치공화국에서는 '러시아, 몽골 술어사전'이 출판되었다. 이 사전은 러시아에서 차용된 몽골어의 어휘를 편집한, 몽골문자에서 라틴문자로의 전환은 몽골어화된 차용어휘를 단순히 라틴문자화 한 것에 불과하였으므로 브리야트·몽골어와 몽골인민공화국의 몽골어의 문자통일이 훼손되는 일은 없었다.

민족의 언어통일 시도는 민족 정체성의 표명이다. 그러나 린치노에 따르면 이러한 통일 시도는 소련으로부터 브리야트·몽골인의 할하·몽골어 지향이라는 비판을 받기에 이르러 동 회의는 두 번 다시 열리지 않게되었다. 그 후 브리야트·몽골자치공화국에서도 소련의 압력으로 인해 몽골어의 키릴문자화가 진행되었다. 이러한 키릴문자화는 각 지역의 방언을 조장하였기 때문에 몽골인민공화국과 브리야트·몽골자치공화국의 언어 차이는 점점 심해져갈 따름이었다.


## 4-2-2. 내몽골자치구에서의 몽골어 문자

1957년경, 내몽골 자치구에서 키릴문자에 의한 몽골어 교과서가 출판되었다. 이를 통해 내몽골에서도 키릴문자화가 진행되었음을 알 수 있다. 이 시기 소련의 언어학자가 중국 내의 무문자소수민족의 언어에 대해서 키릴문자를 기초로 한 문자화가 가능한 지의 여부를 조사하였다고 한다(田中 1975 : 170-171). 그러나 내몽골의 몽골인은 중국 내에서 소수민족이었고 1965년 이후의 문화혁명에 의해 한민족으로의 동화정책이 강화됨으로써 키릴문자가 이 지역에 채용되는 일은 없었다.

언어학자로 몽골연구의 제1인자인 다나카 가츠히코 씨는 그의 저서에서 '1950년대, 내가 처음 몽골어에 접했을 때, 세로쓰기인 키릴문자인 '신문자'는 진정 모던하면서도 신선한 향기를 풍기며 우리들 앞에 나타났다. 그것은 적어도 외국인 학습자에게는 몽골문자로 배우기보다도 훨씬 배우기 쉽다. 오래된 전통적 몽골문자, 즉 '구舊문자'를 사용하는 내몽골은 겉모양만으로도 아시아적인 난잡 그 자체로 느껴졌다'고 키릴문자의 인상에 대해 언급하였다. 나아가 내몽골에서의 키릴문자의 출현은 '외몽골의 언어적 근대화에 대한 외경심을 나타내고 있는 것처럼 보였다'고 하였다(田中 1992 : 192).

## 5. 민주화 후의 언어정책

### 5-1. 몽골인민공화국에서 몽골국으로

1980년대의 소련은 러시아어로 '재건'을 의미하는 페레스토로이카가 확대되어 몽골인민공화국에도 영향을 미치기 시작하였다. 70년에 걸친 철저한 '소비에트화'(田中 1975 : 58)와 일당독재에 따른 정치의 부패 및 억압이 계속되어 재건의 시기가 임박하였던 것이다.

울란바토르에서 한껏 고조된 민주화운동은 1989년 말에 정점에 달하게 된다. 데모와 집회, 그리고 청년들의 단식투쟁이 일어나 이를 계기로 1990년에는 인민혁명당정치국은 전원이 사직하지 않을 수 없게 되었다. 다행스럽게도 유혈사태로까지는 이어지지 않았고 민주혁명은 달성되었다. 1992년 1월 13일에 신헌법이 채택되어 70년에 걸친 사회주의체제는 몰락하였고 국명은 '몽골국'으로 바뀌었다. 사회주의 계획경제에서 자본주의 시장경제로의 이행, 목축업의 개인경영화, 일당독재에서 복수 정치정당으로의 이행, 선거제도 개혁, 그리고 교육개혁 등 여러 개혁이 진행되었다.

민주화 직후에 오픈한 외국인용 고급호텔의 이름이 '칭기즈 칸 호텔'이라 명명된 것은 민족주의의 고양을 상징하는 듯하다. 사회주의 시대에는 칭기즈 칸이 몽골민족을 통일한 민족의 영웅이라고 말하는 것은 터부시되었다. 민주화 후, 칭기즈 칸은 몽골인의 민족의식, 즉 민족 정체성의 상징으로 재등장하였다. 칭기즈 칸을 찬양하는 노래를 부르는 젊은이로 구성된 록그룹이 등장할 정도로 인기를 회복하였다. 티베트불교도 활력을 되찾아 울란바토르의 간단사를 중심으로 활동이 활발해졌다. 몽골국의 역사와 전통의 재조명이 시작된 것이다.

이하 민주화 후의 몽골문자부활의 움직임과 영어교육에 대해 살펴보

고자 한다. 영어교육에 대해서는 1998년부터 행한 필자의 현지조사에
근거하여 논하겠다.


## 5-2. 민주화 후의 교육개혁

민주화 후에 실시된 교육개혁의 주된 항목으로는 다음의 4항목을 들
수 있을 것이다.

① 몽골문자의 부활
② 영어교육의 도입
③ 몽골의 역사·전통·문화의 재조명
④ 자유주의 국가의 교육방식과 교육내용의 도입


### 5-2-1. 몽골문자부활의 움직임

민주화와 더불어 민족의식이 고양됨으로써 몽골문자를 부활시키려
는 움직임이 활발해졌다. 몽골문자는 1994년부터 공용문자로 지정되어
1991년 9월부터 초등학교 1학년생에게 몽골문자교육이 시작되었다. 그
러나 1994년이 되자 몽골문자교육은 우선순위가 뒤로 밀려 키릴문자교
육이 일부 부활되었다. 1학년생에게는 키릴문자교육이 우선 실시되고 3
학년생 때부터 몽골문자교육이 과정에 더해지게 되었다. 정부는 '몽골문
자국가강령'을 만들어 2005년까지 국민전체의 몽골문자 레벨을 키릴문
자 레벨까지 향상시키고자 정비에 착수하였다. 그러나 그 후의 실시상황
은 그다지 좋지 않았으며 1997년에는 상기의 강령이 수정되어 그 후 별

다른 진전 없이(和光大学モンゴル学術調査団 1999 : 336) 몽골문자공용화의 실현은 점점 멀어져 가는 듯하였다. 이처럼 어지러울 정도로 몽골문자부활이 고조와 급강하를 반복하였다는 것은 과연 무엇을 의미할까?

프랑스의 사회언어학자인 카르베Louis-Jean Calvet에 의하면 어떤 언어가 '국어로서 진흥되기'위해서는 '① 그 언어가 대다수의 주민에 의해 사용되고 있을 것, ② 그 언어가 국민의 통일적 상징으로서 누구의 권리도 침해하지 않는 선에서 받아들여질 수 있을 것, ③ 그 언어가 정비되어 자신에게 부여받은 기능을 충족할 수 있을 상태에 있을 것, ④ 언어정책이 주민에게 설명되어 수용되어진 상태'이어야 한다(カルヴェ 2000 : 145-146). 카르베가 말한 '언어의 진흥'을 몽골문자의 부활로 바꿔보자. 몽골어의 전통적인 몽골문자는 국민의 대다수가 읽기쓰기가 불가능한 상태이나, 국민의 통일적 상징이며 꼭 부활시켜야 한다는 내셔널리즘에 의해 지탱되고 있었다. 그러나 부활을 위한 정비가 불충분하였다. 몽골문자공용화가 암초에 걸린 요인에는 카르베가 지적한 여러 장비가 부족하였다는 점을 들 수 있으며 이하와 같이 간단히 정리할 수 있다.

① 교육현장에 끼친 악영향

교육개혁에 있어 무엇보다도 먼저 마르크스 레닌주의 사상교육, 소련형 획일교육으로부터의 탈피가 시급하였다. 그러나 소련으로부터의 경제원조가 끊겼기 때문에 몽골국의 경제는 위기적 상황에 봉착해 있었다. 학교시설·설비의 노후화, 교원부족, 인쇄기의 종이부족, 신지도요령·교과서·교재의 미정비 등으로 인해 교육현장은 혼란 상태에 빠지게 되었고 몽골문자를 도입하기 위한 준비는 거의 이루어지지 않았다. 이를 강행하게 되었을 때 교육현장과 교원은 막대한 부담을 짊어질 수밖에 없는 상황이었다. 특히 몽골문자의 정서법과 문법이 정비되지 않은 점, 교과서 부족과 몽골문자를 가르치는 교원의 부족과 같은 문제가 학교교육에 미치는 영향은 특히 컸다.

② 몽골문자실용화의 곤란함
몽골어의 키릴문자화는 민족의 정체성을 위태롭게 하는 사태였으나,
50년간에 걸쳐 몽골사회의 구석구석에까지 침투한 키릴문자의 실용성
은 이미 확고부동한 위치를 점하고 있었다. 그런 상황 속에서 초등학교
1학년생에게 몽골문자를 가르치는 것은 많은 가정에 혼란을 초래하게
되었다.

문자부활은 소련의 지배를 상징하는 키릴문자로부터의 해방과 몽골
인의 정체성의 발현으로, 국민들은 그 누구도 급진적인 개혁에 대해 민
족적 심리를 이유로 반대할 수 없었다. 그도 그럴 것이 정체성이라는 민
족심리학적 요소는 언어정책을 성공시키는데 있어 중요한 역할을 담당
하고 있었다(ルーマン 1985 : 203). 그러나 장비가 온전히 정비되지 않은
상황에서 몽골문자부활을 서두르는 것의 폐해가 크다는 것이 정책 결정
자의 관점에서도 명백하였기 때문에 경제 안정을 기다리면서 시간을 들
여 정책을 가다듬는 방향으로 전환하였던 것이다.

일본정부는 1992년 무상자금협력의 일환으로 몽골문자부활국가위원
회에 몽골문자인쇄기(금액으로 환산하면 5,000만 엔 상당)를 원조하였으나 사
용되지 않은 채로 창고에 방치되고 있는 것은 아닌지 의심스럽다.


### 5-2-2. 영어교육의 도입

사회주의 시대에 중등교육에서의 제1외국어는 러시아어였다. 러시
아어를 몽골어 정도로 구사하는 것이 엘리트로 가는 지름길로 간주되었

다. 우수한 학생은 유목민 자녀이든 엘리트의 자제이든 소련, 동독, 체코, 폴란드 등에 국비로 유학을 가는 길이 열렸다. 사회주의 시대도 그 끝이 얼마 남지 않았던 1989년의 유학생 수는 9,600명, 1990년은 7,000명이었다. 그러나 민주화후인 1990년대가 되자 이 수는 년 1,000명 가까운 수준으로 급감하게 된다. 재정난에 의해 국비유학이 어렵게 된 점과 러시아어의 가치와 소련·동유럽 국가로 유학을 가는 가치의 저하가 주된 원인일 듯하다.

몽골문자부활운동의 움직임 속에서 러시아어 열풍이 쇠퇴의 길로 접어들자 그 자리를 대신 차지한 것이 영어였다. 동유럽 국가는 영어교육에 힘을 쏟기 시작하였으며 몽골국도 예외는 아니었다. 시장경제사회 진입과 자유주의 선진국들과 보합을 맞추기 위해서는 엘리트도 일반국민도 영어 운용능력의 습득이 필요하게 된 것이다. 몽골문자의 부활이 결정된 1991년에 중등학교의 외국어 선택필수과목으로 종래의 러시아어 외에 새롭게 영어의 도입이 결정되었다.

몽골문자교육이 암초에 걸린 것과는 대조적으로 오히려 영어교육은 국민의 지지를 얻어 순로롭게 진행되었던 것이다.

## 6. 몽골국에서의 영어교육

### 6-1. 중등학교의 교육제도

몽골국의 공교육은 4-4-2제이며 8세(생일에 따라서는 7세)부터 시작된다. 1학년생부터 4학년생까지가 초등학생, 5학년생부터 8학년생까지가 중학생, 9,10학년생이 고등학생이다. 단 8학년생에서 의무교육은 종료되지만, 일반적으로 보통교육에는 10학년까지도 포함된다. 1998년도 조사에 따르면 4년제 학교(초등학교1~4학년) 96교, 8년제 학교(1~8학년) 214교, 10년제 학교(1~10학년) 320교, 합계 630교로 전체 생도수는 447,121명이다. 1998년도의 8세(일부 7세)아동의 입학율은 95.0%, 의무교육종료 시기인 15세까지의 식자율은 87.0%이다(National Statistical Office of Mongolia 1999).

학기는 9월 1일에 시작하여 다음 해 6월 초순에 종료되는 4학기제이다. 수업은 40분이 1교시로 5분간 휴식이 일반적이다. 교사<sup>校舍</sup>부족 때문에 오전 수업과 오후 수업의 2부제를 취하는 학교도 많다. 몽골국의 초등학교·중등학교는 기본적으로 공립학교이다. 학교는 독자적인 명칭을 갖지 않고 '1번 학교', '2번 학교'라는 식으로 번호를 붙인다.

외국어교육은 영어 혹은 러시아어 중 하나를 필수로 선택해야하며 통상 5학년생부터 시작된다. 과학교육기술문화성(이하 문화성)이 결정한 주당 외국어수업 시간수는 표 1과 같다. 일본의 중학교와 비교했을 때 저학년에서의 시간수가 약간 많은 정도이다. 각 학교에는 재량에 따라 수업시간수를 임의로 결정할 수 있는 틀이 있는 관계로 학교의 방침으로 특정 과목을 그 시간에 가르칠 수 있어 결과적으로 외국어를 5학년생 이전부터 가르칠 수도 있다.

표 1 : 중등학교의 1주 당 외국어수업 시간수

| 학년 | 5학년 | | | | 6학년 | | | | 7학년 | | | | 8학년 | | | | 9학년 | | | | 10학년 | | | |
|---|---|---|---|---|---|---|---|---|---|---|---|---|---|---|---|---|---|---|---|---|---|---|---|---|
| 학기 | 1 | 2 | 3 | 4 | 1 | 2 | 3 | 4 | 1 | 2 | 3 | 4 | 1 | 2 | 3 | 4 | 1 | 2 | 3 | 4 | 1 | 2 | 3 | 4 |
| 수업일수 | 4 | 5 | 4 | 4 | 4 | 4 | 3 | 4 | 3 | 3 | 2 | 3 | 3 | 2 | 2 | 3 | 2 | 3 | 3 | 3 | 3 | 2 | 3 | 2 |

출처 : 科学技術文化省令 NO.100-2, 1998년부터 작성

이와는 별도로 문화성이 특별교육을 인정하는 학교도 있다. 공립학교이지만 입학자는 이 경우 특별입학시험을 치러야 한다. 예를 들어 울란바토르에 있는 '23번 학교'는 외국어교육에 중점을 두고 있다. 이 학교는 외국어습득을 위한 특별학교Special School for Foreign Language로 2학년생이 되면 영어, 일본어, 중국어, 한국어, 러시아어 중 하나의 외국어를 선택하여 이수하고 5학년생이 되면 제2외국어를 선택이수하기 때문에 학생은 10년간 3언어를 학습하게 된다.


## 6-2. 1991년 시점에서의 영어교육

민주화 직후인 1991년에는 영어를 중등교육에 도입함에 있어 아래의 결정이 이루어졌다.

① 중등교육의 제1외국어로서 러시아어 또는 영어를 필수이수로 한다.
② 러시아어 교원을 대상으로 1년간의 영어교원양성강좌를 실시한다.
③ 1992년부터 일부 5학년생에 대해 영어교육을 개시한다.

정부의 이러한 결정에 따라 1991년부터 미국 평화부대가 원어민 교사를 몽골국에 파견하고 1년간 영어교원양성강좌를 열어 중등학교 러시아어 교원에게 영어를 가르치기 시작했다. 중등학교에서 영어교원자격을 갖춘 교원은 거의 전무하였다. 당시 러시아어교원은 약 2,000명 정도였으나, 외국어 수요가 언젠가는 러시아어로부터 영어로 옮겨갈 것이라는 위기감에서 강좌를 솔선해서 수강하는 자가 많았다. 그들은 수강을 함으로써 실업을 모면하는 동시에, 영어교원으로서 새 출발할 수 있는 기회를 얻은 것이다. 그리고 1년 후에는 강좌를 수료한 전 러시아어 교원의 일부가 중등학교에서 영어를 가르치기 시작했다.

1991년에서 시행된 제1회 영어교원양성강좌 수강자의 성공 사례를 소개하자면 다음과 같다. B씨는 사회주의시대에 소련의 대학에서 러시아어를 배우고 졸업 후에는 울란바토르의 중등학교에서 러시아어 교원으로 근무하고 있었다. 대학시대에 이미 영어를 습득하였던 터라 강좌에서 우수한 성적을 거두었으며 1992년부터는 이 강좌의 코디네이터가 되었다. 1995년에는 풀브라이트 유학생의 자격으로 미국의 대학에서 영어교수법을 1년간 배우고 귀국 후에는 문화성의 영어교육개발팀의 일원이 되어 다방면으로 활약하고 있다.

## 6-3. 영어교육의 전개

(1) 원어민 교사에 의한 영어교육과 교재개발

평화부대에 이어 미국과 영국의 비정부조직NGO이 몽골국의 영어교육지원에 나섰다. 정부는 몇몇 NGO와 정식으로 협정을 맺고 영어교재의 개발, 영어교원양성, 중등학교 영어교원의 지도, 중등학교·대학에서의 수업 등의 지원을 의뢰하였다. 단 이들 NGO가 영어교육을 통해 종교 활동을 전개하는 것은 아닌가라는 강한 의구심을 품고 있었다. 그러나 몽골인 영어교육전문가가 적은 현 상황에서 이들 NGO의 협력에 의지할 수밖에 없는 것이 실정이다.

(2) 의사소통을 중시한 영어교육

이들 NGO의 원어민 교사는 의사소통능력을 중시한 영어교수법 Communicative Language Teaching Approach을 채용하였다. 이는 종래의 문법·해석법에 주안을 둔 교수법과는 질적으로 다르다.

1997년 9월 10일 부 문화성령252호 '중등학교에서 대학까지의 외국어교육정책'에는 외국 과학·기술의 지식·정보의 취득, 그리고 외국어의 일상적인 운용능력 달성을 목표로 한다는 내용이 적시되었다. 이러한 의사소통능력을 중시한 영어교육이 몽골국의 외국어교육목표와 일치함은 당연한 것이다.

(3) 영어교과서의 정비

민주화 후, 몽골국에 최초로 등장한 영어교과서는 미국의 NGO가 10,000부 작성하여 출판한 1991년의 5학년생용 *Eye of Wisdom*이다. 다음으로 등장한 것은 *Blue Sky I, Blue Sky II*(5~7학년생용)이며 영국의 원조를 받아 전자는 50,000부, 후자는 10,000부가 출판되었다. 그러나 그 후 인쇄기계의 미비와 종이 부족 등으로 인해 1994년까지는 어느 쪽도 증쇄가 불가능하였다. 이후 5학년생~7학년생에게는 교과서가 골고루 배부되지 못하였으며, 8학년~10학년생의 경우 교과서가 없는 상태가 이어졌다.

1999년 2월에 문화성은 영어교과서 작성 프로그램 팀을 설치하였다. 멤버는 몽골국립대학, 인문대학, 사범대학 등에서 선발된 10인으로 구성되었으며, 그 해 9월까지 급거 5~9학년생용의 교과서가 작성되었다. 작성자금은 미국의 원조단체Soros Foundation가 부담하였으나, 출판자금 제공자는 구할 수 없었다. 다음 해 2000년이 되어서야 아시아개발은행의 자금 원조를 받아 6학년생~10학년생용의 교과서가 40,000부 출판되었다. 그리고 신학기인 9월까지 중등학교의 도서관에 무료로 배부되어 대출의 형태로 학생들이 사용할 수 있게 되었다. 이처럼 교과서의 작성, 출판 모두가 외국의 원조단체에 의존하지 않으면 안 되는 상황이다.

## 7. 몽골국의 언어정책의 전망

### 7-1. 영어 붐의 배경

민주화 후, 울란바토르에서는 국제프로젝트가 늘어남에 따라 외국기업의 진출이 활발해졌다. 영어의 필요성을 재빨리 인식한 것은 젊은이들이었으며, 영어를 구사할 수 있는 젊은이들은 이들 외국기업에 채용되기 시작하였다. 사립대학의 수는 우후죽순처럼 증가하여 특히 외국어과정에 학생들의 인기가 집중되었다. 국립대학에서도 영어 커리큘럼의 내실화가 기해져 외국어전용대학 1개교가 신설되었다. 또한 사회인을 위한 야간 영어교원양성강좌가 국립대학과 사립대학 등에서 개설되게 되었다. 영리목적의 영어학교도 눈에 띌 정도로 많아졌다.

2001년 여름, 필자가 울란바토르 거리를 걸을 때 바로 눈에 들어온 것은 많은 영어 간판이었다. Bar라는 간판이 압도적으로 많았다. 그 외에도 Hotel, Shop, Internet Caf'é, Restaurant, Pizza, Hamburger 등이 있었다. 컴퓨터 전문점과 가전제품을 파는 가게에는 영어 단어가 줄지어 있었다. 울란바토르에서는 TV로 외국영화·드라마와 뉴스를 볼 수 있게 되었다. 매주 발행되는 영자신문의 내용도 충실해졌으며, 국제프로젝트와 외국기업의 구인광고란은 인기가 많다.

젊은이들 사이에서 몽골어 회화 안에 간단한 영어를 넣어 사용하는 것이 일종의 패션이 되었다. 일본에서도 영어에 밀려 'さよなら안녕'를 'じゃーね、バイバイ그럼 바이바이'라고 말하듯이 이전에는 몽골어와 러시아어를 조합한 '자, 파카'를 사용하던 것이 지금은 '자, 바이'가 되었다. 이 외에 자주 사용되는 영단어에는 Boss, Office, Fax, Jeep 등이 있다. 물질문화의 유입과 함께 젊은이를 중심으로 영어 붐이 가속화되고 있는 실정이다.

## 7-2. 중등학교 영어교육의 금후

중등학교에서의 영어교육은 도입 이래로 10년이 경과하였으나 영어
교원의 수는 당초 목표에 미치지 못한 채 교원부족 상태에 빠져있다.
1998년 단계에서 영어교원은 약 500명(대다수가 전 러시아어 교원), 그 중
약 반수가 울란바토르에 집중되어 있다. 교원의 대다수가 지방에 부임하
지 않으려 해 광대한 초원에 산재한 지방 중등학교의 경우 교원부족현상
이 심각하다. 최근 대학에서 영어교원자격을 취득한 영어교원이 배출되
고 있지만 이들 역시 지방에는 가려하지 않는다. 교원급여가 낮아 매력
적인 일이라고는 할 수 없는 현 상황에서, 앞서 서술한 바와 같이 영어를
구사할 수 있는 젊은이는 외국기업과 국제프로젝트에서 일하는 것을 희
망하기 때문이다.

정부는 2005년까지 영어교원을 2,000명으로 늘릴 방침이라고는 하
지만, 교원급여의 인상은 물론, 현재 영어교원의 대다수가 언어능력이
부족하며 의사소통능력을 중시한 영어교수법에 익숙하지 않은 상황이
라 교원연수의 내실화를 기하는 것도 중요과제일 것이다.


## 7-3. 몽골문자의 행방

몽골문자부활의 구체적 계획은 21세기를 맞은 현재에도 별다른 진전
이 없어 이대로의 상태가 지속된다면 몽골문자의 읽기쓰기를 전수할 사
람도 사라질 우려가 있다.

키릴문자도입으로부터 50년이 경과된 지금, 몽골문자를 학습했던 세
대는 고령화되었으며, 현재 장년기인 40대, 50대는 몽골문자를 학습하
지 않고 자란 세대이다. 40대인 여성 C씨는 1992년에 딸이 초등학교에

입학하여 몽골문자를 배우기 시작했을 때 같이 연습을 시작하였다. 그러나 정부의 방침변경 후는 거의 연습할 기회가 없어 지금은 딸도 자신도 몽골문자는 거의 기억하지 못한다고 한다.

몽골문자는 세로쓰기를 할 수 없으며 로마자 삽입이 어려운 점, 과학서의 표기에 적합하지 않은 점, 그리고 컴퓨터에도 잘 맞지 않는다는 단점이 있다고 한다. 컴퓨터시대가 도래하여 울란바토르 시내에 인터넷 카페가 난립하는 상황에서 이러한 단점에 어떻게 대처해나갈 것인가 역시 중요과제일 것이다. 발본적인 재검토 계획이 수립되지 못한 현 상황에서 몽골문자의 장래는 결코 밝다고만은 볼 수 없다.

여기서 다른 세 몽골민족 거주지역에서의 몽골문자가 처한 상황에 대해서도 살펴보도록 하자. 브리야트 공화국은 1990년에 브리야트 자치공화국으로부터 브리야트 공화국으로 주권선언을 하였다. 브리야트 공화국의 몽골민족은 전 인구의 약 25%에 지나지 않으며, 러시아어어와 러시아문화로의 동화가 꽤 진행되었다. 브리야트에서는 90년대부터 몽골문자부활의 조짐이 있었으나 상징적으로 사용되고 있는 정도에 불과해 몽골국과 마찬가지로 몽골문자교육 실시는 현실적인 어려움에 처해있으며 소수민족인 브리야트·몽골어의 유지 자체가 커다란 과제가 되었다.

칼미키야 공화국은 소련 붕괴 후, 칼미키야 자치공화국으로부터 칼미키야 공화국이 되었다. 이 나라도 몽골민족이 전 인구의 반수에 미치지 못하며 키릴문자로 전환한 후는 러시아어로의 동화가 진행되었다.

중국의 내몽골자치구에서는 몽골문자가 여전히 사용되고 있으나, 중국 내의 대규모 시장경제로 인하여 소수민족의 언어문화가 쇠퇴의 길로 접어든 상황이며 중국 영내의 몽골민족 중 약 20%가 몽골어를 잊어버렸다고 한다(和光大学モンゴル学術調査団 1999 : 338-355).

## 8. 맺으며

초원의 바다에 떠있는 도시 울란바토르는 지금 인터넷과 위성방송 시대를 맞이하고 있다. 휴대전화의 보급률도 높아지고 있다. 일반시민 가정에서 국제전화를 거는 것도 가능해졌다. 세계로 발신하는 언어가 일본인에게는 일본어가 될 수 없는 것처럼 몽골인에게도 몽골어가 아닌 국제어인 영어에 의존하게 될 것이다.

울란바토르로부터 멀리 떨어진 초원지대에 가축과 함께 이동생활을 하는 유목사회에서 영어는 불필요하다는 의견도 있다. 그러나 유목민의 아이들은 학교에서 영어를 열심히 공부하고 있으며, 비즈니스에 성공한 부자가 되기를 염원한다고 한다. 언제 찾아올지 모르는 설해雪害로 가축을 잃을 걱정을 하지 않아도 되기 때문이다.

1990년의 민주화에 의해 공산당 일당독재가 붕괴되고 교육을 포함한 여러 분야에서 민주개혁이 이루어지고 있음에도 불구하고, 그 간의 급격한 사회변화 과정에서 정치 부패, 경제 불안, 빈부 격차가 표면화되었다. 이러한 불안정한 사회상황 속에서도 영어의 중요성은 증대되어 영어교육의 개발은 외국의 자금·인적 지원을 얻어 진전되고 있다. 앞으로도 자유주의사회를 목표로 하는 이상 한층 더 영어열풍은 커져갈 것이다. 그러나 문제는 외국의 원조가 언제까지 지속될 것인가에 있다. 또한 몽골문자부활에 관해서는 정치·경제·사회적 안정이 도래할 때까지 기다려야 할 것이다. 민주화를 막 이룬 구舊사회주의국가가 안고 있는 언어의 동향에 앞으로도 관심을 갖고 지켜보고자 한다.

참고문헌

金岡秀郎　2000.『モンゴルを知るための60章』東京：明石書店

カルヴェ、ルイ＝ジャン（西山教行訳）　2000.『言語政策とは何か』東京：白水社

後藤田遊子　2001.「モンゴルにおける中等学校英語教育」『アジア英語研究』第3
　　　号　pp.5-22.　日本「アジア英語」学会

田中克彦　1975.『言語の思想—国家と民族のことば—』東京：日本放送出版協会

田中克彦　1992.『モンゴル—民族と自由—』東京：岩波書店

ナムジム（村井宗行訳）　1998a.『モンゴルの過去と現在　上巻』東京：日本・モン
　　　ゴル民族博物館

ナムジム（村井宗行訳）　1998b.『モンゴルの過去と現在　下巻』東京：日本・モン
　　　ゴル民族博物館

ナハイロ、スヴォボダ（田中克彦監修、高尾千津子他訳）　1992.『ソ連邦民族・言語
　　　問題の全史』東京：明石書店

ハイシッヒ（田中克彦訳）　2000.『モンゴルの歴史と文化』東京：岩波書店

ハールマン（早稲田みか編訳）　1985.『言語生態学』東京：大修館書店

モンゴル科学アカデミー（田中克彦監修、二木博史他訳）　1988a.『モンゴル史1』
　　　東京：恒文社

モンゴル科学アカデミー（田中克彦監修、二木博史他訳）　1988b.『モンゴル史2』
　　　東京：恒文社

モンゴル研究会　1995.『モンゴル研究』第16号　モンゴル研究会

和光大学モンゴル学術調査団　1999.『変容するモンゴル世界—国境にまたがる民』
　　　東京：新幹社

Fishman, J.A. (ed.) 1977. *Advances in the Creation and Revision of Writing Systems.*
　　　The Hague：Mouton.

Heinz, Kloss. 1967. "'Abstand Languages' and 'Ausbau Languages.'" *Anthropologi-
　　　cal Linguistics.* vol.9.,no.7, pp 29-91.

Hentz, Paul B. 1977. "Politics and Alphabets in Inner Asia," in Fishman, J.A. (ed.)
　　　1977. pp. 371-420.

Lattimore, O. 1955. *Nationalism and Revolution in Mongolia.* New York： Oxford
　　　University Press.

Lewis, E. Glyn. 1972. *Multilingualism in the Soviet Union.* The Hague： Mouton.

Nachukdorji, S.H. 1955. *Life of Sukebatur. Nationalism and Revolution in Mongolia.* New York : Oxford University Press.

National Statistical Office of Mongolia. 1999. *Mongolian Statistical Yearbook.* Ulaanbaatar : National Statistical Office of Mongolia.

UNDP, Mongolia. 2000. *Human Development Report Mongolia 2000.* UNDP.

# 제 3 장

# 필리핀의 국어정책 역사
### -타갈로그어에서 필리핀어로-

가와하라 도시아키河原 俊昭

## 1. 들어가며

필리핀과 일본은 지리적으로는 가까운 거리에 있다. 마닐라의 니노이 아키노 공항에는 나리타 공항에서 4시간 정도의 비행으로 도착한다. 하지만 심리적인 거리는 어떨까? 필리핀을 방문한 적이 있는 일본인은 그다지 많지 않을 것이다. 일본인에게는 미국 합중국, 서유럽, 호주 등이 해외 여행지로 자주 이용된다. 아시아에서 인기 있는 여행지로는 한국, 타이, 홍콩, 싱가포르를 들 수 있지만, 필리핀이 여행지로서 각광을 받는 일은 적다. 여행사에는 다양한 팸플릿이 진열되어 있지만 필리핀 여행 안내는 때때로 눈에 띄는 정도이다.

'지리적으로는 가깝지만 심리적으로는 먼 나라'라는 것이 보통 일본인이 느끼는 필리핀의 이미지일 것이다. 가난한 나라, 자파유키Japayuki(日本行)와 부정의 나라, 게릴라 활동이 왕성한 나라라는 부정적 이미지가 선행되지만, 구체적인 내용에 관해서는 거의 알려져 있지 않다. 그러한 속에서 필리핀에서 사용되는 언어는 무엇인지 질문을 받는다면 대부분의 일본인은 당황할 것이다. 모른다고 대답하는 사람도 있는가 하면 영어라든지 타갈로그어라고 대답하는 사람도 있을 것이다.

　대답으로 필리핀에서 사용되는 언어는 100개 이상이고, 특정 언어명을 하나만 드는 것은 불가능하다고 말하는 것이 정확하다. 다만 1987년에 제정된 헌법에는 국어는 필리핀어Filipino라고 명기되어 있다. 이 필리핀어는 필리핀에 존재하는 다양한 여러 언어를 통일한 언어이지만, 실은 아직 탄생되지 않았다. 헌법 제14조는 장래 방향으로 여러 언어를 기초로 하여 필리핀어를 발전시켜야 한다고 기술되어 있을 뿐이다. 그러므로 그 존재는 현 단계에서는 허구라고 말해도 좋을 것이다. 단 수도권에서 사용되고 있고 여러 언어 안에서 가장 유력한 언어라는 타갈로그어가 국어와 가장 가까운 존재라고 생각된다. 그러한 의미에서 타갈로그어와 국어인 필리핀어는 실질적으로 같은 것이라고 생각해도 좋을 것이다.[01] 타갈로그어가 실질적으로는 국어인데 필리핀어라는 명칭을 붙여 겉으로는 다른 언어가 된다는 점이 이 나라의 국어가 처해 있는 현실을 단적으로 나타낸다. 이 점에 대해서는 다음 절 이하에서 기술하기로 한다

　한편, 본고의 목적인데 필리핀의 국어정책의 역사에 대해서 기술함으로써 보통 일본인에게 심리적으로 먼 나라를 조금이라도 가까운 나라로 느끼게 하는 것이다. 자국의 국어란 무엇인지에 대해서 질문을 받았을 때 바로 일본어라고 대답해 버리는 일본인에게 있어서 동일한 질문에 대해서 긴 주석을 붙이지 않으면 대답하지 못하는 나라가 있다는 사실을 아는 것은 의미가 있을 것이다. 필리핀의 언어정책의 역사를 바라봄으로써 독자는 일본의 현실을 보다 깊이 이해할 수 있게 될 것이다.

## 2. 필리핀의 언어

### 2-1. 다언어사회의 필리핀의 상황

　필리핀의 언어상황은 지리적으로도 역사적으로도 복잡하다. 지리적으로도 복잡하다고 기술한 것은 작은 섬들이나 정글에 사는 소수민족의 언어를 포함하여 100개 이상의 언어가 사용되고 있기 때문이다. 이들 언어는 각지에 뿔뿔이 분포하지만, 도시부(특히 마닐라 수도권)에서는 각지에서의 민족 이주에 의해 사회 계층적으로 수직으로 분포하고 있다. 즉 유력한 언어를 말하는 민족이 상층에 있고 지방에서 이주해 온 가난한 민족이 하층에 있다.

　나라 전체로 보면 가장 유력한 언어는 수도주변에서 사용되는 타갈로그어이다. 또한 북부에서는 일로카노어, 남부는 세부아노어가 유력하고 그 지방의 공통어가 되었다. 이들을 포함한 8개의 언어(일로카노어, 팜팡고어, 팡가시난어, 타갈로그어, 비콜어, 힐리가이논어, 와라이어, 세부아노어)가 주요 언어라고 생각된다. 그 다음으로 화자가 수십만인 전후의 언어가 존재한다. 가장 저변에는 마이너리티 문화cultural minorities라 불리는 소수민족의 언어가 있다. 이와 같이 토착언어는 등가等價이고 병렬적으로 존재하는 것이 아니라 사회언어학적으로 우열이 있고 여러 층의 계층으로 나뉘어 존재한다고 생각하는 편이 좋을 것이다.

　필리핀에서는 바이링구얼리즘이나 멀티링구얼리즘은 극히 보통으로 보이는 현상이지만, 이것은 저변에 있는 약소언어의 화자에게 있어서 부담이 된다. 특히 교육에서 이용되는 언어가 문제가 된다. 예를 들면 북루손의 산악지대에 사는 본톡족은 오랜 동안 머리 사냥족으로서 사람들이 두려워 하지만 지금은 현대사회에 융화되어 아이의 교육에 열심인 보통 시민이 되고 있다. 그들의 아이가 교육을 받으려고 하는 경우, 본톡어

+일로카노어(그 토지의 공통어)에 더하여 교육 언어로서 영어+필리핀어로 합계 4개의 언어가 필요하게 된다. 언어학자를 목표로 한 것이 아니라 일상 생활을 하려고 하는 일반인이 이와 같은 부담에 견딜수 있을까?

1951년의 유네스코의 보고(UNESCO 1951)는 모어교육의 중요성을 강하게 주장하여 필리핀 교육계에 커다란 영향을 주었다. 아동을 위해서는 외국어가 아니라 모어로 수업이 이루어지는 것이 바람직한 것은 누구나 직관적으로 안다.[02] 하지만 영어나 필리핀어로 된 교과서조차 만족스럽지 않은 상황에서 이들 소수민족의 언어로 쓰인 교과서 인쇄, 교수법 개발, 교원의 재훈련은 그렇지 않아도 부족한 재원으로 인해 현실적이지 않다.

이와 같이 필리핀의 언어상황은 지리적으로 복잡하지만, 더불어 역사적으로도 복잡하다. 그것은 필리핀에서 사용되는 언어 도래가 역사적으로 다르기 때문이다. 먼저 선사시대부터 존재한 것은 (A)토착언어이고, 화자가 가장 많고 언어의 종류도 많다. 다음은 (B)식민지 지배국의 언어이다. 먼저 스페인어가 도래하여 다음으로 영어가 도래했다. 세번째는 (C)이민의 언어를 들 수 있다. 몇 세기나 걸쳐 중국남부에서 복건어福建語나 광동어広東語 화자가 도래해 왔다. 그들은 스페인 지배시대에 종종 탄압을 받으면서도 점차로 경제적인 기반을 탄탄히 해 갔다. 하지만 현재는 필리핀 사회로의 동화도 진행되고 동남아시아의 다른 나라와 비교하면 그다지 눈에 띄지 않은 존재가 되었다. 인구비율로 보아도 1.5%에서 2.0%정도이다(高埜 1990 : 289). 네번째는 (d)피진과 크레올이다. 복수언어의 접촉에서 생기는 언어는 피진이라고 불리고 그것이 사람들의 모어가 되면 크레올이라고 불리게 된다. 식민지지배를 경험한 나라에서는 다양한 피진과 크레올이 현지어와 지배자의 언어 접촉에서 탄생했다. 필리핀에서는 삼보앙가시에서 사용되는 차바카노어가 대표적인 것일 것이다. 이것은 스페인어와 현지어의 혼성어이고 립스키(Lipski 1987)에 의하면 현재도 20만 명 정도의 화자가 있고 라디오방송도 있다고 한다.

필리핀의 언어는 역사적인 배경에서 이 4종류로 나누는 것이 타당할 것이다. 그 안에서도 (A)토착 언어와 (B)식민지지배국의 언어가 중심적인 존재이고, (C)이민 언어와 (D)피진과 크레올은 약간 주변적인 존재이다. 여기서 주목할 만한 것은 (B)식민지지배국의 언어가 (A)토착언어에 미친 영향의 크기이다. 그 점을 조사하기 위해서 마닐라의 마을 안을 돌아 보자.


## 2-2. 마을 안에 보이는 영어와 스페인어

마닐라의 마을 안을 걸으면, 피노이Pinoy(필리핀 사람), Pinay(여성형, 피나이)들이 말하는 타갈로그어나 각지의 방언이 들려온다. 이들 단어는 오스트로네시아어족(말라요·폴리네시아어족)에 속하고 말레이시아나 인도네시아에서 사용되는 말레이어나 자와어와 동족어이다. 언어만이 아니라 얼굴이나 모습도 말레이시아나 인도네시아 사람들과 동일하게 말레이계열이다. 하지만 때때로 중국계의 얼굴형을 하는 사람, 또는 서양풍 용모의 사람들과도 만난다. 그들은 메스티소mestizo(혼혈아), mestiza(여성형은 메스티사)라고 불린다. 그들의 존재는 이 나라의 역사와 깊은 관련이 있다. 이 나라는 스페인과 미국의 식민지 지배를 받았고, 또한 중국 남부에서 많은 사람들이 이주해 왔다는 역사를 가지고 있다.

마을의 여기저기에 붙어 있는 광고는 주로 영어로 쓰여 있다. 여기서는 영어 광고나 표지판이 국어로 쓰여 있는 것보다 훨씬 많이 퍼져 있다. 그것은 외국인 여행자에게 편리하고 고마운 일이지만 원래 표지판이나 광고는 국어로 쓰여져야 할 것이다. 미국에서 독립하여 50년이상 지나도 영어가 여전히 '우리의 얼굴'인 것은 기이한 느낌이 든다.

마닐라의 마을에는 영화관이 많다. 이 나라에서는 할리우드 영화가 매우 인기가 많다. 영화관에서는 입석까지 가득 채운 상태에서 사람들이 열심히 미국영화를 보고 있다. 스크린에 자막은 없다. 관객은 영어를 직접 들으며 즐기고 있다. 이러한 장면 하나를 보아도 사람들의 영어능력이 높다는 것을 알 수 있다.

마닐라 시내는 지프니(짚의 형태를 한 소형버스)가 대단히 많이 달리고 있다. 외국에서 온 여행자도 익숙해지면 지프니를 타고 마닐라 여기저기에 갈 수 있게 된다. 지도를 보고 있으면 스페인계의 지명이 많다는 것을 깨달을 것이다. 델·몬테길Del Monte Avenue, 에피파니오·데·로스·산토스 길 Epifanio de los Santos Avenue이 있거나 산호세San Jose라는 마을이나 재미있게도 센프란시스코San Francisco라는 마을도 있다. 마닐라만에는 일미 격전지인 코리히도루섬Corregidor이 있다.

새롭게 개발된 지역에는 영어명이 붙어 있는 경우가 많다. 예를 들면 뉴마닐라New Manila이다. 뉴욕New York도 있다. 남쪽으로 달리는 고속도로는 사우스 슈퍼 하이웨이Southe Super Highway이고 마을 중앙에는 EU 길 United Nations Avenue, 대학 길University Avenue이 있다. 포브스 길Forbes Avenue, 태프트 길Taft Avenue 등 미국 통치시대의 총독 이름이 붙어 있는 길도 있다. 미국인 총독의 이름을 기념으로 남기는 것을 보면 식민지 지배 역사에 필리핀인이 관용적이라는 것을 알 수 있다.

마을에서 만나는 사람 이름의 대부분은 마리아, 호세, 판 등 스페인계 이름이 많다. 물론 토착 이름도 있지만, 영어계 이름은 상당히 드물다. 역대 대통령 이름에도 에스트라다Estrada, 라모스Ramos, 마르코스Marcos는 스페인계이고 막사이사이Magsaysay은 토착 이름이다. 현재의 아로요 대통령Gloria Macapagal Arroyo은 스페인계 이름이다. 전체적으로 스페인계 이름이 많은 것은 1849년에 스페인 식민지 정부가 행정 효율화를 위해서 주민을 정확히 파악하려고 성을 붙였기 때문이다(Corpuz 1989 : 479).

## 2-3. 타갈로그어의 3중구조

현재 타갈로그어는 전 섬의 공통어인 필리핀어로서 보급되고 있다. 이 타갈로그어에 영향을 끼친 것은 먼저 인도, 아라비아, 중국의 여러언어의 어휘이다. 이들 어휘는 지금은 필리핀 여러 언어 안에 동화되었고, 이제는 외래어로서 의식되는 경우는 없다. 16세기 이후부터는 스페인 통치시대에 스페인어가, 미국 통치시대에는 영어가 커다란 영향을 끼친다. 그 영향은 지극히 크고, 타갈로그어의 어휘에 대해서 무엇인가를 기술하려고 할 때는 스페인어와 영어를 반드시 언급하지 않으면 안 된다.

여기서 타갈로그어의 3중구조를 언급해야 될 것이다. 그것은 타갈로그어 어휘에는 3중구조(본래의 타갈로그어 어휘, 스페인어계 어휘, 영어계 어휘)가 보인다. 어떤 사항을 나타내는데 3종류의 표현법이 나열되는 경우가 있다. 예를 들면 돈의 단위에서 50페소를 나타낼 때 limampung piso(타갈로그어), singkwenta pesos(스페인어), fifty pesos(영어)로 모든 표현이 가능하고 시장에서는 어떤 표현도 충분히 이해된다. 어느것을 선택하는 가는 상대방이나 상황에 따라 정해진다.

여기서 일본어 체계를 생각해 보자. 일본어 어휘는 고유일본어-한어-외래어로 성립된다. 상당히 억지스러운 유추이지만 필리핀에서는 본래의 타갈로그어-스페인어-영어의 각 어휘가 이에 대응한다고 생각될 것이다. 본래의 타갈로그어 어휘는 고유 일본어와 같은 기능을 하고 있다. 즉 kumain먹다, uminom마시다와 같은 기본어이다. 스페인어 어휘는 스페인시대에 받아들여진 종교, 사회조직, 법률, 통치 시스템에 관한 단어가 많고, 일본어의 한어와 같은 역할을 하고 있다. abogado변호사, munisipyo市 등의 어휘이다. 영어는 현대적인 제도·개념을 나타내고, 정부 과학기술, 비즈니스, 산업, 오락에 관련된 어휘가 많고, 일본어의 외래어에 해당한다. 예를 들면 miting ミーティング(미팅), weyter ウェイター(웨이

터), kabinet<sup>内閣</sup>(내각).

단 본래의 타갈로그어, 스페인어, 영어와도 같은 알파벳을 이용하기 때문에 일본어와 비교하면 상호 거리감이 적다. 일본어에서는 히라가나(고유 일본어), 한자(한어), 가타카나(외래어)와 같이 각각의 표기법이 있고 서로의 차이가 부각되어 문자언어의 경우는 이의異議 없이 서로의 차이를 의식하고 만다. 이와 같이 스페인어와 영어는 어휘면에서 타갈로그어에 포함되어 3중구조라는 형태로 커다란 흔적을 남기고 있다. 타갈로그어가 국어인 필리핀어로서 발달해 갈 때에 그들의 외래적 요소를 어떻게 취급할지 즉 제외할지 그대로 둘지가 큰 문제가 된다. 이들 외래적 요소를 남기고 또한 필리핀의 여러 언어와 융합시켜 국어를 만들어내려고 하는 사람들은 융합주의자fusionist라고 불려왔다. 역으로 외래요소를 배제하여 순수한 필리핀 언어(특히 타갈로그어)로만 국어를 만들려고 하는 사람들은 순화주의자purist라고 불려왔다. 필리핀의 국어정책 역사는 이 양자의 대립이라는 관점으로 볼 수 있다.


## 2-4. 공용어로서의 영어

이 나라에서 영어의 중요성은 놀랄 만하다. 영어는 이 나라에서는 외국어라고 하기 보다는 제2언어로서 기능한다. 많은 사람들이 영어가 능숙하고 마닐라의 일상생활에서는 영어와 타갈로그어의 코드 스윗칭이 빈번히 일어나고 있다. 그 때문에 타갈로그어는 자연스럽게 많은 영어 어휘를 포함하게 되고 또한 역으로 영어를 말할 때는 타갈로그어 어휘가 들어간 영어를 말하게 된다. 따라서 필리핀 사람이 말하는 영어는 타갈로쉬Tagalog+English로 불리는 경우가 있다.[03]

영어는 이 나라에서 필리핀어와 함께 공용어이다. 하지만 실질적으로는 아직 유일한 공용어라고 말해도 좋을 것이다. 사법, 행정, 교육, 매스컴, 비즈니스의 언어로서 강한 영향력을 가지고 있다. 은행에서 예금 입출금, 세금 신고, 부동산 등기, 공공기관에 신고(결혼·출산·사망), 모두 영어로 이루어지는 것이 현실이다. 계약, 신고서, 각종 증명서, 학술논문은 영어로 쓰이지만, 그 만큼 영어가 권위 있는 언어로서 신뢰받는 것을 나타낸다.

영어에 대한 신뢰는 거꾸로 말하면, 국어에 대한 신뢰가 없음을 나타낸다. 국어는 잡담이나 가벼운 이야기를 하기 위한 언어라고 사람들은 생각한다. 마을 서점에는 영작문, 영어문장 능숙하게 하는 법과 같은 책은 많지만, 국어작문법, 국어를 능숙하게 하는 법과 같은 타이틀의 책은 그다지 보이지 않는다. 국어로 작문을 하는 의미는 별로 없다고 대부분의 사람이 생각하고 있는 것 같다.

필리핀에서는 스페인어 영향은 서서히 사라지고 있지만 영어지배는 아직도 이 나라의 언어사회에 보이는 현상이다. 이 현상은 국수주의인 필리핀 사람의 자존심을 심하게 상하게 하는 것이다. 당연히 이 현상은 독립국이 된 지금은 어울리지 않다고 하여 시정하려고 하는 운동이 일어난다. 그것이 특히 현저한 것은 1960 - 70년대이다. 하지만 서양문명을 상징하는 영어나 스페인어에 대한 동경을 하는 사람도 많다. 필리핀인에게는 이러한 애증 섞인 이중적 태도가 보인다. 필리핀의 언어정책을 기술할 때에는 사람들의 스페인어·영어에 대한 이러한 이중적인 태도를 잊어서는 안된다. 필리핀 국어정책의 역사를 조감하면, 어떤 때는 영어나 스페인어에 대한 동경에서 융합주의적인 입장이 되거나 어떤 때는 식민지 지배에 대한 반감에서 순화주의로 동요되고 있다. 이 점을 염두에 두면서 다음 절 이하에서 필리핀 사람의 국어정책에 대해서 역사적으로 고찰하고자 한다.

## 3. 스페인 지배시대

### 3-1. 스페인인 도래이전의 필리핀

스페인인 도래 이전의 필리핀에 관해서는 자료가 거의 없다. 어떠한 언어가 사용되었는지 직접적으로 나타내는 문헌은 없다. 이것은 역사성이 결여되어 필리핀 언어를 국어로서 권위를 부여하는 경우에 지극히 불리하다.

독립한 신흥국이 국어의 지위나 권위를 높이기 위해 다양한 정책이 생각될 것이다. 자주 취하는 정책으로서 식민지화되기 이전의 위대한 문학을 상기시켜 민족적인 자긍심을 부활시킬 수가 있다. 이 정책이 성공하면 사람들은 스스로의 국어를 말하는 것에 긍지를 가지고 국민이라는 것에 한층 긍지를 갖게 될 것이다. 옆 나라의 말레이시아나 인도네시아에는 교역을 기반으로 하여 왕조가 번영하고, 석비 동판각문에서 궁정문학까지 인도문화나 이슬람문화의 영향을 받아 다양한 자료가 남아있다. 이들 자료가 수백 년 지난 후에는 민족의 자긍심이 되고 언어 역사성을 보장하여 권위부여의 원천이 된다.

하지만 필리핀에서는 그 중요한 위대한 문학이 결여되었다. 당시에 문자가 보급되었는지의 여부 조차 의심스럽다. 하지만 재미있게도 당시의 식민지관료였던 모르가의 『필리핀제도지ﾌｨﾘﾋﾟﾝ諸島誌』나 스페인의 교단승이었던 치리노의 『필리핀 기사ﾌｨﾘﾋﾟﾝ記事』안에 대부분의 주민이 읽기쓰기 능력이 있어서 놀랬다는 기술이 있다. 모르가의 기술은 다음과 같다.

섬 전체를 통해서 원주민은 대부분 그리스 문학이나 아라비아문자와 비슷한 문자로 상당히 훌륭한 글자를 쓴다. 문자는 전부해서 15개로 그 중 3

개가 모음이고 우리들의 5개의 모음 역할을 한다. 자음은 12개이고 그들은 모두 점이나 콤마를 가지고 있고 조합해서 쓰고 싶은 것은 뭐든지 우리들의 에스파니아어의 알파벳으로 쓰는 것처럼 풍부하고 쉽게 표현한다.

글자를 쓰는 순서는 일찍이 사용했던 대나무나 오늘날의 종이에 아라비아식으로 행을 오른쪽부터 시작하여 왼쪽으로 써 내려간다. 대부분의 원주민은 남자나 여자나 이 말로 쓸 수 있고 적절히 잘 못쓰는 사람은 극히 소수밖에 없다.(モルガ [神吉, 箭内 번역] 1966 : 337)

이 일절이 후년에 언어정책으로 이용되었다. 이 기술이 사실이라면 대부분의 주민은 식자능력이 있고 당연히 높은 문명을 갖고 있다는 것이 된다. 현재는 불행하게도 서책은 남아있지 않지만 긍지를 가질만한 역사나 문학이 스페인인 도착 이전에 존재했다는 증거가 된다. 후세의 필리핀인들이 스페인의 가혹한 지배하에서 선사시대의 낙원을 몽상할 때는 반드시 이 부분이 언급된다(Schumacher 1997 : 218-230).

실제로는 콜프즈(Corpuz 1989)가 서술한 것처럼 문자가 필리핀 전 지역에 보급되지는 않았을 것이고 위대한 문학도 존재하지 않았을 것이다. 왜 이러한 일절이 남아 있는지 역사가들은 여러 가지로 탐색을 하고 있다. 하지만 어찌되었든 후세 필리핀의 사상가들에게 있어서 선사시대의 위대한 문명은 사실이 아니라도 진실이었던 것이다. 후년의 국어정책의 담당자들도 특별히 이 일절을 강조하여 필리핀인의 민족적 자긍심을 고무시켰다.


## 3-2. 스페인과 이슬람

스페인은 1565년 레가스피가 도래한 후부터 1898년 주권이 미국으로 양도될 때까지 필리핀을 지배했다. 333년이라는 장기간에 걸쳐 지배한 것과 대항하는 유력한 토착 문화가 없었기 때문에 그 영향은 언어만이 아니라 종교, 문화에까지 미치고 또한 혼혈이라는 형태로도 남았다. 스페인인이 도래한 16세기에는 남쪽에서 이슬람문화가 세력을 넓히고 있었다. 이슬람문화는 인도네시아, 다음으로 민다나오, 그리고 비자야제도, 마닐라주변과 남쪽부터 진행되어 왔다. 당시의 필리핀에는 바랑가라는 가족적 집단의 소공동체가 산재해 있고 국가라고 불릴 만큼의 규모의 사회로는 성장하지 않았다. 그것은 고도한 문명이나 종교(이슬람이나 가톨릭)와 조우했을 때에는 당시의 필리핀인들이 쉽게 매료되어 압도당하는 것을 의미했다.

스페인인의 도래가 수십 년 정도 늦었다면 어떻게 되었을까? 아마 필리핀은 이슬람 세력 하에 들어가 그 정도로 쉽게 가톨릭으로 개종하거나 정복당하지는 않았다고 생각된다. 민다나오섬이나 스루제도의 이슬람 교도가 장간안에 걸쳐 스페인인에게 굴복하지 않았던 것은 이슬람 신앙을 의지하고 조직적인 사회체재가 만들어졌기 때문이다.


### 3-3. 스페인어의 영향 일반

300년 이상의 스페인 통치시대에 스페인어는 지배자의 언어로서 군림했지만, 필리핀 주민 사이에는 침투되었다고는 말하기 어렵다. 최전성기라도 인구의 불과 2.4%밖에 스페인어를 이해하지 못했다(Gonzalez 1983 : 3). 현대는 스페인어가 실용적으로 사용되는 예는 거의 없다. 하지만 오랜 기간의 식민지 지배 동안에 스페인어 어휘가 필리핀의 여러 언어 속에 침투되어 갔다. 이들 어휘는 타갈로그어에 동화한 형태로서 남아 있기 때문에 타갈로그어와 스페인어를 분류하는 것은 어렵다. 현대 필리핀인에게는 외래의 어휘를 사용한다고 하는 이화감은 거의 없을 것이다.

스페인이 가톨릭을 이 나라에 가져 온 것은 이 나라 사람들의 정신 방향을 결정지었다. 가톨릭은 필리핀인의 혈육이 되었다. 스페인은 가톨릭의 포교에 열심이고, 각 교단(예수회, 아우구스티노, 도미니코 등)에서 교단승이 파견되었다. 그들은 현지어로 포교를 했지만, 가톨릭의 중요한 교양을 나타내는 개념은 현지어로 번역하지 않고, 그대로 카스테리아어(스페인어)를 이용한 것이다. Dios신, santo성도, iglesia교회, espiritu성령등과 같은 근본적인 교의의 개념은 번역되지 않았다. 스페인어 어휘는 먼저 종교적인 용어를 돌파구로서 필리핀의 여러 언어의 어휘에 들어갔다. 포교 때에 중요한 개념은 카스테리아어를 사용한다고 하는 교단의 이 결정을 베르나베는 필리핀의 언어정책의 시작이라고 기술하였다(Bernabe 1987 : 10).

본국 정부는 스페인어 보급을 하도록 종종 칙령을 내리지만, 식민지 정부와 주민의 매개 역할을 하고 주민과 실제로 접하는 교단승에게는 무시당한다.

교단승들은 주민이 스페인어를 배우면 직접 식민지 정부와 접촉이 시작되고 중개역할을 하는 자신들의 권력 기반이 위협받는다는 것을 두려워했던 것이다.

식민지 정부가 본격적으로 스페인어 교육에 착수한 것은 1863년의 교육령부터이고, 거기서는 초등교육의 도입과 스페인어 교육이 칭송되는데, 알조나(Alzona 1932 : 95)에 의하면 거의 효과는 없었다고 한다.

하지만 필리핀 독립혁명의 영웅인 호세 리살은 스페인어 교육을 받아 2대 소설인 『노리 메 탄헬』『엘 필리브스테리스모』를 스페인어로 쓰고, 당시의 사회체재를 고발하고 있다. 이것은 필리핀 문학의 귀중한 재산이 되고 있다. 그는 후에 스페인 당국으로부터 반역죄로 체포되어 사형 선고를 받는다. 처형되는 전날 밤, 감옥 안에서 조국에 대한 고별 시를 종이 조각에 쓰고 램프 안에 종이를 교묘하게 숨겨 친구에게 의탁했다. 그

시 『이별 인사Mi Ultimo Adios』는 스페인어로 쓰여 있다. 자신을 처형하는 나라의 언어, 압제의 상징인 스페인어로 죽을 때 지어 남기는 시를 쓰지 않으면 안 되었다는 점에 당시의 필리핀 지식인의 고뇌와 모순을 볼 수 있다.

지식인들은 활발한 문학활동에 스페인어를 사용했지만, 이들의 스페인어 문학을 필리핀 문화유산으로서 어떻게 인정해 가는가는 후세 교육 정책상에서 논점이 되었다. 300년 이상에 걸쳐 스페인이 지배했다는 역사는 무거운 사실이 되었다. 여기서는 필리핀의 언어정책에서 스페인의 영향을 귀중한 재산으로서 보유하려고 하는 경향과 필리핀과는 이질적이라고 하여 배제하려고 하는 경향의 2가지가 존재했다는 것만을 기술해 두겠다. 다시 말하면 스페인어에 대한 애증 섞인 양의적인 태도가 그 후에 볼 수 있다는 것이다.


### 3-4. 프로파간다 운동과 독립전쟁

필리핀은 동남아시아 안에서 가장 빨리 내셔널리즘이 발달한 나라이다. 19세기 후반부터 필리핀인 중에서도 부유계층이 나타나고 자제에게 충분한 교육을 할 수 있게 되었다. 교육을 받은 젊은이들은 일스토라도라 불리어 자국의 상태를 염려하여 정치운동에 관여해 간다. 이것은 프로파간다 운동이라고 불린다. 이 운동의 당초 목적은 스페인인과 동등한 권리 수립이고 모국은 어디까지나 스페인이라고 여겨져 왔다. 하지만 점차 완전독립을 요구하게 된다. 그들은 그와 병행하여 필리핀인이란 무엇인가 스스로의 국어는 무엇인가라는 의문을 갖게 된다.

필리핀인으로서의 자기의식이 생긴 것은 스페인의 식민지가 된 것이 계기였다. 앤더슨이 『상상의 공동체』에서 기술한 것처럼 현재 아시아·아프리카제국에서 동일국가에 속한다고 하는 귀속의식을 사람들이 갖게 된 것은 틀림없이 열강에 의한 식민지 지배의 결과이다. 식민지 속에서 공통관료 등용제도, 교육제도, 공용어, 매스콤을 경험함으로써 사람들은 같은 공동체에 속한다고 하는 의식을 갖게 된 것이다.

국가라는 개념의 탄생은 필연적으로 국어라는 개념과 연결된다. 당시의 필리핀 국어는 무엇인가 묻는다면 그러한 물음에 답할 수 있는 것으로서 타갈로그어가 있었다. 수도 마닐라의 주변에서 사용되는 것은 타갈로그어였기 때문에 이것은 당연한 것이었다. 역사에서 '만약에'는 금구지만 스페인인이 당초 예정대로 세부를 스스로의 근거지(식민지 수도)로 했다면 이 주변에서 사용되는 언어인 세부아노어가 필리핀의 국어가 되었을 것이다. 어찌되었든 마닐라가 식민지 지배의 중심으로 선택되었지만, 그 우연이 타갈로그어를 국어와 가장 가까운 존재로 만든 것이다.

하지만 국어란 무엇인가라는 물음을 한 최초의 사람으로는 앞서 서술한 호세 리살을 들 수 있다. 그는 스페인어에 능숙했지만, 자기의 언어란 무엇인지 자문하고, 최종적으로는 타갈로그어가 자기 언어라는 것을 발견했다. 그의 활동 자취를 보면, 1887년에 베를린에서 타갈로그어 음률법에 대해 강연을 한 것을 시작으로 대영大英 박물관에서 타갈로그의 민화 연구를 하고, 1891년에는 홍콩에서 타갈로그어 문법연구를 하여, 점차 타갈로그어 연구를 깊이 해 간다. 하지만 처형 전날 밤 자신이 교육을 받은 스페인어로 '이별 인사'라는 시를 썼다. 여기에 식민지 교육을 받은 시인의 언어분열을 볼 수 있을 것이다.[04] 1896년에 스페인으로부터 독립전쟁이 발발했다. 전쟁 속에서 필리핀 측은 구체적인 언어정책을 실행할 여유가 없었다. 하지만 당시의 헌법과 교육언어의 구상을 보면, 만약 독립에 성공한다면 어떠한 언어정책이 실행되었을지 상상할 수 있을 것이다. 1897년에 비아크나바토 헌법(스페인어판이 원본이고 타갈로그어판은 그 번역이다)이 제정된다. 거기에는 제8조에서 타갈로그어를 공용어라고 명기한 점에 주목해야 한다.[05] 이 혁명의 초기 단계에서는 타갈로그어족의 영향이 강하고 타갈로그어가 선택된 것은 이상하지 않다. 비아크나바토 헌법에 이어 1899년에 마르로스 헌법이 제정되었다. 마비니가 정리한 당초의 초안에서는 타갈로그어를 공용어로 선택했지만, 채택되지 않고 펠리페 칼데론Felipe Calderon이 정리한 초안이 채택되었다. 거기서는 다른 민족에 대한 배려에서 타갈로그어를 유일한 공용어로 하는 것을 물리치고 다른 언어를 선택하는 것도 가능하게 되었다. 단 잠시 동안 편의상 스페인어를 사용하게 되어 여러 행정문서, 급료표, 신분증명서 등은 스페인어로 쓰였다. 교육에 관해서는 필리핀 문화문학Universidad Literaria de Filipinas이 혁명정부에 의해 만들어지고, 짧은 기간이었지만 스페인어를 교육언어로 하는 수업이 이루어지고 법학이나 의학의 학위수여도 이루어졌다.

정리하면 프로파간다운동은 당초에는 민족어에 관심이 낮고 스페인어를 대중에게 넓히려고 조차했다. 하지만 독립전쟁이 발발하면 주체가 스페인어교육을 받은 엘리트 계층만이 아니라 일반대중도 참가함에 따라 수도권 대중이 이야기하는 타갈로그어가 전면에 나왔다. 하지만 전쟁의 주체가 타갈로그어족에서 전민족으로 넓어짐에 따라 다시 각 민족에게는 중립적인 존재의 스페인어로 돌아가는 경향이 보였다. 공용어를 정할 때에 수 많은 민족어에서 어느 것을 선택하는지 그 논쟁이나 혼란을 피하기 위해 적인 종주국의 언어가 선택되는 도식은 각 식민지에서 보였지만 필리핀도 그 예외는 아니었다.

## 4. 미국시대의 언어정책 : 영어지배의 현실

### 4-1. 대통령의 영어

전 대통령의 에스트라다는 영어를 잘 못해서 인기가 있었다. 일본인은 필리핀인의 대부분이 영어를 잘 한다고 믿고 있지만, 이것은 잘못된 생각이다. 가난한 사람들의 대부분은 초등학교에도 만족스럽게 가지 못하고, 영어는 거의 모른다. 그들은 영어를 못하는 에스트라다 대통령에게 애착을 느끼는 것이다.[06] 2001년의 탄핵 재판 때도 가난한 계층의 사람들은 에스트라다를 지지했다. 오피스가 밀집한 마카티 지구에서 일하는 영어에 능숙한 화이트 칼러가 에스트라다를 쫓아내려는 주역이었다. 이와 같이 영어능력의 차이로 지지자 층이 나뉜 것은 흥미롭다.

역대 대통령은 영어로 연설을 했다. 키리노 대통령, 막사이사이 대통령, 가르시아 대통령은 연설에서는 늘 영어를 사용했다. 1961년에 마카파갈 대통령은 취임연설을 국어를 시작으로 다음으로 영어로 바꿨지만, 취임연설에 국어를 섞었다고 하는 점에서 획기적이었다(Gonzalez 1983 : 99). 다음으로 마르코스 대통령은 국어와 영어를 적절히 교대하면서 연설을 하여 고향에서는 일로카노어를 사용했다. 최근 아키노 대통령, 라모스 대통령, 현재의 아로요 대통령도 영어와 국어를 구별하여 사용했다.

일반적으로 정치가의 지성은 영어능력으로 판단된다. 정치가들은 대중에 대한 어필, 스스로의 지성을 강조, 다양한 요소를 계산하면서 어떤 언어로 연설을 할지 정하지 않으면 안된다. 하지만 뭐라 해도 영어를 자유롭게 구사하는 능력은 불가결하다. 이와 같이 정치 세계로의 영어의 깊은 침투는 미국 통치시대부터 시작되었다. 그 통치시대를 다음에 살펴보고자 한다.

## 4-2. 토마사이츠

미국의 통치기간은 스페인보다도 짧았지만, 언어에 관해서는 그 영향이 보다 강력했다. 1898년의 파리조약에서 미국은 필리핀제도의 소유권을 스페인으로부터 양도받았다. 이 시대가 되자 식민지를 새롭게 소유하기 위해서는 어떠한 대의명분이 필요하게 된다. 그 때문에 미국의 맛킨리 대통령은 우애적 동화선언Benevolent Assimilation Proclamation을 했다. 거기서는 필리핀 보유는 미국을 위한 것이 아니라 미개한 필리핀을 민주화하려고 하는 고상한 이념에서 실행한다고 선언한다. 하지만 필리핀 사람들은 그러한 감언이설을 파악하고 초대하지 않은 손님인 미국에 대해 저항운동을 각지에서 펼쳐간다. 미국군은 잠시 동안 군사제압을 하지 않으면 안 되었다.

군사제압과 함께 보통교육이 대규모로 시작되었다. 당시의 식민지 지배국이 자국어 교육은 원주민 엘리트층에 한정하려고 한 것에 반해 모든 주민을 대상으로 영어교육을 하려고 했던 것은 당시로서 지극히 이례적이다(May 1984 : 82). 이러한 점에서 미국의 이상주의적인 경향을 파악할 수 있을 것이다. 어찌되었든 각지에서 초등학교가 건설되어 갔다. 또한 1000명 정도의 미국인 교사가 본국에서 파견되어 왔다. 그들 대부분은 운송함 토마스호로 왔기 때문에 일반적으로 토마사이츠라고 불린다. 그들 대부분은 20-30대의 청년이었다. 토마사이츠는 교육언어로서 영어를 이용하여 데모크라시, 권리나 의무 개념, 위생개념, 과학기술 등을 필리핀인 아동에게 가르친 것이다. 그들은 1961년에 케네디 대통령이 제창한 평화부대의 선구자라고 할 수 있는 존재였다.

토마사이츠에 관해서는 필리핀인 연구자의 대부분이 긍정적 평가를 하고 있다.[07] 하지만 필리핀인에게 토마사이츠나 영어교육은 긴 안목으로 보면, 해가 되었다고 비판하는 사람도 있다. 사상가 레나토 콘스탄티노(Constantino 1982)는 미국이 가져 온 보통교육을 '사이비 교육'miseducation이라고 부르고 이 교육은 미국에 의한 필리핀지배의 일환이었다고 주장했다. 그는 토마사이츠의 역할의 본질은 식민지주민의 순화에 있다고 생각했다. 아동에게 외국어인 영어로 가르쳤기 때문에 내용의 이해는 표면적이게 되고 아동들은 토착문화를 알지 못한 뿌리 없는 풀이 된다. 또한 영어를 할 수 있는 엘리트와 일반대중이라는 계급격차를 고정시키게 되었다고 비난한다. 콘스탄티노는 미국이 도입한 영어에 의한 보통교육에 처음으로 날카로운 비판을 쏟아낸 사상가로서 주목할 만하다. 하지만 아이러니하지만 영어지배에 대해서 목소리 높여 이의를 제기한 콘스탄티노도 그 호소문을 영어로 작성함으로써 그의 호소가 각지에 퍼져갔다.

다시 역사로 돌아오면, 초등교육에서는 당초부터 영어가 사용됐지만, 고등교육에서는 잠시 동안 스페인어가 사용되었다. 하지만 1908년에 영어로 수업이 이루어지는 최초의 고등교육기관으로서 국립 필리핀 대학이 설립되었다. 대학설립의 목적은 영어를 말할 수 있는 식민지관료의 양성이었지만 금새 필리핀에서 가장 권위 있는 대학이 되고 다른 대학에서도 이를 본따 영어로 수업이 이루어지게 되었다. 이후 고등교육에서도 영어는 급속히 퍼져간다.

영어의 급속한 보급의 이유로서 교육언어로서 영어가 사용된 것, 비교적 관대한 미국 식민지 정책 때문에 주민이 미국에 호의를 품은 것, 관료제도에 필리핀인을 등용하게 되어 공직을 요구하는 필리핀인이 경쟁하여 영어를 배운 것 등을 들 수 있을 것이다.

## 4-3. 국어연구소

미국의 통치가 30년 이상 지났을 때 필리핀에 자치권이 주어졌다. 1934년부터 1935년에 걸쳐 자치령의 헌법제정의회가 열려 거기서는 국어문제도 토의되었다. 하지만 국어로서 타갈로그어를 추진하는 그룹과 세부아노어를 추진하는 그룹이 있어, 양자가 대립하여 결론은 나오지 않았다. 우선 헌법 제12조제3절에서 '여러 언어 중 하나를 기초로 하여 공통된 언어를 개발하여 국어로 하기 위해서 필요한 조치를 강구하는 것'이라고만 정하고 어찌되었든 신뢰할 수 있는 언어기관을 설립하여 거기서 국어문제에 관해서 검토를 하도록 하였다. 국어의 기초가 되는 '여러 언어 중 하나'를 선택하는 것은 그 언어기관의 역할이었다.

헌법제정회의의 답신을 받아 1935년에 국어법(the National Language Law)이 의회를 통과했다. 이 법에 기초하여 국어연구소the Institute of National Language가 창설되었다. 이 기관의 목적은 필리핀의 국어는 무엇인가라는 문제에 결론을 내는 것이었는데, 우선은 다음 조사를 실시하게 되었다(Gonzalez 1983 : 65-66).

(1) 50만 명 이상의 화자가 있는 민족어를 조사연구한다.
(2) 동족언어의 어구 대조표를 만든다.
(3) 철자 통일을 위해서 필리핀의 여러 언어의 음성과 표기법을 연구한다.
(4) 필리핀의 여러 언어의 접사를 연구한다.

이들의 연구조사 후에 민족어 안에서 적절한 것을 국어의 토대로서 하나를 선택하고, 국어 표준화(접사·문법서의 편찬, 어휘의 순화)를 실시하고, 또한 다른 필리핀의 여러 언어에서 어휘를 받아들여 국어 어휘의 확대를 도모한다고 하였다. 국어연구소는 수년간의 조사를 실시하고,

1937년에 타갈로그어를 국어의 기초로 하는 것이 맞다고 하는 답신을 했다. 당시의 케손대통령은 답신을 받아 바로 타갈로그어를 기초로 하여 국어를 만들어 가는 것을 선언했다.

1935년의 국어법은 어휘를 조성·확대할 때에 재료가 되는 언어의 우선순위를 정하고 있다. 이 순서는 ① 필리핀의 여러 언어에서 ② 스페인어와 영어에서 ③ 그리스어와 라틴어에서(주로 과학용어 등) 였다(Santiago 1979 : 27). 이 조항의 의도는 순번이 붙어 있지만, 다양한 언어의 어휘를 받아들여 융합하여 새로운 국어 어휘를 만들어 가는 것이었다. 단 국어연구소는 타갈로그어 지상주의를 주장하는 사람이 우세하고, 타갈로그어로만 조어를 만들어 스페인어·영어나 필리핀의 다른 여러 언어의 요소를 받아들이지는 않았다. 이 점에서 국어연구소의 태도는 융합주의를 추진하는 사람들로부터 격렬한 비판을 받았다. 이후 필리핀의 국어정책은 융합주의자와 순화주의자의 대립이 눈에 띈다.

국어연구소는 국어=타갈로그어의 순화주의를 주장했는데, 그것도 수도권에서 사용되는 스페인어나 영어로 '오염된' 타갈로그어가 아니라 농촌부에서 사용되는 순수한 타갈로그어로 돌려야 한다는 생각이었다. 순화주의자들은 타갈로그어의 소리와 철자를 스페인 도래 이전의 본래의 모습으로 돌리려고 했다. 그 때문에 철자는 원래 20자로 한정하고 c, j, q, ch 등의 소리나 문자는 스페인어계라고 하여 배제하였다. 스페인어풍의 철자에서 타갈로그어풍의 철자로의 변환이 시도되었다. 인명도 Jose→Huse, Juan→Suwan, Quintin→Kintin이라는 철자법이 제안되었다(Santiago 1979 : 11).

문학자로서 저명한 산토스Lope K. Santos는 『국어문법Balarila ng Wikang Pambansa』을 완성하고 이것이 공식 문법서로서 교육계에서 채용되었다. 이 문법서에서는 타갈로그어를 기반으로 하여 만들어진 문법용어를 이용하였기 때문에 영어 문법용어에 익숙한 사람들에게는 익숙하지 않아

평판이 좋지 않았다.

순화주의자들에게 대항하기 위해 융화주의자들은 마닐라·링귀 프랭커를 국어의 토대로 해야 한다고 주장한다. 헤른시오 라크에스타Geruncio Lacuesta는 마닐라에서 사용되는 타갈로그어는 각지에서의 이주민이나 외국어의 영향을 강하게 받아 이미 다양한 언어를 융합한 형태가 되어 마닐라에 사는 다양한 민족간의 공통어가 되었기 때문에 이것을 마닐라 링귀프랭커라고 불렀다. 융합주의자는 이 링귀 프랭커를 국어의 토대로 해야 한다고 주장했다(Gonzalez 1993 : 17-18; Yabes 1977 : 349-350).

국어에 관해서 다양한 의견이 나타나는 가운데 1941년부터 시작한 태평양 전쟁에서 필리핀은 일본 점령 하에 놓이게 되었다. 일본군은 영어를 배제하기 위해 타갈로그어의 사용을 장려했기 때문에 이 시기는 타갈로그어가 보급된 시기였다. 일본어 보급도 장려되었지만, 3년 정도의 점령기간이고 필리핀인 언어에 영향을 미치는 일은 거의 없었다.


## 5. 제2차대전 이후의 언어정책

### 5-1. 60년대까지의 움직임

제2차대전은 필리핀에 커다란 손해를 입혔다. 전쟁 종결 당시 사람들은 경제부흥에 바쁘고 언어정책에 눈을 돌릴 여유가 없었다. 언어정책에 관한 다양한 움직임이 생기게 된 것은 어느 정도 경제가 회복하고 나서이다. 그 움직임의 하나로서 모어교육에 대한 관심이 높아지고 타갈로그어 지역이 아닌 곳에서는 민족어로 교육을 실시하려고 하는 움직임이 생긴 것을 들 수 있다. 당시에는 모어교육을 추진하려고 하는 그룹과 반대하는 그룹 사이에서 논쟁이 일어났지만, 실증적인 데이터가 부족하고 논의가 관념적으로 겉돌기만 하여 쉽게 결착 짓지 못했다. 하지만 1948년부터 파나이섬의 이로이로주에서 민족어와 영어 어느 쪽이 효과적인지 실험을 하게 되었다. 민족어인 힐리가이논어와 영어로 가르친 2개의 교실을 비교하여 어느 쪽의 교실이 교과목을 잘 이해했는지 실험조사를 한 것이었다. 그 결과 힐리가이논어로 가르친 교실의 성적이 좋다는 결과가 나왔다. 그것을 보고 1956년부터 초등교육의 최초 2년간은 민족어가 시용되고 영어만이 교육언어로서 사용되어 온 반세기이상의 역사에 종지부를 찍게 되었다.

이 시기의 국어 교수법은 문법 중심의 수업이 많아 그다지 효과적이지 않았다. 독해도 한 시대 전의 타갈로그어로 된 문학작품 감상이 많아 옛날 어구가 많고 타갈로그어를 모어로 하는 학생에게도 어려운 것이었다. 미국의 언어학자 프레이터는 이 시기에 필리핀의 언어교육을 조사하여 다양한 보고를 하고 있다(Prator 1950). 그 안에서 프레이터는 국어연구소의 방침이 초보수적이고 순수한 타갈로그어가 사용되는 농촌지대의 방언을 지나치게 미화하여 사람들에게 익숙한 영어나 스페인어의 어구를 무리하게 고풍스러운 타갈로그어나 농촌지대의 타갈로그어로 바꾸려고 한다고 비난했다. 다시 말하면 그는 순화주의에서 융합주의로의 전환을 요구한 것이다.

이 시기의 또 하나의 움직임으로서 스페인어문학은 민족의 소중한 유산이므로 스페인어를 남기려고 하는 움직임이 일어난 것을 들 수 있다. 스페인어로 쓰여진 문학을 무시하기에는 너무나도 커다란 영향을 필리핀에 남긴 것이다. 1956년에 리살법이 시행되어 고등교육을 받는 필리핀인 학생에게 스페인어를 12학점을 취득하도록 요구하였다. 1959년에는 인문과학계의 대학생은 24학점이 필요하게 되었다. 하지만 이미 영어와 국어라는 2개 언어의 과중부담에 힘들어하는 학생들은 불필요한 지식을 강요하는 것이라고 항의 데모를 했다. 많은 학생이나 교사가 이 법률의 철회를 요구했던 것이다.

현재는 스페인어는 선택과목이 되어 더구나 매년 선택자 수가 줄고 있다. 언젠가 선택과목에서 사라질 것이다. 이미 스페인어는 국어의 존립을 위협하는 것이 아니라 지금은 사라져 가는 것으로서 어떤 종류의 그리움을 느끼게 하는 존재가 되었다.

1959년 국어정책상 중요한 것이 일어났다. 그것은 국어를 필리피노어Pilipino로 명칭 변경하는 것이다. 국어 명칭을 타갈로그어라고 하면 타갈로그족의 언어라는 뉘앙스가 생겨 필리핀 전민족의 상징이 되기에는 적합하지 않다고 생각된다. 교육부장관 로메로Jose E. Romero의 부령에 의해서 필리핀 국어는 필리피노어라고 불리게 되었다. 하지만 필리피노어로의 명칭변경은 실태를 동반하지 않은 단순한 명칭변경이라고 생각한 사람도 많았다. 그 때문에 후년 필리핀어로 다시 한번 명칭 변환을 하게 된다.

필리핀에 한정하지 않고 언어정책에서 언어를 어떠한 명칭으로 부르는지는 지극히 중요한 것이다. 과거 일본에서도 '동경어'가 아니라 '표준어'라는 이름이 그 보급에 공헌했다는 것은 틀림없는 사실이다. 현대 일본에서도 언어정책 담당자들은 '국어' '일본어'라는 2개의 명칭을 구별해서 사용할 시에는 주의할 필요가 있을 것이다.


## 5-2. 순화주의자와 융합주의자

1960년대는 국어문제에 관해서 다양한 대립이 일어나서 이 시기의 논쟁은 언어전쟁Language War이라고 불렀다. 단순화시켜 말하자면 국어로서 순수한 타갈로그어를 추진하는 순화주의자와 다양한 언어(민족어나 외국어)의 요소를 받아들인 국어를 만들어내고자 하는 융합주의자와의 대립이 생긴다. 전자는 국어연구소를 중심으로 하는 그룹이고 후자는 비타갈로그어 지구의 언어학자를 중심으로 하는 그룹이다. 필리핀의 언어정책의 역사는 양자의 대립을 축으로 하여 움직인다고 생각하면 알기 쉬울 것이다.

여기서 융합주의자와 순화주의자의 생각에 대해서 약간 언급하고자 한다. 융합주의자란 여러 언어를 평등하게 융합하여 국어를 만들어가는 것이고 정치적으로는 지극히 이상적인 방법이지만, 실제로는 상당히 어렵다. 예를 들면 학술용어에 관해서 생각해 보자. 과학기술 용어에 관해서는 하나의 민족어로 모든 용어 체계를 구성하지 않으면 정합성이 떨어진다. 일본어를 예로서, '酸素산소' '炭素탄소' '水素수소' '二酸化炭素이산화탄소' '過酸化水素과산화수소'와 같은 용어를 보면 이산화탄소나 과산화수소는 산소, 탄소, 수소로 구성된다고 추측할 수 있다. 각 용어간의 관계가 확실하다.

혹은 학문분야별로 각 언어를 적당히 맞추는 방법, 예를 들면 화학은 타갈로그어, 의학은 비콜어, 생물학은 일로카노어의 어휘로 하는 방법도 생각할 수 있다. 하지만 학문 간의 경계가 없어지는 현대에서는(화학용어도 의학이나 생물학의 용어와 서로 겹치는 경우가 많다) 이 방법도 현실적이지 않다.

다른 방법으로서 필리핀 여러 언어의 공통된 어근을 기초로 하여 거기서 학술용어를 창조해 가는 방법도 있다.[08] 하지만 익숙하지 않은 용어를 보급시켜가는 것은 시간이 걸릴 것이다.

모든 언어에 공평하게 배려하면서 어휘를 확충해 가는 것은 상당히 어렵다고 할 수 있다. 따라서 역시 중핵이 되는 언어를 정하여 그 줄기 잎에 여러 언어를 적용해 가는 방법이 현실적일 것이다. 그 경우, 타갈로그어가 국어의 토대가 된다고 해도 그 경우 어떠한 타갈로그어를 토대로 하는지가 문제가 된다. 융합주의자들은 그 경우라도 기초가 되는 것은 순수한 타갈로그어가 남아 있는 지방의 방언이 아니라 마닐라에서 사용되는 타갈로그어(마닐라·링귀 프랭커)를 기초로 해야 한다고 주장한다. 마닐라에서는 지방에서 온 화자가 이주해 왔고 또한 외국인도 많아서 거기서 사용되는 언어는 다양한 언어 요소를 이미 받아들인 것이다. 그것은 여러 언어가 융합된 형태와 가까운 것이다. 마닐라·링귀 프랭커는 피진·크레올 성향이 있고 지방의 순수한 타갈로그어 방언보다는 필리핀 전민족의 상징이라고 생각된다.

순화주의자들은 외국어에 '오염'되지 않은 순수한 타갈로그어에서 창조된 국어를 목표로 하지만, 국내의 다른 여러 언어를 무시한 점, 익숙한 영어나 스페인어 어휘로 교체하려고 한 점에서 융합주의자들로부터 비난을 받았다. 이와 같이 주장의 정면에서 대립하는 양자이지만 타협점이 발견되다고 한다면 마닐라·링귀 프랭커가 제1후보가 될 것이다.


### 5-3. 1974년의 2언어교육법

1969년부터 1972년에 걸쳐 학생운동이 왕성했다. 국어문제도 이 시기의 운동과 관련하여 생각해 볼 필요가 있다. 이 시기는 언어 내셔널리즘이 고양된 시기이기도 했다. 교육내용의 필리핀화가 진행되어 필리핀적인 시점 혹은 아시아적인 시점으로 쓰여진 교재가 선호되었다. 필리핀인 학자가 쓴 교과서가 선택 된 시기이기도 했다.

그런데 1973년에 새로운 헌법이 제정 되었다. 1935년의 헌법 제정기와 동일하게 헌법문제를 계기로 하여 타갈로그어 화자와 비 타갈로그어화자의 대립, 순화주의자와 융합주의자의 대립이 격렬해졌다. 다양한 논의에 대한 응수가 있었지만 결과적으로는 타갈로그어를 토대로 한 필리피노어가 국어의 위치에서 빠지고, 필리핀의 모든 언어를 토대로 만든 필리핀어가 장래에 만들어지고 국어가 된다.[09] 단 공적인 목적을 위해서는 종래의 필리피노어의 사용이 인정되었다. 이 헌법에서는 영어와 필리피노어(또한 스페인어)가 공용어가 되고 국어는 필리핀어가 되어 지극히 알기 어렵게 된다. 많은 사람들은 필리피노어와 필리핀어가 어떻게 다른지 헤깔렸다.

1974년에는 2언어교육법이 성립하여 교육언어에 관해서 수정이 가해진다. 2언어교육법에 의해 이과계 과목은 종래대로 영어로 문과계 과목은 국어를 사용하여 가르치게 되었다. 교육언어에 관해서는 현재에 이르기까지 이 방침이 답습되고 있다.

국어의 새로운 어휘를 만들어 낼 필요성에 관해서는 2언어교육법의 도입 의해 이과계 과목은 종래대로 영어로 가르치게 되어 적어도 과학기술용어를 만들어 낼 필요성이 당장은 적다. 신어를 만들어 낼 필요성이 적어지는 것은 국어로서의 필리피노어를 서둘러서 만들어낼 필요성이 적어지는 것도 의미한다.


## 5-4. 1987년 헌법

마르코스 대통령이 퇴진한 후 아키노 대통령 시대에 새로운 헌법이 제정되었다. 언어에 관해서는 1973년 헌법에 제시된 방향이 보다 철저하다고 할 수 있다. 헌법의 제14조의 제6절과 제7절에는 다음과 같이 기술되어 있다.

제6절 필리핀 국어는 필리피노어이다. 그 발달은 현존한 필리핀의 언어를 기초로 하여 보다 한층 발달시켜 풍부하게 해 가는 것으로 한다. 법

규정에 따라 또한 국회가 타당하다고 간주한 정부는 필리피노어를 공적인 커뮤니케이션 및 학교교육 현장에서의 교육언어로 하기 위해 다양한 방책을 취하지 않으면 안된다.

제7절 커뮤니케이션과 교육이라는 목적을 위해서 필리핀의 공용어는 필리피노어이지만 법률에 정해진 시기까지 영어도 공용어이다. 지역언어는 해당 지역의 보조공용어이고, 그에 동반하여 보조교육언어이기도 하다. 스페인어와 아라비아어 사용은 선택적으로 실시되는 것으로 한다.

이 헌법은 필리핀의 여러 언어에 기초한 국어인 필리피노어를 창조하는 것을 칭송했다. 공용어도 피리피노어에서 필리피노어가 되었다. 이것은 전절에서도 기술했지만, 피리피노어라는 명칭이 타갈로그어의 별칭이라고 생각되었기 때문에 다시 명칭을 바꿔 타갈로그어의 냄새를 지우려고 한 것이다. 하지만 이것 또한 타갈로그어의 다른 명칭이 되어 버릴 가능성이 있다. 앞으로 필리피노어라는 명칭도 또한 변경하지 않을 수 없을지도 모른다.

1988년에 아키노 대통령은 행정명령 335호를 내리고, 관청 간의 연락이나 관공청의 명칭으로 국어를 사용하도록 지시했다. 하지만 이 행정명령이 효과적이었다고는 말하기 어렵다. 이 행정명령에 대해서 비 타갈로그어 지역에서는 반발이 세고, 세부 주에서는 교육언어 및 공용어로서 필리피노어를 사용하는 것을 금지하고 대신 세부아노어와 영어를 사용하는 조례를 낼 정도이다.

국어연구소는 1987년에 필리핀의 여러 언어 연구소The Institute of Philippine Languages로 명칭이 변경 되고 또한 1991년에 필리핀어 위원회 The Commission on Filipino Lnaguage가 되어, 대통령 직속 기관이 되었다. 위원회는 활발한 활동을 계속하고 있고 현재도 국어정책의 중심적인 기관이다. 아울러 알파벳은 당초에는 20문자밖에 인정받지 못했는데 1976

년에 스페인어계 알파벳을 받아들이게 되어 31문자가 되었다. 이것은 1987년에 28문자가 되었다.

총괄해서 말하자면 현재는 적극적인 국어보급 정책은 시행되지 않는다. 하지만 타갈로그어는 매스컴(영화나 텔레비전·라디오)이나 교육을 통해서 서서히 퍼져 실질적인 국어 필리피노어가 되었다. 타갈로그어에 대해서 비타갈로그어 지역 사람들은 반발하지만 수도권에서 사용되는 언어라는 사실은 무겁다. 각종 통계에서도 국어를 말하는 사람의 숫자는 가속도로 증가하고 있고 머지않아 대부분의 국민이 국어를 이해하게 될 것이다.


## 5-5. 영어에 대한 태도

영어에 대한 태도는 실제로는 어떨까? 1960년대는 베트남 전쟁이나 스빅크 기지·크라크 기지에 대한 반미투쟁과 연동하여 반영어운동이 활발해졌다. 아지테이터가 단상에서 연설을 영어로 시작하려고 하면 '타갈로그어로 말해'라고 야유가 쏟아졌다. 하지만 1992년에 미국군이 필리핀에서 완전히 철퇴하고 나서는 미국 모습은 표면에서 사라졌다. 반미투쟁은 가시적인 대상을 잃어버렸던 것이다. 그리고 현재 경제곤경 속에서 해외로 돈벌러 가는 사람이 왕성해 진다. 가정부로서 홍콩·싱가폴로, 건설노동자로서 중동으로, 선원으로서 세계의 바다로와 같이 필리핀인이 해외로 진출한다. 또한 의사·간호사 등을 중심으로 미국 이주도 활발하다. 필리핀인의 Exodus국외 탈출가 시작되었다고 사람들은 자학기미로 중얼거린다. 해외에서의 성공에는 영어능력이 불가결하다. 국내에서도 변호사, 의사, 기술자 등의 전문직은 영어 능력이 사회적 성공의 열쇠이다. 신문의 구인란에는 영어에 능숙한 사람 구함이라고 쓰여 있는 경우가 많다. 영어와 사회적인 지위향상과는 직접적으로 연결된다고 생각된다. 현재도 영어 기울임 현상은 여전히 강하다고 할 수 있다.


## 6. 장래 전망

근년에 동남 아시아 여러 나라는 경제성장이 눈에 띄고 그와 연동하여 적극적인 언어정책이 전개되고 있다. 싱가포르에서는 적극적인 영어교육정책이 실시되어 때때로 전통으로 돌아가려고, '화어를 말하자'Speak Mandarin운동 등이 일어나거나 한다. 말레이시아에서는 무리한 정책에 의해 이민 언어(타밀어나 중국남부 방언)가 교육언어로서는 모습을 지우고 있고 공용어도 영어에서 말레이어로 바뀌었다. 국어문화센터Dewan Bahasa dan Pustaka에서 다양한 번역이나 학술서가 말레이어로 출판된다. 인도네시아에서는 이미 인도네시아어 보급률이 90%이상에 달한다. 인도네시아인 스스로의 국어에 대한 신뢰는 높아지고 있다고 생각된다.

하지만 필리핀은 자국의 언어에 대한 신뢰감이 그다지 없다고 느끼는 경우가 많다. 자국의 언어만이 아니라 자국에 대한 신뢰도 적은 것 같다. 해외로 이주를 희망하는 필리핀인이 많다. 전문가의 두뇌유출에 고민하는 나라이다. 미국 대사관의 주변은 비자를 받으려는 사람들의 긴 행렬을 언제나 볼 수 있다. 그들은 미국에서 일을 찾고 싶어한다. 기회만 있으면 미국의 시민권을 취득하고 싶어한다. 사람들의 관심은 당연한 것이지만 떠나려는 나라의 언어보다도 시민권을 취득하고 싶어하는 나라의 언어에 대한 관심을 갖는다.

사람들은 필리핀인이라는 것을 어떻게 생각하고 있을까? 이 나라는 긴 역사 속에서 스페인인과의 혼혈, 미국인과의 혼혈과 많은 백인계 혼혈이 있다. 또한 중국에서 이민을 받아들여 옴으로써 중국계 혼혈도 많다. 흥미롭게도 이 나라에서는 미인이 되기 위해서는 먼저 색이 하얗지 않으면 안된다. 미인 콘테스트의 참가자나 여배우는 대부분이 하얀색의 혼열여성이다. 피부가 거무스름하고 평평한 전형적인 말레이게 모습의 사람이 가수로서 성공하는 일이 드물기 때문에 그것만으로 인기가 높아진다.

대부분의 여성이(또한 상당한 숫자의 남성이) 미용실에서 얼굴 마사지를 받아 얼굴을 하얗게 하려고 한다. 100페소(일본엔 환산으로 300엔 정도)라는 필리핀에서는 적은 금액의 요금을 기쁘게 지불하는 것이다. 침대에 누어 기분 좋게 1시간정도의 얼굴 마사지를 받는 그녀들이지만, 눈을 뜰 때는 한 걸음이라도 서양인에게 가까워지고 있는 자신을 발견할 수 있을까? 어찌되었든 그와 같은 토양에서 서양 언어의 배제는 가능할까? 구종주국의 언어는 겉으로는 배제되었지만 실상은 동경의 대상이 아닐까?

이와 같은 상황에서 필리핀에서 국어가 진정한 국어가 되기 위해서 어떠한 과제가 있는지 생각해 보자. 그 근거로서 5개의 키워드를 들어보고자 한다. 그것은 '경제발전' '필리피노어의 지식화' '세계어로서의 영어' '피진·크레올로서의 필리피노어' 그리고 '아시아인으로서의 아이덴티티'이다.

## (1) 경제발전

필리핀에서는 경제개혁이 성공하는 것으로 필리핀어의 지위 향상이 가능하게 될 것이다. 즉 자국 경제의 신뢰가 높아짐으로써 필리핀으로서의 긍지를 회복하고 필리핀어에 대한 신뢰로 연결되는 것이다. 실제로 사람들은 그다지 국어문제에는 관심을 갖지 않는다. 정부의 언어정책 담당자가 언어문제에 진지하게 임하는 것은 틀림없다. 하지만 언어정책을 실행하기 위해서는 재정적인 뒷받침이 필요하다. 교원에게 최저 임금을 지불하는 것도 힘든 재정상황에서는 그다지 여유가 없다는 것이 실상일 것이다. 그것보다도 하루하루의 생활을 하는 것이 대부분의 필리핀인의 솔직한 심정이지 않을까?

1인당 GDP가 년 1000달러 전후이고 빈부의 차가 심해지는 상황에서 국민의 대부분이 최저 생활밖에 보낼 수 없는 실정이다. 우선 2000달러 정도까지 올림으로써 교육이나 생활에 여유가 생긴다. 그리고 정부도 교육에 대한 투자, 교과서나 교실부족의 해소, 교원의 재훈련 등이 가능하게 될 것이다. 그와 같은 과정을 거치고 민족이나 국어에 대한 자긍심이 생겨날 것이다.

### (2) 필리핀어의 지식화Intellectualization

수년 전(2000년), 어떤 컴퓨터 바이러스가 화제가 되었다. 아이러브유라고 쓰인 첨부파일을 열면 주소록에 있는 전체 주소에 금새 동일한 바이러스를 보내고 감염된 사람의 파일을 파괴하는 골칫거리 바이러스이다. 범인 찾기가 시작되었는데 아무래도 필리핀에서 보낸 바이러스라고 보도 되었다. 바이러스 작성과 같은 고도의 전문적인 지식을 필요로 하는 작업을 필리핀과 같은 나라에서 과연 가능한지 머리를 갸웃거렸다. 하지만 범인으로서 체포된 것은 마닐라에 사는 27세의 전문학교 학생이었다 텔레비전에 비친 범인의 아파트는 검소한 모습이고 최첨단의 기술과는 관계없는 것처럼 보였다. 하지만 젊은 유연한 두뇌와 컴퓨터와 영어능력만 있으면 어떠한 소프트 개발도 가능한 것이었다. 필리핀의 매스콤은 필리핀에서도 컴퓨터 바이러스를 만들 수 있다고 오히려 자랑스럽게 보도를 하는 것이 눈에 띄었다.

소프트 개발과 같이 영어가 기준이 된 산업이 필리핀에서도 융성해진다. 필리핀과 같이 인프라가 정비되지 않은 나라에서도 소프트 개발은 충분히 가능한 것이다. 이 나라가 21세기에 발전해 가는 조건은 정보화, 소프트 개발, 영어능력이 될지도 모른다. 이 분야에 대해서 사람들의 관심은 점점 높아질 것이다. 그러한 경우 필리핀어는 어떠한 위치에 있을

지 조금 염려된다. 필리핀어가 정보화시대에 살아남기 위해서는 정보화시대에 맞는 활동을 가능한 한 빨리 실행할 필요가 있을 것이다.

그러기 위해서는 필리핀어의 지식화intellectualization를 서두를 필요가 있다. '지식화'란 언어학자 시바얀(Sibayan 1999)이 오랫동안 주장해 온 언어정책이다. 그에 의하면 필리핀어는 사람들 사이의 커뮤니케이션에 사용되는 공통어로서 분명히 필리핀 전지역에 퍼져가고 있다. 하지만 그것만으로는 부족하고 학술이나 과학분야에서도 사용되는 언어가 아니면 언어로서 확실한 지위를 쌓을 수 없다고 기술한다. 지식화, 즉 의학, 법학, 컴퓨터 등에서도 사용되는 언어가 되어 비로소 진정한 국어가 된다고 할 수 있을 것이다. 그러기 위해서도 정부, 교육, 산업계 관계자의 상호 협력이 필요하다.

## (3) 세계어로서의 영어

필리핀 입장에서 영어라는 라이벌의 존재는 강력하다. 인도네시아에서 매우 간단히 네델란드어를 배제할 수 있었던 것은 네델란드어가 세계어로서는 그다지 가치가 없었다는 점도 있었을 것이다. 어느 나라라도 세계어로서의 영어를 무시할 수 없는 상황이 되었다. 한 시기에 열심히 영어를 배제하려고 한 말레이시아나 인도에서도 영어에 대한 수정을 검토하고 있다. 필리핀은 현재 경제곤경이 사람들의 눈을 해외로 향하게 하고 영어에 대한 기울임 현상이 한층 높아진다.

영어의 과도한 배재나 의존은 어느 쪽도 현실적이지 않다. 향후에는 영어와 균형을 취하면서 자국의 국어를 발전시켜가는 것이 중요하다. 분명히 사람들의 공통어로서 필리핀어는 퍼져가고 있다. 하지만 사법, 행정, 과학, 기술이라는 고도한 언어기능이 필요한 분야에서는 영어가 여전히 위력을 과시하고 있다. 영어라는 강력한 라이벌과 어떻게 공존해가는지는 고심이 매우 필요한 것이다.

(4) 피진·크레올로서의 필리핀어

현재 마닐라에서 사용되는 마닐라·링궈 프랭커가 필리피노어로서 전 지역에 퍼져 있다고 생각해도 좋을 것이다. 어떤 나라에서도 피진이나 크레올은 역사성의 결여 때문에 꺼려하고 경시되어 왔다. 확실히 민족적인 자긍심으로 연결시키는 것은 외국의 요소가 없는 순수한 언어이고, 그런 의미에서 국어연구소가 외국문화에 '오염'되지 않은 순수한 타갈로 그어에 기초한 국어를 만들려고 한 것은 이해할 수 있다. 하지만 그것은 타갈로그족만 만족할 것이다.

만약 필리핀인 전체의 자긍심이 될 수 있는 언어가 있다고 하면 전 민족의 언어가 합쳐져서 생긴 피진·크레올이 제1후보가 될 것이다. 여러 민족의 통합의 상징이 되는 것은 특정 어떤 민족과도 연결성이 없는 언어가 바람직하다. 그것은 역사성의 결여나 잡종이라는 이유로 오랫동안 천대받아온 온 피진·크레올과 같은 언어가 아닐까? 아울러 5-2항에서 순화주의자와 융합주의자의 대립을 기술했는데, 필리핀의 국어 장래를 위해 바람직한 것은 융합주의자가 바라는 방향일 것이다.

(5) 아시아인으로서의 아이덴티티

필리핀은 인도네시아나 말레이시아와 동일하게 말레이 인종 국가이다. 하지만 필리핀인에게 '필리핀인은 말레이 인종이다'라고 지적하면 그들은 당황하거나 불쾌감을 나타낼지도 모른다. 그들은 자국의 민주주의가 아시아에서 가장 빠르게 뿌리내리는 나라라는 것(예를 들면 빠르게도 1907년에 필리핀의회 선거가 실시되었다), 아시아 유수의 가톨릭 나라라는 긍지를 가지고 있다.[10] 필리핀인의 특징으로서 너무나도 서양에 눈을 돌리는 것을 들 수 있을 것이다.

이 나라에서는 할리웃 영화는 인기가 높지만(어떤 나라라도 어느 정도는 그렇지만), 거기서 전해지는 메시지는 어디까지나 백인문화의 입장이다.

모험 액션 영화라면 백인이 주인공이고 아시아인이나 아프리카인의 보조원이나 하인을 데리고 이국적인 문화권에 가서 괴물·마법사·악한(대개는 아시아인이나 아프리카인)을 퇴치하고 무사히 본국에 돌아가는 방식이다. 오락에 굶주린 필리핀인들은 이러한 영화를 열심히 봄으로써 백인 중심의 메시지를 무의식중에 받아들인다. 사이드가 기술한 오리엔탈리즘에 자기도 모르게 중독되는 것이다. 필리핀인들은 자신들이 오리엔탈리즘에 중독된 것을 깨닫는다면 아시아 문화나 필리핀 문화를 다시 검토하고 자국의 언어인 필리핀어에 대한 자긍심을 품게 되는 것일 것이다.

## 7. 후기(일본인 입장에서 필리핀의 의미)

여기서는 후기로서 일본인이 필리핀의 언어정책을 연구하는 의미에 대해서 3가지 정도 기술하고자 한다.

하나는 필리핀이 아시아에서 일본의 옆 나라라는 점이다. 일본에서는 정기적으로 아시아 회기가 주장되지만 아무래도 일과적이고 아시아에 대한 관심은 그다지 뿌리를 내리지 않는다. NHK의 라디오 강좌에는 이탈리아어 강좌가 있다. 하지만 인구 수로는 월등한 필리핀 국어 강좌는 존재하지 않는다(1997년 시점에서 이탈리아는 5700만 명, 필리핀은 7350만 명). 일본에 체재하는 사람 수는 이탈리아인과 필리핀인 중 어느 쪽이 많을까? 필리핀 언어강좌가 있어도 당연할 것이다. 사람들의 의식은 명치시대에 탈아론이 주장되는 무렵과 그다지 바뀌지 않은 것 같다. 현대판의 탈아론을 극복하기 위해서도 옆 나라의 언어상황이나 언어정책에도 좀 더 관심을 가지면 좋겠다.

두 번째는 아시아의 많은 나라들이 다언어국가라는 점이다. 일본에서도 현재 외국인 주민의 숫자는 전인구의 1%를 넘긴 정도이지만, 다언어국가로의 길이 일직선으로 진행되고 있다. 지구의 어디라도 다언어사회로 진행하고 있다고 말해도 좋을 것이다. 다언어사회라는 점에서 필리핀은 일본의 선배에 해당한다. 약간 점잖은 말투를 하면, 다언어사회의 빛과 그림자를 일본은 앞으로 경험하게 될 것이다. 필리핀과 같은 나라에서 시행착오를 거친 언어정책에서 일본이 배울 것은 많을 것이다.

마지막으로 일본어 장래에도 언급하고자 한다. 앞으로의 국제화 소용돌이 속에서 일본어 화자로서 일본어를 어떻게 할지를 생각하지 않으면 안 된다. 일본어가 이대로의 모습으로 남는다고는 생각하지 않는다. 영어 영향력의 가속화, 서투른 일본어를 말하는 외국인 증가 등에 의해 일본어도 크게 변화할 것이다. 일본어의 피진·크레올화가 빠르든 늦든 시작될 것이다.

일본어는 외국어의 영향을 받는 일 없이 그대로의 모습이 계속되기를 바라는 사람은 많을 것이다. 하지만 새로운 개념은 새로운 말로 사용될 수밖에 없을 것이다. 그 때문에 앞으로도 외국어 유입은 계속될 것이다.

증가하는 외국어의 영향으로 일본어도 피진·크레올화 한다고 생각되지만, 그것은 반드시 부정적으로 파악할 필요는 없을 것이다. 물론 부정적으로 파악하는 사람도 많이 있으므로 장래 일본에서도 순화주의자와 융합주의자의 논쟁이 대대적으로 일어날지도 모른다. 어찌되었든 일본 언어사회의 변화에 따라 다양한 문제가 일어날 것이다. 그 문제를 푸는 수단으로서 새로운 국어인 필리핀어를 만들어내려고 한 필리핀인의 오랜 노력에서 일본이 배우는 것은 많을 것이다.

## 주석

01 본고에서는 필리핀어와 타갈로그어를 구별해서 사용하지만 데라살 대학의 바우티스타 박사가 '언어학 관점에서 기술할때는 타갈로그어라는 표현을 사용하고 사회언어학 관점에서 기술할 때는 필리핀어라는 표현을 사용한다'고 시사하였다. (1988년의 인터뷰에서). 본고에서는 대개 이 견해에 따라 구별해서 사용한다. 또한 필리핀어Filipino는 필리핀 언어라는 의미이므로 그 의미를 취해 '필리핀어'라고 번역하는 연구자도 있다. 하지만 본고에서는 언어정책의 역사에 대해 언급하므로 1959-1987년에 이용된 필리피노어 Pilipino(의미는 필리핀어) 라는 표현과 구별하기 위해서 필리핀어라는 표현을 이용한다.

02 모어교육의 중요성은 1951년에 유네스코(UNESCO Meeting of Specialists)에 의해 제언되었다. 이것은 현재 정설로서 받아들여지지만, 실은 이스터맨(Eastman 1983 : 84)이 기술한 것처럼 그 기저에 있는 이론은 아직 증명되었다고 할 수 없다.

03 타갈로그어와 영어의 코드 스윗칭 자체를 Taglish라고 부른 적도 있다. 이것은 Bautista(1998 : 53)나 McFarland 외(1998 : 96)의 용어법이다.

04 자치령 시대에 대통령이 된 캐손은 1934년에 미국에서 위장 수술을 받아 만일의 경우를 대비하여 수술 전에 유서를 작성했다. 그는 스페인어, 영어 모두 능숙했지만, 유서는 타갈로그어로 작성했다. 이 점에서 리살과 대조적이다(Gonzalez 1983 : 61). 이 시기에 타갈로그어가 상당히 침투하기 시작한 것을 알 수 있다.

05 당시는 공용어나 국어의 구별을 명확히 의식하지 못하고 국어가 무엇인지 명기할 필요가 없거나 공용어로 국어를 포함시켜 생각했던 것 같다.

06 에람 농담(에스트라다 전 대통령의 애칭은 에랍이다)이라는 웃긴 이야기가 서민 사이에 퍼졌다. 대부분은 전 대통령이 사용하는 영어의 오류·무지를 비웃지만, 사람들이 그에 대한 멸시·경시와 동시에 친근감도 엿볼 수 있는 내용이다.

07 긍정적인 평가로서 Pecson and Racelis(1959), Lardizabal(1991), Alberca(1994)등을 들 수 있다.

08 大上(1997 : 66)에 의하면 현재도 필리핀 대학 등에서 이 방법이 연구되고 있다.

09 언어학자 Llamzon의 논문 「A Requiem for Pilipino(필리핀어를 위한 만가)」로 그러한 사정을 설명하고 있다. 그 중에서 모든 언어에 기초를 두고 필리핀어를 만드는 것이 이상론으로는 괜찮지만, 과연 실행가능한지 의문시 여기는 사람이 많다고 지적하고 있다.

10 남부에 상당수의 이슬람교도가 있는데 필리핀인의 저서에는 그들의 존재를 잊고 쉽게 자국을 가톨릭 나라라고 언급하는 경우가 많다.

참고문헌

アンダーソン(白石隆・白石さや訳) 1987. 『想像の共同体』東京：リブロポート

大上正直 1997. 「フィリピンの言語政策」小野沢純編著 『ASEANの言語と文化』
　　p.47-72 東京：高文堂

小野原信善 1998. 『フィリピンの言語政策と英語』 千葉：窓映社

高埜健 1990. 「フィリピンにおける華人の影響力と対中関係」 松本三郎、川本邦
　　衛編著『東南アジアにおける中国のイメージと影響力』pp.284-326 東京：大修
　　館書店

モルガ 1609. (神吉敬三、箭内健次訳) 1966. 『フィリピン諸島誌』大航海時代叢
　　書Ⅶ 東京：岩波書店

Alberca, W.L. 1994. "English language teaching in the Philippines during the early
　　American Period: Lessons from the Thomasites," *Philippine Journal of Linguistics*,
　　vol.25, nos. 1 and 2, pp.53-74.

Alzona, Encarnacion. 1932. *A History of Education in the Philippines 1596-1930*.
　　Manila: University of the Philippine Press.

Bautista, M. L. 1998. "Tagalog-English Code-Switching and the Lexicon of Philippine
　　English," *Asian Englshes*, vol.1,no.1, pp.51-67.

Bernabe, Emma J. Fornacier. 1987. *Language Policy Formulation, Programming,
　　Implementation and Evaluation in Philippine Education* (1565-1974). Manila:
　　Linguistic Society of the Philippines.

Constantino, R. 1982. *The Miseducation of the Filipino*. Quezon City: Foundation for
　　Nationalist Studies.

Corpuz, O.D. 1989. *The Roots of the Filipino Nation*. Quezon City: Aklahi Founda-
　　tion.

Eastman, Carol M. 1983. *Language Planning and Introduction*. San Francisco:
　　Chandler and Sharp.

Fishman, Joshua A. (ed.) 1968. *Readings in the Sociology of Language*. Amsterdam:
　　Mouton.

Gonzalez, A.B. 1983. *Language and Nation*. Quezon City: Ateneo de Manila U.P.

Gonzalez, A.B. 1993. "The Manila Lingua Franca as the Tagalog of First and Second
　　Generation Immigration into Metro Manila (Pilot Study)," *Philippine Journal of*

*Linguistics*, vol.21, no.1, pp.17-38.

Lardizabal, Amparo S. 1991. *Pioneer American Teachers and Philippine Education.* Quezon City: Phoenix.

Lipski, J.M. 1987. "Modern Spanish once-removed in Philippine Creole Spanish: the case of Zamboangueño?," *Language and Society.* vol.16, pp.91-108.

Llamzon, Teodore A. 1977. "A Requiem for Pilipino," in Sibayan, B.P. and Gonzalez, A.B. (eds.) 1977: 291-303.

May, Glenn Anthony. 1984. *Social Engineering in the Philippines.* Quezon City: New Day Publishers.

McFarland, Curtis D. 1998. "English enrichment of Filipino," *Philippine Journal of Linguistics*, vol.29, nos.1-2, pp.95-118.

Pecson, G.T. and Racelis, M. (eds.) 1959. *Tales of the American Teachers in the Philippines.* Manila: Carmelo and Bauermann.

Prator, Clifford H. 1950. *Language Teaching in the Philippines.* Manila: United States Educational Foundation in the Philippines.

Santiago, Alfonso O. 1979. *The Elaboration of a Technical Lexicon of Pilipino.* Manila: The Linguistic Society of the Philippines.

Schumacher, J.N. 1997. *The Propaganda Movement 1880-1895.* Quezon City: Ateneo de Manila U.P.

Sibayan, B. P. 1999. *The Intellectualization of Filipino.* Manila: The Linguistic Society of the Philippines.

Sibayan, B.P. and Gonzalez, A. B. (eds.) 1977. *Language Planning and the Building of a National Language: Essays in Honor of Santiago A. Fonacier on his Ninety-Second Birthday.* Manila: Linguistic Society of the Philippines and Language Study Center.

UNESCO. 1951. "The Use of Vernacular Languages in Education: The Report of the UNESCO Meeting of Specialists, 1951" (Paris), in Fishman (ed.) 1968. pp. 688-716.

Yabes, L.Y. 1977. "History of Filipino as the Common National Language," in Sibayan B.P. and Gonzalez, A.B. (eds.) 1977. pp.341-358.

# 제 4 장

# 다민족국가 베트남, 라오스, 캄보디아의 언어정책
## -헌법으로 보는 그 이념-

후지타 다케마사藤田 剛正

## 1. 들어가며

오늘날의 베트남, 라오스 캄보디아 3국은 19세기 후반(1887년)부터 20세기 중엽(1954년)까지 프랑스의 식민지였다. 1887년은 프랑스령 인도차이나 연방이 성립한 해이다. 1954년은 제2차세계대전의 종결과 동시에 독립을 선언한 '베트남민주공화국(1945년)'의 인민군이 식민지 탈환을 도모한 프랑스군에 항전해서 승리하고 제네바 협정에 조인한 해이다. 하지만 이번에는 프랑스군에 대신하여 미국군이 주네브 협정이 정한 군사경계선의 북위 17도선을 넘어 북베트남에 침공하여 베트남전쟁(1964년~1975년)에 돌입했다. 베트남 전쟁은 한쪽은 미국군 및 남베트남('베트남 공화국(1954년)') 정부군, 또 한쪽은 북베트남(베트남 민주공화국) 인민군 및 남해방민족전선군으로 한 베트남 국내전쟁이었다. 베트남 전쟁은 쌍방 합쳐서 수백만인이라는 군인과 민간인의 사상자를 내고, 1975년 4월, 사이공시(현재의 호치민시)의 함락에 의해 종결했다. 그 결과 남북 베트남은 통일되고 '베트남 사회주의공화국(1976년)'이 탄생했다.

라오스는 '라오스왕국(1953년)'으로서 프랑스에서 정식으로 독립했는데 베트남 전쟁에서는 미국군 측에 붙어서 싸웠다. 전쟁종결 후 열린 전국 인민대표자 회의에서 왕제폐지를 결의했기 때문에 라오스는 무혈혁명에 의해 '라오스 인민민주공화국(1975년)'이 성립했다.

캄보디아는 라오스와 동일하게 제2차 세계대전 후 '캄보디아왕국(1955년)'으로서 독립했는데 베트남 전쟁 중에는 미국군에 침공되어 우파의 쿠데타에 의해서 론놀 정권의 '크메르 공화국(1970년)'이 성립했다. 하지만 이윽고 크메르 루주(크메르 민족공산당) 군대가 프놈펜에 입성하여 포르 포토의 군사정권 '민주칸푸치아(1975년)'로 바뀌었다. 포르 포토는 극단적인 민족적 공산주의자이고 모택동의 문화 대혁명을 본따 농본주의에 의한 국토개발을 외쳤다. 또한 도시의 주민을 남녀노소 불문하고 지방에 연행하여 강제노동을 시키고 자민족의 구 지배자층, 지식계급, 저항하는 자를 합쳐서 적어도 100만 명이상을 학살했다. 하지만 이번에는 이것을 '징벌하기' 위해서라고 하며 베트남군이 캄보디아에 침공하여 헹삼린 정권의 '캄보디아 인민공화국(1979년)'이 성립했다. 헹삼린은 국제사회의 협력에 의해 다른 3파와 함께 '캄보디아 분쟁의 포괄적인 정치해결에 관한 협정(파리 화평협정 1991)'에 조인했다. 이렇게 장기간에 걸친 캄보디아 내전도 종국을 맞이하고 캄보디아는 'UN 캄보디아 잠정통치기구UNTAC'의 감시하에 헌법 제정의회 의원선거를 실시하고 민주주의의 절차를 밟아 신헌법을 제정했다. 이 헌법에 기초하여 '캄보디아왕국(1993년)'이 부흥했다.

이상으로 정치사에서 베트남 사회주의 공화국(1976년), 라오스 인민민주공화국(1975년), 캄보디아왕국(1993년)의 성립과정을 살펴봤다.

사상·종교·예술 등 문화사 측면에서 살펴보면, 베트남은 북방에서 중국의 영향을 받아 발전했지만, 라오스와 캄보디아는 주로 서쪽에서 인도의 영향을 받아 발전했다고 할 수 있다.

언어와 민족 관점에서 이들 인도시나반도의 3국은 모두 다언어, 다민족 국가이다. 각국 각각 우세한 다수민족인 평지민족과 열세한 소수민족인 산악민족과의 대립문제를 안고 있다. 이 장에서는 다민족·다언어국가인 베트남, 라오스, 캄보디아의 민족정책, 언어정책, 언어교육정책을 살펴 보고자 한다.


## 2. 베트남

### 2-1. 베트남의 다민족성

베트남사회주의 공화국의 국토는 일본 국토에서 규슈를 제외한 것과 거의 동일하게 전 인구는 약 8000만 명이다. 베트남은 정부 공인의 민족집단ethnic groups이 54개에 이르는 다민족국가이다. 다수민족은 비엣족 Viet이고, 그 인구는 약 7000만 명, 전인구의 87%를 차지하고 베트남 공산당과 중앙국가의 실권을 쥐고 있다. 주로 델타 지역, 연안부 등의 저지대에 살고 있지만, 근년에는 공산당 정권의 이주정책에 따라 많은 소수민족이 할거하는 산악지대에까지 퍼져 있다.

다음으로 인구가 많은 것은 따이·타이어족Tay-Thai groups의 따이족Tay이고, 인구 약 130만 명, 북부 베트남의 각 성省에 살고 있다. 3위는 같은 따이·타이어족의 타이어족Thai이고, 인구 약 110만 명이다. 그 하위구분의 흑따이족Nhanh Den은 북서 베트남 산악지대의 각 성에, 백 따이족Nhanh Trang은 서부 베트남의 산악지대에 살고 있다. 4위는 한족Han groups의 호아족 Hoa이고, 그 인구는 약 100만 명이다. 호아족은 호치민시나 하노이시의 도시부에 살고 있다. 5위는 비엣·므엉어족Viet-Muong groups의 므엉족Muong이고, 북부 베트남 각성에 살고, 선조를 숭배하는 다신교와 간선로와 가까운 산간부에 고상식 주거를 이루는 것으로 알려져 있다.

정부공인의 54개 민족집단에는 53위와 54위로 인구가 불과 수백인의 몬 크메르어족Mon-Khmer groups의 러맘족Ro Mam과 어두족O-Du까지 포함되었다. 이것은 베트남 정부가 국내의 민족집단을 대소를 불문하고 중요하게 생각하고 있는 것을 증명하는 것이다. 정부공인의 민족 안에서 인구가 많은 순으로 20개 민족까지를 열거하자면 표 1과 같다.[01]

표 1 : 베트남 민족

| 순위 | 민족 명 (다른 명칭) | 어족 | 인구(만 명) | % |
|---|---|---|---|---|
| 1 | 비엣(킨) | 무엉 | 6,960 | 87.73 |
| 2 | 따이 | 따이 타이 | 130 | 1.62 |
| 3 | 타이 | 따이 타이 | 110 | 1.38 |
| 4 | 화 | 시나 티벳 | 100 | 1.25 |
| 5 | 무엉 | 비엣 티벳 | 95 | 1.19 |
| 6 | 크메르 | 몬 크메르 | 93 | 1.16 |
| 7 | 눙 | 따이 타이 | 88 | 1.10 |
| 8 | 허몽(메오) | 허몽 자오 | 69 | 0.86 |
| 9 | 자오 | 허몽 자오 | 59 | 0.74 |
| 10 | 쟈라이 | 말라요 폴리네시아 | 30 | 0.38 |
| 11 | 에데 | 말라요 폴리네시아 | 24 | 0.30 |
| 12 | 바나 | 몬 크메르 | 17 | 0.21 |
| 13 | 산짜이 | 따이 타이 | 14 | 0.18 |
| 14 | 짬 | 말라요 폴리네시아 | 13 | 0.16 |
| 15 | 세당 | 몬 크메르 | 12 | 0.15 |
| 16 | 산지우 | 시나 티벳 | 12 | 0.15 |
| 17 | 후레 | 몬 크메르 | 11 | 0.14 |
| 18 | 꺼호 | 몬 크메르 | 11 | 0.14 |
| 19 | 라갈라이 | 말라요 폴리네시아 | 9 | 0.11 |
| 20 | 므농 | 몬 크메르 | 8 | 0.10 |

출처 : Dang Nhgiem Van et al (1993) 등을 참고로 작성

## 2-2. 베트남의 민족정책

베트남 사회주의 공화국은 민족 평등을 정면에서 주장하는 특색 있는 헌법을 가지고 있다. 먼저 1945년의 '베트남 민주공화국' 독립선언에서 민족의 자유와 평등을 다음과 같이 기술하고 있다. '전 세계의 모든 민족은 태어나면서 평등하고 어떤 민족도 살 권리, 행복할 권리, 자유 권리를 갖는다' 즉 미국의 독립선언(1776년)이 인간에 대해서 선언한 것을 호치민은 민족에 대해서 선언한 것이다.

다음으로 1959년 헌법의 전문에서 민족 평등의 정책망령을 다음과 같이 정식화하고 있다. '베트남 민주 공화국은 다민족으로 이루어진 통일 국가이다. 베트남 국토에 생활하는 각 민족은 모든 권리와 의무에 관해서 평등하다. 국가는 민족 단결을 유지하고 발전시킬 의무를 갖는다. 민족을 경멸하고 분열시키는 모든 행위는 모두 엄금한다.'

베트남의 민족 정책의 기본방침은 다음과 같이 정착했다.

> 베트남 사회주의 공화국 1992년 헌법 제5조 :
> '베트남 사회주의 공화국은 베트남 영토내에 사는 모든 민족을 통합한 국가이다. 국가는 민족의 평등, 단결, 상호부조의 정책을 실시하고, 모든 민족적 차별·구별의 행위를 금지한다.'

베트남의 헌법은 1945년 베트남 민주공화국 성립이래, 여러 번 개정되었지만, 모든 헌법에서 각 민족 평등의 원칙, 동일 권리와 의무를 주장하고 있다. 오늘날 베트남에서 다수민족이 소수민족을 압박 또는 차별하는 것을 허용하지 않고, 오히려 민족 간의 완전한 평등을 높게 내세우는 데에는 이유가 있다. 그것은 베트남 자신이 프랑스 식민지가 된 19세기 중반부터 베트남 전쟁에 승리한 1975년까지 1세기 이상에 걸쳐 스스로가 소수민족의 지위에 놓여 분열되고 차별받아 착취되어 왔다. 그러한 경위에서 독립하여 자유가 된 오늘날 국가를 통치하는 다수민족의 비엣족은 예전에 스스로가 놓인 소수민족의 입장에 서서 정치를 실행할 수 있었던 것이다. 호치민은 유서 안에서 이렇게 쓰고 있다. '우리나라는 영웅적 투쟁을 통해서 2개의 대제국주의 "프랑스와 미국을 타파하고 민족해방운동에 가치 있는 공헌을 했다" 소수민족이라는 명예를 가질 것이다.'[02] 즉 오늘날의 베트남의 민족평등주의는 베트남이 스스로의 역경의 역사에서 쟁취한 큰 교훈인 것이다.

## 2-3. 베트남의 언어정책

베트남은 헌법에서 언어정책을 다음과 같이 제정하고 있다.

① 1959년 헌법전문 : '각 민족은 스스로의 풍속·습관을 유지하고 또는 개혁하고 스스로의 언어와 문자를 사용해서 스스로의 민족문화를 발전시키는 권리를 갖는다.'
② 1959년 헌법 제102조 : '인민재판소는 각 소수민족에 속하는 베트남 민주공화국 시민이 재판소에서 스스로의 언어와 문자를 사용하는 것을 보장한다.'
③ 1992년 헌법 제5조 제2항 : '각 민족은 자기의 언어, 필기문자를 사용하고 민족적 아이덴티티를 유지하고 그 아름다운 풍속·습관·전통·문화를 선양하는 권리가 있다.'

상기의 ①과 ③은 함께 국가를 구성하는 각 민족에 대해서 사회에서 언어권을 보장하는 것이다. ②는 각 민족의 개인 또는 집단의 재판에서 언어권을 보장하는 것이다.

베트남 헌법에는 국어 조항은 없다. 국가의 공용어도 제정하지 않는다. 하지만 실제로는 국민의 대다수가 다수민족의 언어인 베트남어를 '국어꾁 용으'라고 부르고 있어, 행정에서 공용어가 되었다. 이와 같이 베트남어가 국어이고 공용어인 것은 제정법에 기초한 것이 아니라 관습법에 의존하고 있다. 이 점에서 타이나 일본도 동일하다. 헌법상으로는 베트남어도 동일하게 언어권이 보장된 하나의 언어에 지나지 않고 국어나 공용어로 제정된 것은 아니다. 이러한 의미에서 베트남은 다언어주의 언어정책을 취하고 있다고 할 수 있다.

## 2-3-1. 베트남의 소수민족 언어의 문자화 계획

베트남 정부는 헌법에서 주장하는 민족 간의 평등을 실현하기 위해 소수민족 언어의 문자화를 추진해 왔다. 헌법(1945년) 발포 시점에서 베트남의 소수민족 언어의 대부분은 문자를 가지고 있지 않았다. 여러 민족이 일치단결하여 외적에 대항하기 위해서는 각 민족이 먼저 자신들의 국토, 언어, 문화에 자신감과 자긍심을 갖는 것이 중요했다. 거기에는 각 민족 출신자가 자신의 사상·감정·희망을 표현할 수 있도록 자민족 언어의 문자(서기법)를 갖지 않으면 안 되었다. 아래에 베트남 소수민족 언어의 문자 창조의 사례를 보자.[03]

## 2-3-1-1. 베트남에서 따이족과 눙족을 위한 문자창조

타이족은 베트남 소수민족의 필두로 추정인구 약 130만 명, 눙족은 7

위로 약 88만 명, 둘 다 따이·타이어족에 속한다. 양 민족은 지리적으로도 동북지방에 이웃에 거주하고, 베트남 월북자치구를 형성했다. 당초 타이족과 눙족은 인구가 비교적 큰 소수민족으로서 각각에게 독자적인 문자를 만드는 방침이었지만, 베트남의 공통어인 비엣족의 언어, 즉 베트남어의 꿕 응으(국어)문자를 모형으로서 만들었기 때문에 양 민족어에 공통된 요소를 많이 받아들여 서로 융통성이 높아졌다.

모형이 된 베트남어 문자는 원래 몇 세기에나 걸쳐 한자와 한자기원의 '츄놈字喃'이라는 독자적인 변형한자를 함께 이용했지만, 17세기 중엽에 프랑스인 선교사가 로마자화한 것이다. 타이족의 언어와 눙족의 언어에 공용되는 문자 개발 시에 베트남어의 로마자 표기법을 응용한 것이다.

응용하는데 있어서 양 민족 언어의 공통점을 강조하고, 차이점은 소극적으로 제시하는 방침을 세웠다. 먼저 양민족 언어가 많은 음소를 공유하고 있는 것은 분명했다. 하지만 다른 발음체계를 갖는 것도 사실이었다. '만약 어떤 한쪽의 발음체계를 채용하고, 그것을 양 민족의 공통문자로 했다면 다른 또 한 민족에게는 발음과 문자의 강제라는 감정, 불평 등의 감정이 생기는 것은 피할 수 없다. 곤란을 피하기 위해 양 민족의 모든 지구의 간부와 지식인 그리고 인민 대표에 따라 일련의 모임이 조직되고 발음문제에 대해 논의를 했다. 즉 꿕 응으를 기초로 양 언어의 공통음소가 인정되고 양 언어의 발음의 공통점과 차이점이 검토되었다. 그 결과 아직 공유에 이르지 않은 발음은 각 지역·민족이 예전과 같이 발음을 자유롭게 계속하고, 공통된 음소에 기초한 문자체계는 일치시킨다'[04]라는 결론에 달했다.

이와 같이 만들어진 따이족과 눙족의 공통문자는 1961년, 정령에 의해 월북자치구의 공용어 서기법으로서 정식으로 채용되고, '단시일 학습으로 많은 사람들이 습득할 수 있게 되어 신속하게 그들의 일상생활에 침투하여 이용되도록 하였다[05] 오늘날 따이·눙 문자로 쓰여진 책이나 신문도 출판된다(Dang Nghiem Van et al 1993 : 115).

## 2-3-1-2. 베트남의 므엉족을 위한 문자창조

므엉족은 베트남 북서부의 산악지대에 넓게 산재하는 베트남 제5의 소수민족이고 인구는 약 95만 명이다. 대략 4집단으로 구성되고, 중국과의 국경지방에서 베트남 내부에 미쳐 넓게 분산되어 있어서 언어 문화적으로 다양하다.

어휘를 살펴보면 국경 부근에 사는 집단은 그 대부분을 중국어에서 차용하지만, 베트남 내부에 사는 집단은 베트남어에 유래하는 것이 많다. 공통 어휘를 어느 정도 가지면서 거주지역이 다른 므엉족끼리의 커뮤니케이션에는 어느 정도의 곤란이 예상되었다.

따라서 므엉족을 위한 문자 창조시에 므엉족의 통일을 촉진하는 방향이 요구되었다. 여기서 사용된 방법은 꿕 응으를 기초로 하여 공통성을 많이 내포하는 지역의 언어를 모델로서 채용하는 것이었다. 이 방법은 다른 지역의 므엉족에 의해서도 지지되었던 것 같다. 하나의 지역 언어를 모델로서 채용해도 통일 지향으로 여겨져 나머지 지역에서 문자를 강요받았다고 하는 감정은 나오지 않았다.

'이렇게 완성된 므엉족의 문자는 실험보급 학교에서 다수의 사람들의 찬동을 얻어 보급이 되었다. 더군다나 2개월반 정도로 습득 가능하여 외우기 쉽고 기억하기 쉬운 문자로서 평가된다.'[06]

또한 므엉족의 문자는 따이족·능족의 문자와 동일하게 꿕 응으베트남어의 문자를 기초로 하여 만들어짐으로써 므엉족 사람들이 공통어에 대한 이해를 촉진하는 유효한 '다리' 역할을 했다(広木 1973 : 45).

이렇게 꿕 응으 문자를 모델로서 베트남 여러 민족어의 문자화를 추진한 결과 '전국에서는 1988년까지 54개의 민족언어 중 23개의 언어가 문자를 갖게 된다'(今井 1997 : 228).


## 2-3-2. 베트남어의 공통어화 계획

베트남 국가의 언어정책은 국민 한 사람 한 사람이 자민족 언어와 공통언어인 베트남어의 이중언어화자가 되는 것이다. 여기서는 베트남어 보급계획에 대해서 보고자 한다.

1980년 2월 베트남 정부 제53호 결의는 국민국가 베트남의 '보편어' 또는 '공통어'로서 베트남어 보급의 필요성을 다음과 같이 강조하고 있다. '공통어와 그 문자는 베트남 국민 공동체의 공통 언어이다. 그것은 전국 각 지방 및 각 민족 간의 불가결한 커뮤니케이션을 위한 수단이고 각 지방 및 각 민족이 경제·문화 과학기술 등의 면에서 동등한 발전을 이루고 전인민의 단결을 강화하여 여러 민족의 평등한 권리를 실현하는 것을 돕는다. 따라서 모든 베트남 공민은 공통어와 그 문자를 학습하고 사용하는 의무와 권리를 가지고 있다.'[07]

여기에는 '베트남 국민공동체'에서 베트남어의 '사회적 기능'에 관한 새로운 인식이 보인다. 제1은 베트남어야말로 베트남 국내 여러 민족에게 공통되는 커뮤니케이션을 위한 도구이고 민족간의 '단결과 평화'의 중심적 담당자가 되어야 한다는 인식이다. 제2는 오늘날 베트남의 여러 언어 중에서 베트남어만이 사람들을 '과학·기술·문화의 건설'로 이끄는 기능을 충분히 다할 수 있는 언어, 즉 '문화언어'라는 인식이다. 이것은 여러 민족어에 평등한 지위라는 이념이 강조된 1970년대까지와는 분명히 다르고, 베트남어와 그 외의 여러 민족어 사이의 질적인 차이를 인정하고, 베트남어의 역할을 강조하는 인식이었다.

하지만 베트남어의 역할 강조는 소수민족의 언어를 배제하는 것을 의미하지 않는다. 53호 결의는 제2항에서 '베트남 각각의 소수민족의 말과 문자는 각각의 민족의 귀중한 자산임과 함께 공통된 문화적 재산이다. 소수민족의 거주구는 공통어와 그 문자와 함께 민족어와 그 문자가 사용된다고 하는 관점에서 민족어의 문자화 및 그 개량을 촉진하는 것'이 제기된다. 또한 제4항에서는 '통신의 교환, 국가기관에 대한 서류에서 각 소수민족 동포는 민족어 문자를 사용할 수 있다. 국가기관은 이들 서류를 수리하고, 제대로 처리하는 책임을 갖는다'는 것을 비롯하여 민족어 문자 활용의 과제를 제기하고 있다.[08]

그렇다면 공통어인 베트남어와 소수민족의 언어와의 관계는 어떻게 생각되고 있는 것일까? 이 점이 확실히 나타난 것은 53호 결의에서 교육에 언급된 제3항이다. 거기에는 '소수민족 거주구에서는 초등학교 및 성인학급 과정에서 민족어 문자를 공통어 문자와 함께 교육하고, 학습자가 민족어 문자를 이해함과 동시에 신속하게 공통어 문자를 마스터할 수 있기 위한 유리한 조건을 만든다'라는 2언어병용 교육의 원칙이 제시되었다. 또한 해당 민족이 자기의 민족어 문자를 가지고 있는지의 여부로 다음 4가지의 경우로 나누어 초등교육에서 언어교육의 지침이 나타나 있다.

① 민족어 문자가 있고 베트남어도 보급된 곳에서는 베트남어에 의한 베트남어교육과 민족어 문자교육을 병행하여 실시한다.
② 민족어 문자가 있고 베트남어가 보급하지 않는 곳에서는 민족어에 의한 베트남어교육과 민족어 문자교육을 실시한다.
③ 민족어 문자를 갖지 않고 베트남어가 보급된 곳에서는 베트남어에 의한 베트남어교육을 실시한다.
④ 민족어 문자를 갖지 않고 베트남어도 보급되지 않는 곳에서는 민족어에 의한 베트남어교육을 실시한다.

이들은 어떠한 경우에도 초등학교 제1학년부터 베트남어교육을 도입하여 소수민족으로 하여금 베트남어와 지만족어의 쌍방을 사용할 수 있도록 교육하려고 한 것이다. 결과적으로 2언어병용주의bilingualism의 언어정책인 것은 변함없다.[09]

## 2-4. 베트남의 언어교육정책

### 2-4-1. 베트남 중등학교에서 외국어교육정책

베트남의 교육제도는 5-4-3제(초등학교 5년, 중학교 4년, 고등학교 3년)이다. 외국어교육은 중학교 제1학년부터 시작한다. 이것은 일본의 초등학교 제6학년에 해당하므로 일본보다도 1년 빠르게 시작한다는 것을 알 수 있다. 중학교 커리큘럼을 보면, 외국어 수업은 제1학년 주 2시간, 제2학년 주 2시간, 제3학년 주 3시간, 제4학년 주 3시간, 합계 10학점으로 되어 있다. 일본 중학교의 외국어 수업시간수는 매 학년 주 3시간, 합계 9학점을 표준으로 한다. 이렇게 보면 베트남과 일본은 중학교 외국어교육에 비슷한 정도의 비중을 두고 있는 것을 알 수 있다.

고등학교의 커리큘럼을 보면 외국어교육은 이과계에서는 매학년 주 3시간이고 3년간에 합계 9학점이고 문과계에서는 매 학년 주 5시간이고, 3년간에 합계 15학점이 된다. 국어(베트남어) 교육을 살펴보면 고등학교(이과계)는 3년간에 합계 7학점, 고등학교(문과계)는 3년간에 합계 15학점이 된다. 일반적으로 베트남 고등학교(문과계)는 국어교육과 외국어교육에 대해서 일본의 고등학교와 거의 동일한 비중을 두는 것을 알 수 있다.

베트남 교육훈련성이 내세우는 중등학교 외국어교육의 목적은 ① 현대과학의 지식·기술을 습득하기 위한 도구를 제공하는 것, ② 국제 커뮤니케이션 능력을 양성하는 것 2가지이다. ②는 일본의 학습지도요령도 중심적으로 내세우고 있는 목표이다. 하지만 일본의 지도요령에서 ①은 목표로 삼지 않는다. 이것은 일본과 베트남의 외국어교육을 비교할 때에 간과할 수 없는 포인트이다. ①의 목적은 일본 중등학교에서는 국어교육에서 커버할 수 있지만, 베트남에서는 베트남어교육만으로는 커버할 수 없는 것을 의미한다.

베트남에서 중학교 외국어교육은 1과목 선택필수제이다. 외국어로는 영어, 프랑스어, 러시아어, 중국어를 가르치고 있다. 오늘날에는 영어가 가장 인기가 있지만, 영어과 교원부족은 심각하고, 수요에 맞춰 교원을 배치하지 못한 문제를 안고 있다.

베트남에서 고등학교 외국어교육은 2과목 선택(필수)제이다. 1과목은 중학교에서 이수한 외국어를 계속하여 이수하기 때문에 이들은 필수이다. 이것을 제1외국어라고 명명하고 있다. 또 한 과목은 고등학교에서 처음으로 배운 외국어로 자유선택 과목이다. 이것을 제2외국어라고 명명하고 있다. 현재 많은 고등학교에서 영어가 제1외국어, 프랑스어 또는 중국어가 제2외국어가 된다. 하노이시를 중심으로 하는 베트남 북부에서는 최근까지 러시아어가 제1외국어였다. 또한 호치민시를 중심으로 하는 베트남 남부에서는 1960년대 전반까지 프랑스어가 제1외국어였는데, 그 이후는 영어가 제1외국어가 된다. 이것은 베트남 전쟁중에 미국이 남 베트남에게 다액의 경제 원조를 제공한 것과 관계하고 있다.

베트남의 고등학교에서 외국어교육의 문제는 교원 부족이다. 베트남 교육 훈련부에서는 외국어교육의 현상을 다음과 같이 보고 있다.[10]

'베트남의 외교정책과 경제관계에 변화가 일어났기 때문에 외국어 용도에 대해서는 완전한 수정이 필요하다. 중등교육에서 지금까지 제1외국어로서 가르쳐 온 러시아어가 지금은 영어로 바뀌었다. 베트남에는 지금까지 외국어교육에서 2개의 프로그램이 있다. 하나는 제6학년부터 제

12학년까지 7년간 외국어를 가르치는 프로그램이고 또 하나는 제10학년부터 제12학년까지 3년간 외국어를 가르치는 프로그램이다. 후자는 외국어를 습득하기에는 상당히 부족하다. 따라서 중등교육단계에서 모든 학생에게 외국어를 7년간에 걸쳐 학습하기 위해서는 양력 2000년까지 신규로 8000명의 교원을 양성하지 않으면 안 된다.'

베트남 고등학교에서 외국어교육의 특징 중의 하나는 제1외국어에 뛰어난 성적을 거둔 자에게는 외국 대학에 유학할 기회가 주어지는 것이다. 제1외국어에 프랑스어를 이수한 자는 프랑스에, 영어를 이수한 자는 미국, 호주, 캐나다로, 중국어를 이수한 자는 홍콩, 대만에 유학하는 길이 열려있다. 이것은 베트남 청년의 외국어 학습에 큰 동기부여가 된다.

### 2-4-2. 베트남의 공교육에서 외국어의 성쇠

필자는 1997년 여름, 하노이 외국어대학에 학장, 영어학과장, 일본어학과장 등을 방문하여 외국어교육에 대해서 청취조사를 실시했다.[11] 이 대학의 재적 학생 수는 대략 영어과 2500명, 중국어과 600명, 프랑스어과 400명, 러시아어과 300명, 독일어과 300명, 일본어과 300명이었다. 러시아어과 학생이 격감해서 러시아어과 교원을 지금까지 80명에서 10명으로 줄이고 대부분을 영어과 배치로 바꿨다. 이들 숫자는 현대 베트남에서 외국어 세력판도가 나타나 흥미로웠다. 즉 현대는 압도적으로 영어 제1외국어 시대에 들어왔다. 하지만 수년전까지는 러시아어가 제1외국어였고 그 이전에는 프랑스어가 언어상 우위였다. 이들 베트남에서 외국어 세력의 성쇠는 정치적, 경제적, 외교적인 원인이 있다. 그 궤적을 시기별로 살펴보자.

### 2-4-2-1. 베트남의 프랑스어 교육언어시대

프랑스 식민지 시대(1887년-1945년) 및 남베트남에서는 사회주의체제로 옮길 때(1976년)까지 프랑스어가 베트남의 공용어이고 교육언어이자 제1외국어 과목이었다. 아울러 이 시대에는 수업과목으로서의 프랑스어도 프랑스어를 교육언어로서 가르치고 프랑스어를 외국어 과목이라고는 말하지 않았다. 이에 반해 영어는 외국어 과목이고 프랑스인 교사가 프랑스어를 교육언어로서 영어를 가르쳤다.


### 2-4-2-2. 베트남의 러시아어 제1외국어 시대

1945년 9월2일 베트남민주공화국의 독립을 선언한 호치민은 새로운 나라건설의 모범을 소비에트 사회주의 공화국연방에 청했다. 소련과 친밀한 국교를 맺고 경제개발에 한정하지 않고 인적자원 개발에서도 소련에 원조를 구했다. 1951년 21명의 학생을 소련에 유학시킨 것을 시작으로 동유럽 구공산권제국(동독일, 체코슬로바키아, 불가리아, 헝가리, 폴란드, 루마니아)에도 계속해서 유학생을 보내고 이들 선배 공산주의국에 인재육성을 요청했던 것이다.

1951년부터 1990년까지 베트남이 구공산주의국에 보낸 유학생 숫자는 다음과 같다.[12]

| | |
|---|---|
| 대학생 | 30,000명 이상 |
| 석사과정 대학원생 | 9,000명 이상 |
| 박사과정 대학원생 | 4,500명 이상 |

| 기능연수생 | 25,000명 이상 |

그 중에 소련이 받아들인 베트남인 유학생은 다음과 같다.

| 대학생 | 20,000명 이상 |
| 석사과정 대학원생 | 6,000명 이상 |
| 박사과정 대학원생 | 3,500명 이상 |

이상과 같은 유학생에 더하여 소련은 아래와 같은 직업훈련 유학생을 받아들이고 있다.

| 직업훈련생 | 20,000명 이상 |
| 직업훈련교원 | 800명 이상 |
| 직업실습생 | 5,500명 이상 |

이들 숫자가 나타낸 것처럼 베트남 국가·사회의 장래에 리더가 되어야 할 인재 육성에 관해서는 구소련을 필두로 하는 구 공산주의 제국에 의뢰한다고 하는 절차가 생겼다. 이와 같은 베트남 사회주의 공화국의 국책 하에서 러시아어가 베트남의 고등교육은 물론 중등교육에서도 제1외국어의 지위를 쌓아간 것이다.

1991년 12월21일, 소련의 11개의 공화국 수뇌가 회의를 열고 소련의 소멸에 합의했다. 이렇게 소련은 1991년 말에 69년에 이르는 공산주의 정치 역사에 막을 내리지만 소련의 베트남에 대한 경제원조는 1990년에는 약속으로만 그치고 베트남에서 소련으로 보내는 유학생도 끊어졌다. 소련과 베트남의 자제관계는 종료하고 베트남 공교육에서 러시아어 제1외국어 시대도 끝난 것이다.

## 2-4-2-3. 베트남의 영어 제1외국어 시대

1986년 12월 베트남 공산당 제6회 당 대회에서 도이모이쇄신 정치노선이 제창되어 1987년부터 실시되자 시장개방, 외화자금 도입, 경제개발이 국가목표가 되었다. 1995년 7월, ASEAN 제7번째의 가맹국이 되어 8월에는 미국와의 국교도 정상화하였다. 이와 같은 베트남에서 정치정책, 경제정책, 외교정책의 변화를 배경으로 하여 베트남의 공교육에서는 영어 제1외국어시대를 맞이하기에 이른다.

ASEAN 가맹을 1년 후 앞둔 1994년 여름에 정부는 공무원에게 영어학습을 의무지우는 정령을 내린다. 연간 200회를 넘는 ASEAN의 여러 회의에 관계하는 외무부 직원에 대해서는 ASEAN의 공용어인 영어의 완전 습득을 명했다. 정부는 영국 정부의 원조에 의해 영국인 교사를 맞이하여 영어 특별 수업을 받게 했다. 이렇게 공무원을 중심으로 중앙정부 내부에서 시작한 영어 열풍은 지금도 계속된다. 정부요원에 대한 영어특별수업은 현재는 호주정부의 원조에 의해 계속된다. TV나 라디오에 의한 영어교육 프로그램, 영어 뉴스 프로그램, 영어 오락 프로그램 등도 풍부하게 제공된다. 일간 영자신문도 수 종류가 발행된다.

베트남에서 제1외국어로서의 영어교육은 영국, 미국, 호주 등에서 경제원조를 받고 있다. 현재 외국의 정부기관 또는 비정부기관의 장학자금에 의해 유학하는 베트남인 숫자는 매년 2000명 이상이다. 유학처는 영어권, 프랑스어권, 중국어권이지만 영어권을 희망하는 사람이 가장 많다.

## 3. 라오스

### 3-1. 라오스의 다민족성

라오스 인민민주공화국은 일본 혼슈 정도의 토지로 약 500만 명이 사는 소국이다. 하지만 민족은 베트남과 동일하게 다양하고 라오스 정부는 47개의 민족 집단을 공인하고 있다.

라오스의 다수민족은 따이 타이어족의 라오 룸Lao Loum(저지대의 라오스인)이고 라오스 인구의 56%를 차지하고 있다. 라오 룸은 주로 메콩강 유역의 평지에 사는 농민이고 역사상, 정치·경제·사회의 중심에 있다. 라오 룸이 란쌍 왕국을 구축했다. 오늘날 라오스 문화라고 일컬어지는 것은 대부분은 저지대의 라오스인에 의해 만들어진 것이다. 라오 룸의 하위 구분으로서 타이 라오족, 타이 루족, 타이 담족, 타이 카오족, 타이 뎅족, 타이 뮤이족 등이 속한다. 이 안에서 타이 라오족은 인구가 가장 많고 보통 라오스인이라면 타이 라오족을 가리킨다.

지리적·문화적으로 라오스 국토의 주변부에 위치하는 것은 라오 텅Lao Teung(산지의 라오스인)과 라오 쑹Lao Sung(산꼭대기의 라오스인)이고, 각각 라오스 전 인구의 34%와 9%를 차지하고 있다. 남은 1%는 외국인 주민인 베트남인과 화인이다.

라오 톤의 하위구분으로서 몬 크메르 어족의 타라안족, 따오이족, 라웨족, 아락족, 카투계족, 니우족, 라빈족 등이 속한다. 원래 이들 몬 크메르 어족의 여러 민족은 라오스의 저지대에 살고 있는데 따이 타이어족의 여러 민족이 계속해서 서방에서 침입해 와서 그들을 산지로 쫓아낸 것이다. 오늘날 라오 텅은 라오스 남부의 산지에 사는 농민이고, 밭벼, 옥수수, 타로 토란, 담배 등을 생산하여 생계를 꾸리고 있다. 종교적으로는 정령에게 동물의 희생을 바치는 것으로도 알려져 있다.

라오 슨은 주로 라오스 북부의 산악지대에 거주하는 민족집단이다. 하위구분으로서 흐몽족, 먀오족, 야오족, 아카족, 푸노이족, 렌텐족, 로로족이 주요한 민족이다. 후몬족이나 먀오족은 최근 200년 이내에 중국에서 라오스에 남하해 온 소수민족이고 라오 톤과 동일하게 농경작을 한다. 종교적으로는 중국 문화의 영향으로 도교나 불교 신자이다. 또한 흐몽족 촌락에는 구미에서 온 선교사에 의해 그리스도교도 들어왔다.

### 3-2. 라오스의 민족정책

1975년 12월 전국인민대표자 회의에서 무혈혁명에 의해 왕제를 폐지하고, 인민민주공화국을 수립한 라오스는 1991년 겨우 신헌법을 제정하기에 이른다. 민족정책의 관점에서 헌법을 읽어 보면, 먼저 다음과 같은 부분이 눈에 들어온다.

전문 : '…다민족으로 이루어진 라오스 인민…'

제1조 : '라오스 인민민주공화국은 불가분의 다민족으로 이루어진 통일국가이다.'

제3조 : '다민족으로 이루어진 인민…'

제7조 : '…다민족으로 이루어진 모든 계층의 인민을 단결시켜…'

제8조 : '국가는 각 민족간 평등의 원칙에 따라 통합정책을 실시한다. 모든 민족은 국가 및 개개의 민족이 갖는 아름다운 전통·풍속 및 문화를 보호 육성하는 권리를 갖는다. 민족간을 분단하고 차별하는 일절의 행위는 금지한다. 국가는 모든 민족의 사회·경제 수준을 향상·발전시키기 위해 모든 시책을 실시한다.'

제13조 : '…다민족으로 이루어진 인민…'

제19조 : '…민족간의 융화·단결의 정신을 높이고… 소수민족거주 지
역의 교육 확충에 배려한다.'

제22조 : '라오스국민은 성별·사회적지위·교육수준·신앙·민족에 의해
차별받지 않고 모든 법률 아래에 평등하다.'

제52조 : '대통령은 다수 민족으로 이루어진 라오스 인민을 대표한다.'

이상 ① '인민'이나 '국가'를 가리키고 말할 때는 반드시 '다민족으로 이
루어진다'라는 수식어구를 동반한다. ② 다민족간의 평등·융화·단결이
주장되고 있다. ③ 모든 민족이 갖는 평등한 권리와 의무가 명기된다.
④ 민족간의 분단이나 차별은 금지된다. ⑤ 국가는 모든 민족의 사회적
경제적 향상에 공헌할 것이 약속된다. ⑥ 국민은 민족에 의해서 차별받
지 않고 평등을 주장한다. 일반적으로 라오스 헌법은 베트남 헌법이상으
로 '민족'에 언급한 횟수가 많다. 세계의 국가 헌법에서 라오스 헌법과 같
이 민족간의 평등과 다민족으로 이루어진 국민 개인간의 평등을 주장하
는 헌법은 많지 않을 것이다.


### 3-3. 라오스의 언어정책

라오스 인민민주공화국의 언어정책은 헌법에서 다음과 같이 제정되
어 있다.

제75조 : '라오스어 및 라오스문자는 공식적으로 사용되는 국어 및 국
자國字이다.' 라오스의 언어정책은 베트남의 언어정책과는 대
조적이다. 베트남의 헌법은 각 민족의 언어권을 주장하고,
베트남어를 국어로 정하지 않고 있다. 이에 반에 라오스 헌

법은 각 민족의 평등한 권리를 주장하지만, 언어권에 대해서는 아무것도 말하지 않고 라오스어를 국어로 제정하고 있다. 베트남이 다언어주의의 언어정책을 취하고 있다고 한다면, 라오스는 단일 언어주의의 언어정책을 취하고 있다고 말해도 좋다.


## 3-4. 라오스의 언어교육 정책

### 3-4-1. 라오스에서 프랑스어 공용어시대

1893년부터 1945년까지 라오스는 프랑스 보호국이었다. 이 사이에 교육은 프랑스국 제도에 따라 진행되고 교육언어는 프랑스어였다.

1905년, 비엔창에 세운 3년제의 초등학교가 라오스에서 첫 프랑스식 초등학교였다. 하지만 그 후에도 라오스의 초등교육은 느리고 잘 진행되지 않아 1915년 초등학교 학생 총수는 260명에 지나지 않았다. 6년제의 프랑스어 초등학교가 발족한 것은 1920년 일이었다. 1933년 시점에서 라오스 전 지역의 초등학교는 70교에 달하고, 학생 총수는 7,035명에 이르지만, 해당 연령층의 아동 총수의 3%에도 미치지 못했다.

라오스에서 초등교육 발달의 지연은 프랑스 식민지 정부에 의한 소위 우민정책이 원인이었다. 즉 소수의 엘리트에게 프랑스어를 가르치고 하급관사로서 고용하는 것 이외에 라오스인에 대한 교육 의미를 인정하지 않은 것이다.

라오스에서 중등교육이 시작된 것은 1922년, 비엔창에서 프랑스어 초등학교 제6학년 수료자에게 제7학년의 수업이 제공되었던 때이다. 이것은 이윽고 4년제의 프랑스식 전기 중등학교(콜레주)(제7~10학년)로 발전했지만, 학생 수는 지극히 적었다. 1945년 라오스가 왕국으로서 주권을 회복한 시점에서 라오스의 유일한 콜레주의 재적 학생 수는 200명도 미치지 못했다. 라오스에서 중등교육 발달의 지연은 프랑스 식민지 정부가 인도차이나 식민지 통치에서 앞의 우민정책에 더하여 'divide and rule'이라는 여러 민족을 분할해서 통치하는 정책을 실시했기 때문이다. 라오스 보호국 통치에는 주로 베트남인을 하급관사로 고용했다. 라오스인 고용은 지극히 적었던 것이다. 이것이 라오스 청소년의 면학 의욕을 꺾고 중등학교로의 진학자를 줄게 했다. '1930년에 비엔창의 콜레주를 졸업한 라오스인은 52명이었다. 이에 비해 동 학교를 졸업한 베트남인은 96명에 달했다'.[13]

### 3-4-2. 라오스에서 러시아어 제1외국어시대

1975년 라오스 인민혁명당 일당 지배에 의한 라오스 인민민주공화국이 성립하자, 라오스는 소련과의 사이에 우호협력조약을 맺고 소련에 경제원조와 인재육성의 원조를 구했다. 이러한 사회주의 정책의 흐름에 따라 동측의 지도자와 러시아어가 한꺼번에 라오스에 들어왔다. 교육 장면에서는 지금까지의 프랑스어를 대신하여 러시아어가 제1외국어의 지위로 올랐다.

이것은 예를 들면 다음과 같은 문장으로 기록되어 있다. '국립 공업고등전문학교에서는 1984년부터 1989년까지 러시아어가 필수 외국어였다. 이 시기에 러시아어는 가장 인기가 있는 외국어이고, 중등학교와 고등전문학교에서 학생은 모두 러시아어를 배웠다. 영어나 프랑스어를 배우는 자는 적었다'.[14]

'우리 자신도 1984년에 비엔창을 처음으로 방문하고, 의료분야의 기술협력을 위해 비엔창 의과대학을 방문했을 때 서측의 의학서는 거의 처분되고 마르크스나 레닌의 러시아어로 된 사상 서적이 산더미처럼 쌓여 있는 것에 기겁을 한 적이 있다. 수업은 거의 실시되지 않고 모스크바에 유학한 자가 3~6년 후에 의사로서 돌아와서 정규 수업이 재개될 예정이라는 것이었다'.[15]

라오스 사회주의정권은 1976년부터 1989년까지 동측 8개국에 유학생을 보냈다. 이 중 7,000명은 소련에, 2,500명은 베트남에, 1,800명은 동독일에 유학했다.[16]


### 3-4-3. 라오스에서 영어 제1외국어 시대

1986년 라오스는 베트남의 '도이모이쇄신' 정책보다도 조금 빨리 '찐타나칸 마이신 사고'의 경제개방 정책을 내세웠다. 이것은 동쪽에서의 경제원조 쇠퇴에 대응하여 서쪽에서도 경제 원조를 구한다는 정책 전환이었다. 서쪽에서의 외국자본유치와 전방위 외교에 착수했다. 정치경제의 정책 전환은 교육에서 외국어 전환을 야기했다.

예를 들면 중등학교 커리큘럼에 차지하는 영어의 비중을 보면 다음과 같다. 라오스 중학교(제7~9학년)와 고등학교(제10~12학년)에서 영어와 프랑스어는 대등하고 2자택일의 필수 외국어과목이 된다. 어느 쪽을 선택해도 주 3시간의 수업을 3년간 계속해서 이수하게 된다. 이것은 중학교·고등학교 모두 주 6시간을 3년간 계속해서 이수하는 국어(라오스어) 수업과 대비된다. 이것은 언어교육 정책으로서 국어가 가장 중요하다는 것, 외국어는 영어·프랑스어 어느 쪽을 선택해도 국어의 반 비중이라는 것, 어느 쪽을 선택하는가는 학습자의 자유로운 선택에 의한 것, 등을 의미한다. 현재는 영어에 인기가 모아지고, 교육부는 영어과 교원을 충분히 배려하지 못한 문제를 안고 있다.

라오스는 고등교육기관 발달이 뒤처져 고도한 지식·기술을 수학한 인재 육성을 외국에 의존해 왔다. 근대과학·기술을 받아들이는 창구가 프랑스어에서 러시아어, 그리고 영어로 바뀐 오늘날도 이 전통은 바뀌지 않는다. 근년 라오스에서 나간 주요나라의 유학생은 표 2와 같다.

표 2 : 외국정부의 비용부담에 의한 유학생 수

| 유학처 나라 | 1994 | 1995 | 1996 | 1997 | 1998 | 합계 |
|---|---|---|---|---|---|---|
| 타이 | 120 | 108 | 52 | 374 | 82 | 736 |
| 호주 | 47 | 61 | 23 | 44 | 51 | 226 |
| 베트남 | 34 | 62 | 223 | 393 | 176 | 888 |
| 중국 | 40 | 45 | 49 | 135 | 50 | 319 |
| 일본 | 17 | 15 | 23 | 21 | 23 | 99 |
| 합계 | 258 | 291 | 370 | 967 | 382 | 2,268 |

출처 : 라오스 일본대사관 제공(2000년)

표 2는 2000년 여름 필자가 라오스 일본대사관을 방문했을 때 제공받은 자료이다. 대사관 직원이 미리 언급한 것처럼 이것은 내부 자료이고 하나의 자료이기는 하지만 망라된 것은 아니다. 1998년도의 일본국 유학제도에 의한 합격자 수의 내역은 학부 3명, 고등전문학교 8명, 전문학교 4명, 연구유학(대학원 수준) 6명, 그리고 교원연수유학 2명, 합계 23명이었다. 필자가 대사관을 방문한 것은 마침 유학생 선고시험을 종료한 시점이었다. 영어시험 문제는 표준적이었지만, 결과는 80점에 달한 자가 한 사람뿐이었다. 이상의 자료는 의욕적인 라오스 청년들의 영어학습의 모습을 전하고 있다.

## 4. 캄보디아

### 4-1. 캄보디아의 다민족성

캄보디아왕국은 국토면적이 일본의 약 반, 인구는 약 1,200만 명이다. 캄보디아의 다수민족은 평지에 사는 크메르족Khmer이고, 전 인구의 90% 가까이를 차지하고 있다. 산간지대에는 라오스와 동일하게 몇 개의 소수민족이 살고 있다. 주요한 소수민족은 몬 크메르어족의 쿠이족, 머농족, 자라이족, 라데족 등이다. 게다가 압도적으로 상좌불교나 정령숭배가 왕성한 인도차이나 치고는 드물게 이슬람교를 신봉하는 참족도 살고 있다. 이들 소수민족의 인구는 합쳐서 30만 명 남짓으로 추정된다.

이들 소수민족과는 별도로 도시부에는 외국인 주민으로서 베트남인과 화인이 거주한다. 베트남인과 화인은 폴·포트 정권하의 박해를 피해서 국외에 철퇴했는데, 최근 새로운 이주자도 함께 귀환하여, 그 인구는 각각 캄보디아 인구의 5%(60만 명)나 달할 정도이다.

하지만 캄보디아의 역대정권은 오늘날에 이르기까지 캄보디아국내에서 소수민족의 존재를 인정하지 않는다. 예를 들면 '예전의 원수인 시아누크의 입장은 캄보디아에는 외국인은 있는데 소수민족은 없다는 것이었다. 도시인구 중에 큰 비율을 차지하는 화교, 베트남인, 프랑스인 등은 모두 외국인이고 캄보디아가 고향이 아니다. 산지나 국경지대에 분포하는 산지민족은 언어상에서는 거의 크메르족과 같은 계열이고 소위 소수민족과는 다르다. 문화의 정도가 다를 뿐이고, 이윽고 평야의 크메르족과 동화되는 것은 틀림없다. 이것이 캄보디아의 공식 태도인 것 같다.'[17] 캄보디아 정부는 민주주의와 인권을 회복한 왕국복귀(1993년) 이후에도 계속해서 소수민족의 존재를 인정하지 않는다.

## 4-2. 캄보디아의 민족정책

캄보디아는 UN 잠정통치기구UNTAC의 감시 하에서 제헌의회의원의
선거를 실시하고, 1993년 9월, 캄보디아 왕국의 신헌법을 제정하기에
이르렀다. 이 헌법에 담긴 민족정책을 보면, 다수민족의 크메르족에게
절대적인 우선권을 주고 있는 것은 분명하다.

먼저 헌법은 제4조이고 '캄보디아왕국의 국시는 민족, 종교, 국왕이다'
라고 정한다. 다음으로 이 3자를 규정한다. 제8조 '국왕은 민족의 통치와
영속성의 상징이다.' 제43조 '불교는 국교로 한다' 그리고 민족에 대해서
는 국내에 소수민족이 거주하지 않는 것처럼 '크메르 시민'만을 제시하고
있다. 그 내용은 다음과 같다.

많은 근대국가의 헌법에는 국민의 기본적 인권을 보장하는 목차가 있
다. 캄보디아왕국의 헌법에서는 그 목차 타이틀이 '크메르 시민의 권리
와 의무'로 되어 있다. 이 장은 제31조에서 제50조까지 계속되지만, 조
문의 대부분은 '크메르 시민은…'으로 시작된다. 이와 같이 기본적 인권
향유의 주체를 크메르족으로 한정하는 것에는 큰 문제가 있다고 국제사
회로부터 지적되고 있다. 캄보디아 국내의 소수민족과 '베트남계 및 화
교계주민이 헌법상의 인권 향유주체에서 실제로는 어찌되었든 문구에
서는 배제되었다.'[18]는 점에도 문제가 있다.

문제는 '크메르 시민'의 해석이다. 만약 이 용어가 캄보디아의 국민일
반을 가리키는 말이라고 정의되어 사용된 것이라면 문제는 적을 것이
다. 하지만 헌법의 어느곳에도 '크메르 시민'을 명시적으로도 암시적으
로도 정의를 내린 문구는 없다는 것이다. 게다가 '국민'의 기본적 인권이
아니라 '크메르시민'의 기본적 인권(제3장)을 제정한 것이다.

캄보디아의 '국민' 일반을 가리키는 말은 제4장 '정치체제'에 다음과
같은 문구가 있다.

제52조 : '왕국정부는 … 민족통일을 지키기 위한 국민 화해정책을 채용하고, 민족의 좋은 습관과 전통을 보호한다. … 국가는 시민의 복지 및 생활수준의 향상을 위한 노력에 우선적인 고려를 한다'(밑줄은 저자).

이로부터 캄보디아의 헌법이 국민일반을 가리킬 때는 수식 어구를 붙이지 않고 단지 '민족' '국민' 또는 '시민' 등의 단어를 사용한다는 것을 알 수 있다. 이 어법에 따르면 감히 '크메르시민'이라고 단서를 붙인 점에 문제가 있는 것이다.

당시의 헌법제정의회에서 이 문제는 어떻게 논의되었을까? ① 먼저 봉승행 의원(인민당, 프레이벵 주 선출)은 캄보디아는 다민족사회이고, '크메르'는 그 일부에 지나지 않는다는 이유로 '크메르시민'이라는 표현을 사용하는 것을 반대하였다. 이것을 대신하여 '성별을 묻지않고 시민은'이라는 표현을 채용할 것을 주장하였다. ② 폴 함의원(불교자유민주당, 캄퐁톰 주 선출)은 '캄보디아는 크메르인에 의해 세워진 국가이고, 싱가폴이나 미국과 같은 다민족국가가 아니다'고 주장하고 '크메르시민' 사용에 찬성했다. ③ 츄앙붕 의원(인민당, 밧탄반 주 선출)은 '크메르 시민'은 '현재 캄보디아에 주재하는 모든 민족을 포괄하는 개념이다'고 주장하고, '크메르시민' 사용에 찬성했다.[19] 어느 경우나 '크메르시민'이라는 표현에 반론은 적고, 압도적 다수로 채용된 것 같다.

이에 대해 당시 UN 사무총장 특별대표는 UN 보고서에서 다음과 같은 경고를 하고 있다. '캄보디아왕국 헌법에는 심각한 결함이 있고, 그 중 가장 중요한 점은 인권이 '크메르 시민'에 대해서만 보장된 점이다. 이러한 공식적 표현은 크메르 시민이라고 인정되지 않고 캄보디아 시민권을 갖지 않는 캄보디아인이나 외국에서 온 방문자로서의 캄보디아인을 헌법적 범주에서 제외하는 것이다. … 이것은 크메르 민족이외의 소수민족을 헌법적 보호에서 제외하는 결과를 초래하기 쉽다.' '캄보디아에서

민족간의 역사적 관계의 문맥에서 인권조항의 이와 같은 문구는 베트남계 캄보디아인이나 그 외의 비 크메르민족에 대한 차별을 정당화하는 위험을 야기할 가능성이 있다.[20]

## 4-3. 캄보디아의 언어정책

캄보디아왕국은 양 옆의 사회주의 국가인 베트남과 라오스와 동일하게 다민족사회임에도 불구하고 헌법(1993년)은 이 사실을 인정하지 않는다. 왕국의 다언어상황에 대해서도 고려하지 않는다. 게다가 캄보디아 헌법은 캄보디아의 공용어를 다음과 같이 제정하고 있다.

> 제5조 : 캄보디아 왕국의 공용어 및 문자는 크메르어 및 크메르문자이다
> 제69조 : 국가는 필요에 따라 크메르어를 보호하고 발전시킨다.

이와 같이 캄보디아왕국 헌법은 크메르어 및 크메르문자를 공용어 및 공용문자로 제정하여 그 보호·육성을 보장하고 있다. 이것이 캄보디아 언어정책이다. 캄보디아의 언어정책은 분명히 단일언어주의이다.

## 4-4. 캄보디아의 언어교육정책

### 4-4-1. 캄보디아에서 국어교육정책

캄보디아는 식민지시대의 우민정책, 30년에 걸친 인도차이나 전쟁, 폴 포트 정권에 의한 교육의 부정과 파괴등의 영향으로 인도차이나 3국

중에서도 교육이 가장 늦은 나라가 되었다. 캄보디아가 진실로 교육에 의한 국민국가 건설로 활동하게 된 것은 캄보디아왕국 복귀(1993년) 이후의 일이다.

현재는 캄보디아의 모든 수준의 교육에서 헌법(1993년)에서 정한 공용어인 크메르어가 교육언어가 되었다. 식민지시대와 다르게 크메르어(국어)는 초등학교, 중학교, 고등학교의 커리큘럼 안에서 가장 중요한 수업과목이다. 예를 들면 초등학교의 경우, 주30시간의 수업 안에서 크메르어의 수업시수는 제1학년부터 제4학년까지는 주10시간 이상, 제5학년과 제6학년은 주 8시간으로 정해져 있다. 이것을 누계하면, 초등학교 전수업시간의 36%에 달한다. 다음으로 많은 사회과 24%, 수학 16% 등과 비교해도 국어교육 중시의 자세가 확실히 나타난다.

하지만 오늘날의 캄보디아에서 교육의 최대 문제는 이 국어교육정책의 은혜에 제공자가 한정되어있다는 것이다. 다음 표는 그 현상을 나타낸 것이다.

표 3 : 캄보디아 초등교육의 현상(%)

| 학년 | 진급률(%) | 유급률(%) | 퇴학률(%) |
|------|-----------|-----------|-----------|
| 1 | 48.4 | 40.9 | 10.7 |
| 2 | 61.0 | 24.9 | 14.0 |
| 3 | 67.4 | 18.5 | 14.1 |
| 4 | 71.9 | 12.2 | 15.9 |
| 5 | 76.3 | 7.5 | 16.2 |
| 6 | 82.1 | 3.8 | 14.1 |

출처: 캄보디아왕국 교육부 학교교육국, 1999년도 통계

이 표에서 밝혀진 것은 캄보디아의 초등학교에서는 10명의 아동이 함께 입학한다고 하면, 1년 후 학교를 그만두는 아동이 1명 나온다. 다시 제1학년을 반복하는 아동은 4명이나 나온다. 그 결과 제2학년에 진급할

수 있는 것은 겨우 5명 아동으로 한정되고 만다. 학년의 진행에 따라 낙제율은 축소되지만, 퇴학률은 증대하는 경향이기 때문에 결국 동기로 입학한 10명 중에서 곧바로 제6학년까지 진급할 수 있는 것은 겨우 1명의 아동에 지나지 않다는 것이다.

이와 같은 캄보디아 초등교육의 현상은 캄보디아의 아동·학생의 능력을 나타내는 것이 아니라 그들이 놓인 정치적 경제적 사회적 환경의 엄격함을 반영하는 것이다. 캄보디아왕국 교육부는 다음과 같은 교육통계를 공표하고 있다.

표 4 : 캄보디아왕국 교육통계(1999년도)

| 학교 | 취학전 학교 | 초등학교 | 중학교 | 고등학교 |
|---|---|---|---|---|
| 학교 수 | 806 | 5,156 | 355 | 132 |
| 사원 학급 수 | 61 | 958 | 125 | -- |
| 학생 수 | 95,068 | 2,094,000 | 326,057 | 82,110 |
| 교원 수 | 1,793 | 43,530 | 13,769 | 3,555 |
| 입학률 =입학자/당해연령인구(%) | -- | 78.3% | 14.2% | 6.4% |
| 진학률 =진학자/졸업자(%) | -- | 74.3% | 39.4% | -- |
| 음료수가 나오지 않은 학교(%) | -- | 74.8% | 45.4% | 33.3% |
| 화장실이 없는 학교(%) | -- | 72.1% | 36.1% | 12.9% |
| 불편한 학교 (교실의 50%이상이 지붕, 마루, 벽이 없고 음료수도 화장실도 없는 학교) (수) | -- | 532 | 10 | 0 |

출처 : 캄보디아왕국 교육부 학교교육국, 1999년 통계

## 4-4-2. 캄보디아의 대학영어교육 정책

필자는 2000년 8월 프놈펜 왕립대학에 외국어학부 영어학과장을 방문하여 청취조사를 실시했다. 거기서 제시된 커리큘럼이 흥미를 끌었다. 그것은 다음 4과목을 대학의 제1학년부터 제3학년까지 3년간 계속해서 이수하는 프로그램이다. 또한 담당교원은 전원 캄보디아인이었다. 영어학과 교원으로 원어민화자는 한명도 없었다.

표 5 : 프놈펜 왕립대학 외국어학부 영어학과 커리큘럼(1~3학년)

| 과목 | 주당 수업시수 |
| --- | --- |
| ① 핵심영어(Core English) | 9 |
| ② 영미문학연구(Literature Studies) | 3 |
| ③ 아시아문화연구(Cultural Studies) | 3 |
| ④ 크메르연구 (Khmer studies) | 2 |
| 총 수업시수 | 17시간/주 |

출처: The Royal University of Phnom Penh, Institute of Foreign Languages. Department of English: Student Information Handbook 1999-2000

상기의 커리큘럼으로 3년간 이수한 후에 제4학년에서는 응용언어학, 영어교수법, 교육실습 등 영어교육 과목을 전공으로 이수하게 된다. 하지만 크메르연구Khmer Studies만은 계속해서 전 4년간에 걸쳐 이수하는 프로그램이다.[21]

이 커리큘럼이 목표로 하는 것은 '학생편람1999-2000'에 의하면, ①의 분야에서는 중급 수준의 영어기능(청해력, 발화력, 독해력, 작문력)의 양성,

②의 분야에서는 영미문학작품의 다독과 연구, ③의 분야에서는 교과서의 '아시아에 관한 화제로 본 영어학습'Learning English through Topics about Asia 라는 타이틀이 나타낸 것처럼 학습자 자신이 속하는 문화권(아시아)을 영어 문헌을 통하여 이해하고 연구하는 것, 그리고 ④의 분야에서는 자국과 자국문화를 영어를 통해서 학습하는 것이다. ③과 ④는 주목할 만하다.

국제화·글로벌화가 진전하는 시대이기 때문에 외국어로서의 영어교육의 목적은 국제간·이문화간 커뮤니케이션 능력의 양성이 영어교육관계자 사이에 정설이 되고 있다. 그리고 지금이야말로 일본의 경우 필요한 것은 이문화이해라는 수신만의 커뮤니케이션이 아니라 스스로의 문화와 아이덴티티를 적극적으로 발신해 가는 발신형 커뮤니케이션이라도 말해진다. 그렇다면 스스로의 문화와 아이덴티티를 자각적으로 학습하여 인식하지 않고 있는데 어떻게 하면 커뮤니케이션 발신이 가능해질까? 상기의 커리큘럼은 4년간 계속해서 아시아와 자국 문화를 영어로 배우게 하고, 자국 문화나 생활 환경을 충분히 인식하여 발신 방법을 배운다고 하는 본격적인 발신형 커뮤니케이션 능력의 양성을 목표로 하는 것이다. 지금 일본의 영어교육에서 일본의 나라나 문화를 영어로 전달하는 것에 중점을 둔 수업과목이 제공되고 있을까? 이 커리큘럼은 일본의 영어교육관계자에게도 시사되는 바가 크다.

## 5. 마무리

이 장에서는 베트남, 라오스, 캄보디아 3국의 민족정책, 언어정책, 언어교육정책을 살펴보았다. 인용한 통계나 자료의 대부분은 필자가 최근 현지 조사에서 얻은 것에 의존하고 있다. 3국은 모두 다언어, 다민족국가이지만, 그 인식과 민족정책은 나라에 따라 다르다. 사회주의국인 베트남과 라오스는 충분히 다민족성을 인식하고, 헌법에서 이를 명기하고, 국내 민족 간의 평등을 보장하고 있다. 한편 입헌군주국인 캄보디아는 마치 단일민족국가인 것처럼 헌법에서는 크메르민족주의를 주장하고 있다.

라오스와 캄보디아는 단일언어주의의 언어정책을 취하고 있다. 즉 라오스는 다수민족의 언어인 라오스어를 헌법에서 국어로 제정하고 있다. 동일하게 캄보디아는 다수민족의 언어인 크메르어를 헌법에서 공용어로 제정하고 있다. 이에 반해 베트남은 다수민족의 언어인 베트남어를 헌법에서 국어나 공용어로 정하지 않고, 몇몇 소수민족의 언어를 위해서 문자(서기법)를 창조하고 있다. 베트남은 공통어로서의 베트남어와 각각의 민족어와의 2언어병용의 언어정책을 취해서 실행하고 있다.

언어교육정책을 논하는 곳에서는 3국에 공통적인 외국 및 외국어에 대한 의존적 체질을 언급했다. 당초 근대적 교육을 프랑스국 및 프랑스어에 의존하지 않을 수 없었던 베트남과 라오스가 사회주의 체재로 바뀌자, 교육과 인재육성을 소련권과 러시아어에 크게 의존했다. 그리고 오늘날, 인도차이나 3국은 시장개방의 경제정책을 진행하여 교육도 인재육성도 영어 및 영어권에 점점 의존하는 경향이 강하다.

베트남, 라오스, 캄보디아의 언어정책의 장래는 어떻게 전망될까?

베트남은 민족평등의 이념에 기초한 언어정책을 실시하고 실적을 올리고 있다. 오늘날 국민이 한결 같이 존경하는 호치민이 내세운 민족의 평등·단결의 이상을 베트남의 정책 담당자는 향후도 계속하여 추진하고, 보다 더 나은 성과를 올리는 것을 기대할 수 있을 것이다.

라오스는 최근에 고등교육 기관을 통합정비하고 8학부로 이루어진 라오스 국립대학을 새롭게 발족시켰다. 이 교육의 전당에 어떠한 정신을 담는가는 문화·교육·언어정책 담당자의 중요한 과제이다. 하지만, 현재 라오스 국립대학의 내실과 장래 구상은 명확히 제시되지 않았다.

캄보디아의 민족정책과 언어정책은 소수민족도 동일하게 향유해야 할 언어권과 민주주의의 관점에서 충분한 것은 아니다. 국제사회의 이해도 얻지 못했다. 그런데 캄보디아의 언어교육정책을 살펴보면 최근 프놈펜 왕립대학 외국어학부 영어학과의 커리큘럼에서 나타난 것처럼 타자 의존에서 주체성의 회복으로 향하는 징조도 보이기 시작한다. 하지만 캄보디아의 민족정책과 언어정책이 근본적으로 개정되는 것은 아직 기대하지 못할 것이다.

## 주석

01   Dang Nghiem Van et al(1993) 참조
02   小倉(1997:352)
03   이하의 사례는 広木(1973: 32~47)에서 참조했다.
04   Ibid. p.42
05   Ibid.
06   Ibid. p.45
07   본 절의 내용은 吉田(1991:517~524)에서 참조했다.
08   Ibid.
09   Ibid.
10   Ministry of Education(1995:26)
11   하노이 외국어대학 타이릉그 학장으로부터 학장실에서 청취조사를 끝냈을 때 본장에서
      중요한 참고문헌인 Ministry of Education(1995)을 받았다.
12   Ministry of Education(1995:26~28)
13   Cohen(1978:26)
14   Somphathabanksouk(1996)참조
15   青山(1995:138)
16   Savada(1995:136)
17   岩田(1971:236)
18   四本(1999:83)
19   Ibid. p.95
20   Ibid.
21   The Royal University of Phnom Penh(1999)

## 참고문헌

青山利勝  1995. 『ラオス　インドシナ緩衝国家の肖像』　東京：中央公論社
鮎京正訓  1993. 『ベトナム憲法史』　東京：日本評論社
出井富美  1997. 「特集アジアの言語事情　ベトナム」『月刊言語』vol.26,no.11.
　　（1997年11月号）東京：大修館書店
伊藤正子  1997. 「ドイモイ下のベトナムの少数民族政策─山間部少数民族を中心に─」
　　『アジア経済』vol.3.(1997年3月）東京：アジア経済研究所
今井昭夫  1997. 「ベトナムの言語と文化─クォックグーの発展とナショナリズム─」
　　小野沢純編『ASEANの言語と文化』　東京：高文堂出版社

岩田慶治　1971.　『東南アジアの少数民族』　東京：日本放送出版協会

四本健二　1999.　『カンボジア憲法論』　東京：勁草書房

広木克行　1973.　「ベトナムにおける少数民族の自冶と文字の創造」『月刊 アジア・アフリカ研究』vol.13,no.10.（1973年10月号）アジア・アフリカ研究所

藤田剛正　1998.　「東南アジアの言語政策―その七　ベトナム社会主義共和国―」『常葉学園大学研究紀要教育学部』第19号

藤田剛正　2001a.　「東南アジアの言語政策―その九　カンボジア王国―」『常葉学園大学研究紀要外国語学部』第18号

藤田剛正　2001b.　「東南アジアの言語政策―その十　ラオス人民民主共和国―」『常葉学園大学研究紀要教育学部』第22号

小倉貞男　1997.　『物語ベトナムの歴史』　東京：中央公論社

古田元夫　1991.　『ベトナム共産主義者の民族政策史―革命の中のエスニシテ―』東京：大月書店

Cohen, David N. 1978. "A History of Education in Laos," *International Education.* vol. 7, no.2. Spring 1978. Tennessee: The University of Tennessee Press.

Dang Nghiem Van, Chu Thai Son and Luu Hung. 1993. *Ethnic Minorities in Vietnam.* Hanoi: The Gioi Publishers.

Ho Wah Kam and Ruth Y.L. Wong (ed.) 2000. *Language Policies and Language Education.* Singapore: Times Academic Press.

Ministry of Education and Training Socialist Republic of Vietnam. 1995. *Vietnam Education and Training Directory.* Hanoi: Education Publishing House.

The Royal University of Phnom Penh, Institute of Foreign Languages, Department of English. 1999. *Student Information Handbook 1999-2000.* Phnom Penh.

Savada, Andrea Malles. 1995. *Laos: A Country Study.* Phnom Penh: Federal Research Division, Library of Congress.

Somphathabanksouk, Mitsay. 1996. "Laos: A Country Profile," a term paper for MA in English teaching. (an unpublished RELC resource)

# 제 5 장

# 호주의 다문화사회와 LOTE교육

오카도 히로코岡戸 浩子

## 1. 언어정책과 역사적 경위

### 1-1. 역사적 개관

호주는 세계에서 가장 작은 대륙으로 국토 면적은 769.2만 평방킬로 미터이다. 이 광대한 토지에 1952만 명(2002년 2월 현재)의 인구가 살고 있다. 남반구에 위치하고 있어, 최근 많은 일본인이 관광으로 방문하는 여름에 호주는 겨울이 되므로 계절은 반대인 셈이다. 또한 호주는 풍부 한 자연의 보고이며, 이 나라에서 밖에 볼 수 없는 코알라, 캥거루, 주머 니쥐 등의 유대류나 오리너구리, 에뮤 등 희귀한 동물이 서식하고 있는 것으로 잘 알려져 있다.

17세기 유럽탐험가들이 이 땅에 도달했을 당시에는 약 35만 명의 애 버리지니Aborigine(호주선주민)가 수렵생활을 하고 있었다. 그리고 1세기 정도가 경과한 1770년 영국인 제임스쿡 선장이 동쪽 해안에 상륙해, 1829년 전 대륙은 영국령이 되었다. 그러나 영국에서 이 땅에 도착하기 까지는 매우 오랜 시간이 걸려 왕래가 쉽지 않기 때문에, 유형流刑식민지로서 발전해 나갔다. 영국은 수인囚人 노동력을 이용해 호주의 지배지역을 조금씩 확장해 가면서 목양지를 개척해 나갔다. 이처럼 19세기 전반 호주의 경제는 보리와 양모를 중심으로 영국과 점점 밀접한 관계를 형성하게 되었다.

1851년에는 금광의 발견으로 골드러시가 시작되어 많은 자본과 이민자가 유입되었다. 영국 뿐만 아니라 중국에서 온 이민자의 수도 증가하여 호주의 인구는 이 시기에 비약적으로 증가했다. 비서양인의 대량유입에 위기감을 느낀 백인들이 '백호주의'를 도입한 것도 이 시기의 일이다. 골드러시는 길게는 지속되지 않았지만, 그 후 냉동기술의 진보로 식육의 수출이 가능해져, 이 나라는 영국수출을 위한 양모, 곡물, 식육, 유제품 등을 중심으로 한 농산업을 기반으로 경제적으로 더욱 발전해 나갔다. 그리고 이러한 경제기반의 충실을 토대로 1890년 6개의 자치주가 확립되고, 1901년에는 영국의 식민지에서 벗어나 연방정부가 성립했다.

호주는 선주민과 이민자의 나라라고 불리지만, 제2차 세계대전이 종결되기 전까지는 주로 영국에서 온 백인 이민자들에 의해 성립된 사회였다. 역사적으로 영국과는 매우 밀접한 관계에 있었으므로 필연적으로 영국 사회 문화의 영향을 크게 받았다. 긴 세월 동안 호주사람들에게 영국은 모국이라는 이미지와 함께 아이덴티티의 근원이었다고 할 수 있다. 실제로 제2차 세계대전 중에도 호주는 영국, 북미와 협력 태세를 취하고 전장에 병력을 파견했다. 이 일은 정신적으로는 서양과 깊은 유대감을 느끼면서도 한편으로는 유럽 대륙이 얼마나 호주와 먼 곳인지를 인식하게 되는 계기가 되었다. 이로 인해 제2차 세계대전 후에는 점차 정치 경제적으로 힘이 있고 공통의 서양문화를 가진 미국으로 눈을 돌리게 되었다. 1951년 태평양 지역자유주의 진영의 방위를 목적으로 한 태평양안전보장조약ANZUS: Australia, New Zealand and the United States Treaty 이 호주, 뉴질랜드, 미합중국사이에 맺어졌다. 또한 1954년에는 미합중국, 호주, 영국, 프랑스, 태국, 필리핀, 파키스탄, 뉴질랜드 8개국으로 결성된 동남아시아 조약기구SEATO : Southeast Asia Treaty Organization ; 1977년에 해산가 성립되었다. 여기에 더해 그 당시 중요한 무역파트너였던 영국이 1973년 EC(유럽공동체)에 가맹했다. 이 일은 영국과의 무역에 장벽이 되어 훗날 호주로 하여금 무역정책의 전환을 위해 아시아태평양지역으로 시선을 돌리는 하나의 요인이 되었다고 볼 수 있다.

## 1-2. '백호주의'에서 '다문화주의'로

정부는 제2차 세계대전 후 바로 이민자들을 적극적으로 받아들이는 방침을 정했고 이로 인해 이탈리아, 그리스, 네덜란드 등의 유럽대륙에서의 이민이 증가했으나 아시아인은 받아들이지 않았다. 그러나 1966년에는 이민법이 완화되어 베트남, 중국, 한국, 싱가포르 등 아시아계의 이민이 급증했다. 이것을 계기로 당시 '백호주의'의 자세를 취했던 호주는 1970년대 후반부터 이민자 수의 증가와 더불어 '다문화주의'를 국책으로 추진하게 되었다.

현재 호주의 인구구성에 주목해 보면 이민자의 출신국은 매우 광범위하며 다양한 인종으로 구성되어 있다는 것을 알 수 있다. 최근에는 비영어권에서의 이민 증가가 눈에 띈다. 1998년의 인구추정에 의하면 총 인구의 22.8%가 해외출생자이며, 호주 출생 중 적어도 부모 한쪽이 해외출생자인 경우는 27%를 차지한다. 총 인구의 약 2%(약 40만 명)는 애버리지니(선주민)이다.

표 1 : 제1(해외출생자), 제2세대호주인(단위 : 인)*

| 국 명 | 해외출생자 | 제2세대호주인 | 합계 |
|---|---|---|---|
| 영국, 아일랜드 | 1,124,000 | 1,522,900 | 2,647,000 |
| 이탈리아 | 238,200 | 333,900 | 572,100 |
| 뉴질랜드 | 291,400 | 200,000 | 491,400 |
| 구 유고슬라비아 | 175,400 | 131,300 | 306,700 |
| 그리스 | 126,500 | 153,900 | 280,500 |
| 독일 | 110,300 | 139,300 | 249,600 |
| 네델란드 | 87,900 | 142,500 | 230,400 |
| 베트남 | 151,100 | 46,800 | 197,800 |
| 중국 | 111,000 | 40,200 | 151,200 |
| 합계 | 2,415,800 | 2,710,800 | 5,126,600 |

* '제2세대호주인'이란 부모 중 적어도 한쪽이 해외출생자인 자를 가리킨다.

이처럼 다양한 인종과 민족으로 구성되어 있기 때문에 주민 중에는 자신의 모어만 구사 할 수 있고 영어를 못해 취업에 지장을 초래하는 사람들도 있다. 호주 주민으로서 생활하기 위해서는 이와 같은 언어에 관한 다양한 문제들이 어쩔 수 없이 수면 위로 떠오르게 된다.

이전까지 이민자들에 대해 '백호주의'라는 소위 동화정책을 펼쳐 온 호주에서는 이민자의 아이들이 문제가 되었다. 일상생활, 학교생활을 하는 데 필요한 영어능력이 현저하게 부족했기 때문이다. 이러한 상황이 문제가 되자 1978년 갈발리보고서The Galbally Report가 발간되었다. 이 보고서에는 처음으로 다언어·다문화문제에 관련하여 영어 외의 언어교육의 필요성이 제기되었고, 정부는 이 권고를 승낙했다. 또한 당시 학자들에 의해 이민자에 관한 연구가 급속하게 진행되었으며, 당사자들인 이민자들에게서도 문제 개선에 대한 발언이 많이 이루어졌다. 이러한 상황 속에서 아이들을 둘러싼 언어 문제는 교육 분야에서 '다문화교육'으로 재구성되어 영어교육, 영어 외의 언어교육, 바이링구얼교육 등의 내용이 정해졌다.

행정부는 성인인 비영어계 이민자와 그들의 아이들이 훗날 호주 국민의 일원으로서 어려움 없이 생활해 갈 수 있도록 현재 제2언어로서의 영어English as a Second Language교육을 적극적으로 실시하고 있다.

하지만 마이너리티인 이민자의 영어능력 향상이라는 대책을 강구하는 것만으로는 다문화사회에서 일어나는 수많은 문제들을 해결할 수 없다. 이보다 더 필요한 것은 대다수인 영어계 호스트사회의 사람들이 이문화異文化를 가진 사람들을 이해하려는 의식과 태도이다. 이러한 의식과 태도가 바탕이 되어 비로소 쌍방이 서로 이해할 수 있는 과정으로 한걸음 나아가게 되는 것이다. 이처럼 이민자와 호주 주민 대다수를 차지하는 영어계 사람들의 공생이라는 목표 하에, 언어를 둘러싼 문제의 해결은 전보다 한층 더 중요한 문제가 되고 있다.


## 1-3. '영어 외의 언어'교육의 필요성

언어문제에 대해서 앞서 서술한 갈발리보고서에서는 영어 이외의 언어교육의 필요성에 대해 언급하고 있다. 이 '영어 외의 언어'는 호주에서 Languages Other Than English(이하 LOTE)로 불린다. 1987년 '언어에 관한 국가 정책National Policy on Languages'이 공표되었는데, 여기서는 LOTE에 관한 다양한 문제들을 다루고 있다. 이어서 1991년에는 연방고용교육훈련청Department of Employment, Education and Training에 의해 '호주의 언어 : 호주의 언어와 식자識者정책Australia's Language : The Australian Lanuage and literacy Policy'이 발표되어 현재는 이에 기초하여 언어정책이 실시되고 있다. '언어에 관한 국가 정책'에서는 Nine Key Languages(9개의 중요한 언어) 에 대해서 아랍어, 중국어, 프랑스어, 독일어, 그리스어, 인도네시아·말레이어, 이탈리아어, 일본어, 스페인어라는 9개 언어를 제시하고 있다. 이들 언어 중 대부분은 표 2에 보이듯이 세계에서 제1언어(모어)로서 사용되는 언어 중에서 비교적 상위에 위치하고 있다.

표 2 : 엥코 모델Engco Model과 『에스놀로그』(Grimes 1996)에 의한

〈제1언어 사용자 수로부터 본 세계의 주요언어〉

|  | 언어 | 엥코 모델 | 에스놀로그 |
|---|---|---|---|
| 1 | 중국어 | 11억1,300만 명 | 11억2,300만 명 |
| 2 | 영어 | 3억7,200만 명 | 3억2,200만 명 |
| 3 | 힌디어/우르두어 | 3억1,600만 명 | 2억3,600만 명 |
| 4 | 스페인어 | 3억400만 명 | 2억6,600만 명 |
| 5 | 아랍어 | 2억100만 명 | 2억200만 명 |
| 6 | 포르투갈어 | 1억6,500만 명 | 1억7,000만 명 |
| 7 | 러시아어 | 1억5,500만 명 | 2억8,800만 명 |
| 8 | 벵골어 | 1억2,500만 명 | 1억8,900만 명 |
| 9 | 일본어 | 1억2,300만 명 | 1억2,500만 명 |
| 10 | 독일어 | 1억200만 명 | 9,800만 명 |
| 11 | 프랑스어 | 7,000만 명 | 7,200만 명 |
| 12 | 이탈리아어 | 5,700만 명 | 6,300만 명 |
| 13 | 말레이어 | 4,700만 명 | 4,700만 명 |

출처 : 데이빗 그래돌(1999), 『영어의 미래』 p.25

또한 다음 표 3은 주요국 별 수출입 무역 동향을 나타낸다.

표 3 : 주요국 별 수출입(단위 : 100만 호주달러)

| 1999-2000 (년도) | 중국 | 독일 | 이탈리아 | 일본 | 한국 | 뉴질랜드 | 대만 | 영국 | 미국 |
|---|---|---|---|---|---|---|---|---|---|
| 수출 | 4,959 | 1,246 | 1,574 | 18,800 | 7,615 | 6,731 | 4,687 | 4,156 | 9,577 |
| 수입 | 7,494 | 5,791 | 3,044 | 14,139 | 4,310 | 4,371 | 3,241 | 6,351 | 22,987 |

출처 : Australian Bureau of Statistics, 2001

이 표를 보면 수출입 시장에서 아시아태평양지역에 위치한 국가들과의 무역이 왕성하다는 것을 알 수 있다. 예전의 호주는 역사적으로 영국이 주 무역국이었지만, 최근에는 무역 상대국의 중심이 APEC과 ASEAN을 중심으로 한 지역들로 바뀌고 있다. 또한 호주는 경제적인 측면 뿐 아니라 지역 내의 안전보장과 관련된 정치적 측면에서도 아시아태평양지역과 연계를 강화하는 방침을 취하고 있다.

글로벌화의 진전과 더불어 최근 점점 공용 언어로서 영어의 지위가 높아지고 있음에도 불구하고 호주 정부는 왜 굳이 영어 외의 언어교육(이하 LOTE교육)을 추진하려고 하는 것일까. 상기의 사실에 근거하여 국가정책에서 LOTE교육의 필요성을 부르짖는 이유를 크게 두 가지로 생각해 볼 수 있다.

첫째로는 국내의 이문화교류, 커뮤니티에서의 원활한 커뮤니케이션을 위한 것이며, 둘째로는 대외적인 경제발전을 위한 것이라 할 수 있다. 국내에서 이문화에 대한 이해를 촉진하고 대외적으로도 양호한 경제관계를 유지해 나가기 위해서는 이문화권 사람들의 언어 습득 및 문화에 대한 이해가 필요하다는 인식이 널리 확산되었기 때문이다. 다른 언어를 가까이함으로써 자신의 모어와 자문화와는 다른 다양한 사고와 가치관을 이해하는 것은 여러 면에서 플러스효과를 가져온다는 관점에서, LOTE교육을 필두로 하는 언어정책은 중요하게 평가되고 있다.

호주는 비영어계 이민자들에게 동화를 강요한 초기의 백호주의에서 다문화주의로 전환하여 현재는 그에 따른 언어문제에 대해서도 적극적인 정책을 추진하려는 자세를 취하고 있다. 그리고 그 내용은 다음과 같다. 먼저 호주의 모든 사람들이 생활에서 어떠한 불이익도 받지 않기 위한 영어 교육을 제공하는 것, 나아가서는 모든 개인이 국가에 플러스효과를 가져오는 것을 목표로 LOTE교육을 제공하는 것이다.

## 2. LOTE(영어 외의 언어)교육의 현황

호주는 광대한 국토에서 다양한 인종과 민족이 다양한 언어를 사용하며 생활을 영위하고 있다. 또한 고등교육은 연방정부, 초등·중등교육은 연방정부와 각 주의 정부가 교육을 담당하고 있는 체제이다. 나아가 세부사항에 관해서는 구나 각 학교가 교육 내용을 편성할 수 있다. 의무교육은 많은 주에서 6세부터 15세까지 실시하고 있다. 이러한 배경을 바탕으로 호주만의 특징적인 교육이 행해지고 있다. 그 대표적인 것으로 '원격지교육', '애버리지니교육', 'LOTE교육'이 있다.

'원격지교육'은 벽지에 사는 국민이 학습할 수 있는 기회를 보장하는 것이다. 1913년 중등교육단계에서 개시된 통신교육을 시작으로 방송교육 또는 학습자의 거주 지역에 보다 가까운 원격지교육센터를 설치하는 등 학습의 편의를 도모하고 있다. 1986년부터는 인공위성을 이용한 교육도 개시되어 다양한 형태로 교육의 기회 균등을 꾀하고 있다.

'애버리지니교육'에서는 선주민인 애버리지니에 대한 교육의 보장을 적극적으로 실시하고 다른 학생들에게도 그들에 대한 이해촉진을 위해 교육을 실시하고 있다.

여기서 호주의 특징적인 교육의 하나인 'LOTE교육'의 현황에 대해서 자세히 살펴보기로 하겠다. 앞서 서술한 바와 같이 호주의 교육 내용은 주에 따라 상당히 다르다. 그리고 각 주의 초등·중등교육단계의 방침과 중요하게 생각하는 언어도 다르다. 이는 호주가 지역사회의 요청을 대폭 고려한 교육체제를 취하고 있다는 것을 뜻한다. 모든 주가 LOTE교육에 대해 적극적인 자세를 취하고 있지만, 여기서는 다른 주에 비해 이민자가 많아 LOTE교육의 필요성이 높은 빅토리아 주를 예로 LOTE교육의 실태에 대해 살펴보고자 한다.

## 2-1. LOTE교육의 예 - 빅토리아 주

빅토리아 주에는 호주연방이 성립한 후 1927년까지 수도였던 멜버른이 있으며, 현재는 호주의 제2의 도시로 알려져 있다. 빅토리아 주의 특징은 다양한 이민자커뮤니티가 형성되어 있다는 점이다. 이민자의 출생지가 다양하고 비영어권 이민자가 차지하는 비율이 높다. 따라서 빅토리아 주에서는 LOTE교육이 절실히 필요해져, 1983년 초등학교에서 영어 외의 언어를 대규모로 도입하는 야심찬 교육실험이 개시되었다. LOTE교육을 제공하는 학교는 주로 공립학교를 비롯해 원격지교육센터, 민족학교가 있다.

대체로 주립 학교에서는 1~3언어를 가르치지만, 학교에 따라서 제공하는 언어가 다르며 지역의 상황, 부모와 학생들의 요망 등을 고려하여 학교장의 재량에 의해 결정된다. 빅토리아 주에서는 중국어, 프랑스어, 독일어, 인도네시아어, 이탈리아어, 일본어, 그리스어, 베트남어 8개 언어가 큰 수요를 가진 중요한 언어로 인식되고 있다.

초등학교는 일본의 소학교에 해당하며, 6년간 학습한다. 중학교도 동일하게 6년간으로, 최종학년은 12학년이다.

다음에 제시하는 표 4는 각 언어를 제공하고 있는 초·중학교 수를 나타낸다.

표 4 : 빅토리아 주의 초등학교, 중학교에서 가르치고 있는 언어 별 제공 학교 수(2000)

| | 초등학교 | | | | 중학교 | | |
|---|---|---|---|---|---|---|---|
| | 언어 | 학교 수 | % | | 언어 | 학교 수 | % |
| 1 | 인도네시아어 | 404 | 31.5 | 1 | 인도네시아어 | 134 | 44.4 |
| 2 | 이탈리아어 | 323 | 25.2 | 2 | 프랑스어 | 114 | 37.7 |
| 3 | 일본어 | 251 | 19.6 | 3 | 일본어 | 103 | 34.1 |
| 4 | 독일어 | 117 | 9.1 | 4 | 이탈리아어 | 93 | 30.8 |
| 5 | 프랑스어 | 97 | 7.6 | 5 | 독일어 | 74 | 24.5 |
| 6 | 중국어(북경어) | 39 | 3.0 | 6 | 중국어(북경어) | 27 | 8.9 |
| 7 | 그리스어 | 22 | 1.7 | 7 | 그리스어 | 18 | 6.0 |

출처 : Department of Education, Employment and Training(2001) *Languages Others Than English in Government Schools,2000* : p.19, p.40에 의해 작성 〈주 : 상위 7위까지〉

이 표로부터 다음의 세 가지 사실을 알 수 있다. 첫 번째는 전체적인 호주의 인종과 민족구성의 특징을 고려해 이탈리아어, 그리스어, 독일어, 중국어는 호주사회나 지역사회와 큰 연관성을 가진 언어로 간주되어 초·중학교에서 많이 가르치고 있다는 사실이다. 하지만 이 밖에도 빅토리아 주의 지역사회에서 많이 사용되는 언어들이 있다. 예를 들면 빅토리아 주의 학교에 다니는 학생들이 가정에서 사용하는 언어는 베트남어, 터키어, 아랍어, 마케도니아어가 많은데, 이들 언어는 빅토리아 주의 언어학교Victorian School of Languages에서 가르치고 있다. 언어학교란 정규 학교 틀 밖에서 LOTE교육을 실시하고 있는 일련의 학교를 지칭하는 것으로 32~39에 이르는 언어를 가르치고 있다. 학교 존재의 의의는 정규학교에서는 별로 가르치지 않는 소수언어를 가르친다는 점, 그리고 보다 높은 레벨의 언어 습득을 가능하게 한다는 점이다. 즉 호주에서는 단지 LOTE를 학교 단계에서 제공하는 것에 그치지 않고, 보다 많은 언어를 배울 수 있는 기회를 지속적으로 지원하기 위한 체제를 갖추고 있다. 이처럼 호주에서는 지역 주민의 언어유지와 언어를 통한 이문화 이해의 촉진을 위한 유효한 수단의 하나로서 LOTE를 가르치고 있다.

두 번째로 인도네시아어, 일본어, 프랑스어, 중국어는 지정학적·경제적·지리적 요인에 의해, 즉, 호주가 아시아태평양지역의 일원이라는 연방정부의 인식에서 비롯된 선택이라 할 수 있다. 하지만 그 중에서도 프랑스어는 예전부터 전통적인 학습 언어로서의 지위가 아직까지 이어지고 있는 측면이 있다. 중등교육레벨 학교 외의 언어학교에서의 언어 별 이수자 수를 보면, 커뮤니티언어로서 터키어, 베트남어에 이어 중국어, 일본어, 프랑스어, 인도네시아어가 많은 것을 알 수 있다. 향후 지역적인 연대가능성을 고려한 경제적인 요인, 혹은 개인레벨에서의 인적교류, 취업기회 등을 이유로 이들 언어를 배우고 있다고 생각할 수 있다.

세 번째로, 학교 안에서는 해외 학교와 자매교 협정을 맺고, 상대교를 방문하거나 교환유학을 지원하는 시스템을 갖추고 있어, 이 시스템과 연계된 언어를 가르치고 있다는 것을 알 수 있다. 상대국은 일본, 인도네시아, 프랑스, 독일, 중국, 이탈리아 순이며, 학년은 10학년이 많다 (Department of Education, Employment and Training, 2001). 형태상으로는 상대국 방문이 제일 많으며, 이러한 실체험이 LOTE의 학습에 좋은 동기가 되고 있다.


## 2-2. LOTE교육의 예

실제로 학교에서 시행되는 LOTE교육에 대해서 살펴보겠다(Department of Education, Employment and Training, Victoria, 2000). 맬버른 남서쪽 교외에 위치하고 있는 전교생의 95%가 비영어계인 한 초등학교에서는 1994년 LOTE교육으로 프랑스어를 도입했다. 인근지역의 중학교에서 프랑스어를 가르치고 있어 교육의 연계를 위한 것이다. 리스닝 훈련에서는 학생들이 각각 테이프레코더와 헤드폰을 이용하여 리스닝 문제를 풀거나 CM-

ROM을 이용하는 등 멀티미디어 교재를 많이 활용하고 있다.

또한 같은 맬버른 교외의 한 학교에는 터키인, 소말리아인, 베트남인을 비롯해 다양한 인종과 민족을 포함한 학생들이 재적하고 있다. 이러한 배경을 바탕으로 이 학교에서는 베트남어 프로그램이 제공되고 있다. 학교 내의 복도를 시작으로 이쪽저쪽에서 베트남과 관련된 디스플레이가 보이고 영어와 베트남어 2언어 병용표식을 설치했으며, 학생들이 베트남어 학습에 관심을 가질 수 있도록 환경정비에 힘 쓰고 있다. 베트남어 학습의 성공에 크게 공헌한 시스템으로, 호치민시에 있는 학교와의 자매교 협정을 들 수 있다. 이 자매교 제도를 이용하여 양쪽 학생들이 라이팅을 통한 교류를 하고 있다. 이처럼 학교에서 학습하는 영어 외의 언어가 실제로 그 언어를 사용하고 있는 사람들과의 직접적인 교류에 도움이 된다는 기쁨을 몸소 체험함으로써, 학습의욕을 향상시킬 수 있는 체제와 환경을 정비하고 있는 점은 주목할 만하다.

마지막으로, 맬버른 북부 교외의 제2,3세대 그리스인이 많이 재학하고 있는 학교를 예로 들면, 여기서는 그리스어를 바이링구얼 프로그램의 형태로 제공하고 있다. 바이링구얼학교 프로젝트의 일환으로 행정부에서 보조금을 받고 있으며, 학교뿐 아니라 학생 보호자들의 적극적인 지원을 바탕으로 그리스어 교육에 역점을 두고 있는 예이다.

몇몇 예이기는 하지만, 각 학교에서 각각의 지역과 학생들(학생들의 가정환경)의 특징을 충분하게 고려한 후에 다양한 형태와 방법으로 LOTE 교육이 실시되고 있다는 것을 알 수 있다. 빅토리아 주 LOTE교육의 특징으로는 다음과 같은 점을 들 수 있다.

첫째, 멀티미디어와 최신기기를 적극적으로 활용하며, 학교 내의 언어학습이 국내뿐 아니라 국외 사람들과의 실제 커뮤니케이션과 직결되어 있다는 점이다. 인터넷을 이용한 타국의 이문화권 사람들과의 교류는 언어학습의 동기부여에도 크게 도움이 된다고 할 수 있다. 두 번째로

LOTE프로그램의 실행에 언어 교원과 학생 보호자들의 적극적인 참여와 협력이 큰 힘이 되고 있다는 점이다. LOTE프로그램을 도입함에 있어 보호자들이 스스로 학교에서 어떤 언어를 가르치는 것이 좋은지에 대해 여러 각도에서 니즈를 조사한다. 나아가 교실로 향해 교사와 함께 학생들의 식자 교육과 영어 외의 언어 수업에 참가하여 수업을 돕고 있다. 이처럼 교실에서는 교원과 보호자의 협력체재에 의한 활발한 학습풍경을 찾아볼 수 있다.

## 2-3. LOTE교육의 미래

1990년에 연방고용교육훈련청에서 발간된 *The Language of Australia: Discussion Paper on an Australian Literacy and Language Policy for the 1990s*(통칭 Green Paper)에서는 빅토리아 주의 LOTE교육에 대해 "1993년까지 빅토리아 주 학생 3분의 1이 LOTE교과를 이수한다", "1995년까지 초등학교의 50%가 제2언어 프로그램을 제공한다"는 목표를 제시하고 있다. 이에 따르면 LOTE를 제공하고 있는 학교 수 비율은 1993년 시점으로 39%이며 목표에 근접하게 되었다.

또한 LOTE를 학습하고 있는 총 학생 수는 1993년 현재 84,705명이다. 연방고용교육훈련청의 통계에 의하면 주의 총 학생 수 중 LOTE 이수생의 비율은 1989년에는 14%, 1991년에는 19%, 1992년에는 25%, 1993년에는 28%로 증가하고 있다(Directorate of School Education, Victoria, 1994). 학생 수 또한 1993년 시점에서 거의 목표를 달성했다.

1993년에는 학교교육·LOTE·자문협회(Directorate of School Education and Ministerial Advisory Council of LOTE)에서 *LOTE Strategy Plan*이 발표되어 2000년까지 취학 전Preschool ~10학년의 전 아동과 학생에게, 그리고 11, 12학년

의 최소 25%의 학생들에게 LOTE교육을 제공하는 것을 목표로 정했다. 하지만 11,12학년에 경우에는 경과가 그다지 좋지 않았다. 중학교의 경우, 7학년을 정점으로 학년에 따라 점차 LOTE를 제공하는 학교 수가 전체적으로 줄어드는 경향이 있다. 그 이유로 7학년과 8학년에서 LOTE를 필수과목으로 제공하는 학교는 압도적으로 많지만, 9학년부터는 LOTE를 필수과목으로 하는 학교가 급격하게 줄어드는 점을 꼽을 수 있다 (Directorate of School Education, Employment and Training 2001 : 41). 빅토리아주는 최종적으로 학생 전원에게 LOTE를 제공하는 것을 목표로 하고 있지만, 실제로는 충분한 능력을 갖춘 교원이나 예산이 부족해 9학년부터는 LOTE를 필수과목으로 제공하기 어려운 학교가 많다는 점을 배경으로 생각 할 수 있다.

한편 최근 호주에서는 식자교육이 예전보다 한층 더 중시되고 있다. 초등학교에서는 주로 저학년에 초점을 맞춘 식자프로그램이 제공되고 있으며, LOTE교육이 식자교육에도 좋은 영향을 주어 결과적으로는 양쪽에 플러스 효과를 가져온다고 판단해 정부는 현재 LOTE교육과 식자교육의 연계를 도모하는 일을 큰 과제로 삼고 있다. 이처럼 호주의 LOTE교육은 학교교육에서 중요한 위치를 차지하고 있다. 다음 절에서는 호주의 다언어·다문화교육에 살펴보고자 한다.

## 3. '아시아태평양국가의 일원'으로서 - 다언어사회의 차후 방향성

지금까지 호주의 언어상황과 언어정책, 그리고 언어교육에 관해서 LOTE교육의 방식을 중심으로 살펴보았다. 이를 통해 언어와 국가의 관계에는 첫 번째로 지리적, 정치적, 경제적 관점에서의 국가의 안정과 유지, 두 번째로 국내 이민정책의 일환인 이문화이해 촉진이라는 두 가지가 크게 연관되어 있음을 알 수 있었다. 단지 언어의 다양성을 존중하는 것만이 아니라 그 언어의 배경에 있는 사상, 가치관, 세계관, 아이덴티티 등의 문제에 대응함으로써 원활한 국가 운영을 추구하고자 하는 것이다.

호주에서는 1980년대 후반부터 심각한 경기 후퇴와 더불어 계속 증가하는 아시아태평양지역 출신자들을 어떻게 받아들여야 하는가에 대해, 즉, 이민자들이 호주에 어떠한 경제적 공헌을 하는가에 대해 논의가 시작됐다. 1989년 6월, 피츠제랄드보고에서 이민자에게 드는 비용과 이점에 대한 분석이 이루어져 이민자가 가져오는 경제적 이익을 바탕으로 한 제안서가 발표되었다. 현재 이 나라는 자신들을 아시아태평양의 일원으로 생각하는 정권 아래 있지만, 그 한편으로는 뿌리 깊은 인종적 편견이 여전히 존재하고 있다. 2010년 아시아인이 인구의 7%에 달할 것으로 추정(히긴슨 1994 : 289)되지만, 여전히 인구의 많은 부분을 차지하는 것은 서양문화를 배경으로 한 유럽계 주민이다. 따라서 이러한 편견의 문제는 앞으로도 쉽사리 바뀌지 않을 뿌리 깊은 문제임을 짐작할 수 있다.

앞서 서술한 바와 같이, 국가가 이문화 간의 원활한 커뮤니케이션을 촉진해야 한다는 인식을 갖고 LOTE의 의의를 아무리 강조한다 하더라도, 많은 사람들은 언어를 사회적 유용성의 시점에서 파악하려는 경향이 있다. 이러한 경향으로 인해 호주에서는 영어를 우세한 언어로 인식하고, 다른 언어는 영어의 밑에 존재한다는 시선으로 바라본다. 영어가 언어로서 우위를 차지하는 한, 앞으로 평등한 시각에서 이문화를 이해하는 일이 중요한 과제가 될 것이다. 문화와 아이덴티티의 유지에 밀접하게 관련된 언어는 때로는 국가의 안정을 위협할 정도로 중요한 문제를 일으킬 수 있는 힘을 가지고 있다. 그렇다고 해서 LOTE정책이 언어의 다양성을 추구하는 국민의 항의와 비판의 목소리를 억누르기 위한 도구로 사용되서는 안된다. 단순히 표면적인 제스처로서의 LOTE정책이라는 편법에 그치지 않고, 언어정책의 존재방식과 실시방법에 대해 강구해 나가려는 자세가 절실히 요구되는 바이다.

최근 주목할 만한 움직임으로는, 지금까지의 언어 혹은 언어교육과 경제발전을 연관 지으려는 사고에서 '언어'를 보다 인간적인 관점에서 인식하려는 흐름으로 변화하고 있다는 점이다. 전보다 한층 더 이문화와 이언어를 배경으로 하는 사람들과의 '조화'에 중점을 두는 방향으로 변하고 있다. 언어에 얽힌 여러 과제에 대해 어떠한 방식으로 적극적으로 대처해 나갈 것인가 하는 문제가 향후 다문화·다민족국가로서 호주가 번영해 나갈 수 있는 열쇠를 쥐고 있는 것은 아닐까.

참고문헌

M.S.ドブス゠ヒギンソン（大場智満監訳、国際金融情報センター訳）　1994.『アジア太平洋の時代』東京：ジャパンタイムズ社

岡戸浩子　1997.「オーストラリアのLOTE政策—言語政策における異文化問題について」『国際開発研究フォーラム』第7号　名古屋大学大学院国際開発研究科

熊谷真子　1996.「オーストラリア」文部省文部大臣官房調査統計企画課編『諸外国の学校教育（アジア・オセアニア・アフリカ編）』

ゲイノア・マクドナルド　1994.「オーストラリアと日本における文化の多様性」ジョン・マーハ、本名信行（編著）『新しい日本観・世界観に向かって』東京：国際書院

小松隆二・塩野谷祐一（編）　2000.『先進諸国の社会保障2：ニュージーランド、オーストラリア』東京：東京大学出版会

笹森健　1995.「8章多民族・多文化尊重の学校—オーストラリア」二宮皓（編著）『世界の学校』東京：福村出版

デイヴィッド・グラッドル（山岸勝榮訳）　1999.『英語の未来』東京：研究社

Australian Bureau of Statistics. 1996. *1996 Census of Population and Housing. First and Second Generation Australians.*

Australian Bureau of Statistics. 2001. *International Merchandise Trade.*

Commonwealth Department of Employment, Education and Training. 1990. *The Language of Australia (Discussion Paper on an Australian Literacy and Language Policy for the 1990s, Vol. 2).*

Department of Education. 1998. *The LOTE Companion.* Melbourne, Australia.

Department of Education, Employment and Training, Victoria. 2000. *Linking LOTE to the Early Years.*

Department of Education, Employment and Training. 2001. *Languages Other Than English in Government Schools, 2000.*

Directorate of School Education, Victoria. 1994. *Languages Other Than English in Government Schools 1993.*

Djité, P.G. 1994. *From Language Policy to Language Planning.* Deakin: National Languages and Literacy Institute of Australia.

Herriman, M. 1996. 'Language Policy in Australia' in Herriman, M. and Burnaby, B. (eds.) 1996.

Herriman, M., and Burnaby, B. (eds.) 1996. *Language Policies in English-Dominant Countries*. Clevedon: Multilingual Matters.

Lo Bianco, Joseph. 1987. *National Policy on Languages*. Canberra: Commonwealth Department of Education.

Lo Bianco, Joseph and Freebody, Peter. 1997. *Australian Literacies*. Commonwealth of Australia.

제 6 장 　　　　　　뉴질랜드의 다문화공생에 대한 모색


오카도 히로코岡戸 浩子

## 1. 뉴질랜드의 정세와 언어정책의 역사적 경위

### 1-1. 뉴질랜드의 개요

뉴질랜드는 일본과 같은 섬나라이며 국토면적은 일본의 약 4분의 3 정도이다. 수도는 많은 관공서가 즐비하게 늘어선 비즈니스 중심의 도시인 웰링턴이다. 하지만 경제와 산업의 중심이 되는 곳은 또 하나의 대도시인 오클랜드로, 하늘과 바다의 중요한 창구 역할을 하고 있다. 일본인이 관광으로 뉴질랜드에 방문하는 경우 오클랜드에 들르게 되는 경우가 많다. 오클랜드는 '요트의 도시City of Sails'라는 애칭으로 익숙한데, 푸른 바다와 한적한 만에 떠있는 많은 요트와 하얀 돛들이 만들어 내는 풍경은 매우 아름답다. 공용어는 영어와 마오리어이다. 뉴질랜드는 마오리어로 '아오테아로아'라고 불리며, 이것은 '하얗고 긴 구름(나부끼는 나라)'을 의미한다.

## 1-2. 영국 식민지화에서 마오리어 복권을 향한 여정

뉴질랜드의 역사는 마오리의 역사라고도 할 수 있다. 뉴질랜드 사회의 형성은 마오리와의 깊은 관계를 빼고서는 이야기 할 수 없다. 마오리는 약1,000년도 더 이전에 폴리네시아제도에서 카누를 타고 건너온 폴리네시아계의 자손으로 알려져 있다. 해산물이 풍부하고, 마오리는 우수한 어부였기 때문에 식량은 주로 바다에서의 수확과 육지에서 재배한 곡물 등으로 조달하였다.

1769년 영국 제임스쿡 선장이 북섬 동부에 상륙한 뒤 얼마 지나지 않아 '아오테아로아'에 유럽에서 여러 사람들이 이주해왔다. 하지만 이 당시의 뉴질랜드는 호주에서 탈옥해 온 죄수와 탈주한 선원들로 인해 무법상태였으며, 이 섬에 1814년 선교사들이 도래했다. 그 후 1820년대에 들어서 서양문명이 유입되어 총을 입수할 수 있게 되었다. 토지 소유권 등의 문제를 둘러싸고 마오리와 이주자들 사이에 분쟁이 일어나 섬은 혼란 상태에 빠지게 되고, 이러한 상황에 종지부를 찍고자 마오리의 수장과 파케하(유럽계의 백인)들은 5시간에 걸쳐 격론을 펼쳤다(平松 2000 : 23). 그리고 다음 날인 1840년 2월 6일, 마오리와 영국 사이에 와이탕이 조약이 체결되었다. 이 조약은 마오리의 수장들이 부족 간의 통솔이나 영국인을 중심으로 한 파케하들과 우호적인 교류관계를 강화하기 위한 것이었다. 와이탕이 조약의 체결에 의해 영국은 마오리의 토지, 삼림, 수산자원을 보장하고 그 대신 마오리는 뉴질랜드의 주권을 영국에게 양도하게 되어, 뉴질랜드는 영국의 식민지가 되었다. 이 조약이 체결된 2월 6일은 현재도 건국기념일로 지정되어 있다.

뉴질랜드 주민의 대다수를 차지하고 있는 선주민인 마오리들 사이에서 선교사와 이주민들로 구성된 당시의 파케하는 마이너리티였으며, 마오리어에 능숙했다(Ministry for Culture and Heritage 2001). 그 배경의 하나로,

특히 교외지역에서는 초기의 파케하 아이들이 자연스러운 상황에서 같은 지역의 마오리 아이들과 함께 자랐다는 사실을 들 수 있다. 이로 인해 2세대 파케하는 매우 유창하게 마오리어를 할 수 있었던 것이다.

와이탕이 조약 체결 후, 한동안 마오리는 서양문명을 수용하려는 자세를 취했다. 정부는 조약 아래 마오리가 소유하고 있는 토지 회수를 적극적으로 추진했는데, 마오리들은 정부가 토지를 회수하는 것을 자신들의 토지를 영구적으로 포기시키려는 행위라고 생각했다. 이 조약에 반대하는 마오리는 '토지 회수'가 실제로는 '수취'에 가까운 것이라고 생각해 1860년에서 1872년에 걸쳐 토지매각 문제를 둘러싸고 마오리와 영국군, 식민지군 사이에 3번에 걸친 마오리 토지전쟁이 발발했다. 그 후 현재까지도 이 토지 문제는 여전히 해결되지 않은 채로 남아있다.

한편, 1861년에는 남섬의 오타고지방에서 금광이 발견되어 골드러시가 일어났다. 이를 계기로 대량의 백인이 몰려와 파케하 인구가 급증했다. 1850년대 파케하 인구는 마오리 인구를 능가했으며, 인구조사에 의하면 1858년 전체 인구 중 마오리의 비율은 48.5%였지만, 마오리 토지전쟁이 종식된 후인 1874년에는 13.7%로 줄어들었다. 그로부터 20세기 전반까지 마오리는 전체의 4~5%대라는 거의 변동이 없는 낮은 비율을 유지했다. 또한 이 시기는 인종차별이 가장 심한 시기였다. 와이탕이 조약 당시 우세언어였던 마오리어는 필연적으로 소수 언어로 격하되었다. 1867년에는 선주민학교법(The Native School Act)으로 영어가 교육언어가 되어 1880년대부터 점차적으로 학교에서 마오리어의 사용이 금지되어 갔는데, 이는 마오리 토지전쟁에서 승리한 식민지 정부가 마오리를 대상으로 실시하고자 했던 동화정책과 관련되어 있다. 또한 실제로 당시 많은 마오리 아이들의 보호자들은 자신들의 아이에게 영어 학습을 적극적으로 권했다. 왜냐하면 마오리의 습관, 문화에 주목하는 것보다 영어를 습득함으로써 새로운 세계에서 아이들이 성공하기를 절실하게 원했기 때문이다. 학교생활을 하기 위해서는 영어가 필수 불가결이기 때문이기도 했지만, 장래의 취직을 위해서, 그리고 증가하는 파케하와의 상업 거래와 같은 측면에서의 교섭을 위해서도 영어능력이 크게 필요해졌기 때문이다.

이처럼 한동안 마오리어의 지위가 쇠퇴하는 등, 마오리어의 존재를 둘러싸고 150년에 걸쳐 우여곡절이 있었다. 마오리들에게 마오리 문화와 마오리어는 자신들의 자랑이었으며 아이덴티티의 근원이었다. 하지만 1940년대 특히 제2차 세계대전 이후 마오리의 도시 유입이 왕성해지자 젊은층일수록 마오리의 독자적인 언어와 문화에 괴리감을 느끼고, 선조들에게 물려받은 생활 기반을 점점 잃어갔다. 그들은 서양 문화에 동화되려 노력했지만, 오히려 파케하와의 격차는 더욱 현저해졌다. 이러한 마오리의 도시화 문제에 대처하고자 1960년 헌보고서 *The Hunn Report*가 발행되었다. 헌보고서는 '동화'정책을 더욱 강화시켜 마오리에게 영어교육을 한층 더 권고하는 '통합'정책을 추진할 것을 제안한 것이었다. 도시에서 마오리가 파케하 사회에 융화되는 데 큰 문제가 되었던 것은 학업부진이었다. 이를 극복하기 위한 수단의 하나로써 '영어'의 습득이 큰 과제였던 것이다.

그러나 한편으로는 마오리가 지적 재산인 마오리어에서 멀어지게 되어, 명예와 아이덴티티의 상실 위기라는 종전보다 심각한 문제를 껴안게 된 것이 아니냐는 의견이 제시되었다. 이같은 문제에 대해 1967년 '마오리 교육에 관한 보고와 권고'가 발표되어 마오리어 정책의 전환을 도모하게 되었다. 나아가 1972년에는 Nga Tamatoa(영어로는 The Warrior Youth 〈젊은투사〉)에 의해 마오리어 복권을 갈망하는 서명·청원운동이 일어나, 이듬해인 1973년 국립교육연구소New Zealand Council for Educational Reasearch : NZCER가 마오리어에 의한 교육의 가능성에 대해 5년에 걸친 사회언어학적 조사에 착수했다(Benton 1996 : 67). 한동안 마오리와 마오리어가 절

명할 것이라는 예측도 나왔지만, 마오리문화의 보호와 마오리어 유지는 미미하게나마 유지되어 왔다. 학교라는 교육현장에서는 마오리어가 배척되어 왔지만, 마오리의 가정이나 커뮤니티 안에서는 마오리어가 사용되어 왔기 때문이다. 1980년대 후반부터는 와이탕이 조약을 둘러싼 토지문제와 문화보호 등의 권리회복에 대한 요구의 목소리가 커지고 있다. 이러한 상황 속에서 1987년 마오리언어법(Maori Language Act)을 통해 마오리어는 뉴질랜드의 공용어로 인정받게 된다.


## 1-3. 인구동태와 다문화사회

뉴질랜드 사회는 물론 파케하와 마오리만으로 구성된 것은 아니다. 뉴질랜드의 인구는 약 380만 명에 이른다. 민족별 인구구성을 보면, 유럽계가 71.7%, 마오리계가 14.5%, 태평양제도계가 4.8%(1996년 현재)지만, 그 외에 최근 아시아계 주민의 증가가 특히 눈에 띈다. 각 언어화자 (2언어 이상의 병용화자수를 포함 : Statictics New Zealand,1997, 〈1996년 현재〉)는 영어 3,290,451명, 마오리어 153,669명, 사모아어 79,878명, 프랑스어 45,216명, 광동어 33,579명, 독일어 31,983명, 네덜란드어 27,471명, 통가어 19,113명, 일본어 18,756명, 북경어 18,483명, 힌디어 12,879명, 한국어 11,154명, 스페인어 10,692명 이하 기타로 구성되어 있다. 여기서 주목할 점은 최근 민족별 인구구성의 변화이다. 민족별 인구의 비율을 연령별로 봐도 젊은층일수록 마오리, 태평양계, 아시아계의 비율이 높아지고 있는 점으로 미루어 보아 향후 유럽계 주민의 수가 감소할 것으로 추정된다. 따라서 현재 뉴질랜드에서는 이러한 사회적 배경으로 인한 언어적 다양성을 고려한 후에, 언어를 포함한 다양한 문제들에 주목해 보다 나은 사회를 형성해 나가기 위한 노력이 필요하다.

뉴질랜드는 언뜻 보면 유럽계 백인이 높은 비율을 차지하고 있으므로 길거리에서도 영어만 할 줄 안다면 의사소통에 아무 지장이 없을 것이라고 생각할지 모르지만, 최근 증가하는 다양한 민족그룹에 눈을 돌리면 꼭 그렇지만은 않다. 예를 들어 1996년 인구조사에 의하면 영어를 하지 못하는 각 민족그룹의 비율을 보면, 많은 순으로 한국인이 40.7%, 베트남인이 약 30%이상, 그리고 중국인의 약 24%가 영어를 못한다고 보고되고 있다(Statictics New Zealand 1997 : 17,18). 이러한 언어능력의 핸디는 고용, 교육, 주거사정, 건강, 범죄를 비롯한 여러 문제와 연관되어 있어, 특히 앞서 서술했던 마오리와 파케하와의 격차를 발생시키는 하나의 요인이 되고 있다.

### 1-4. 아오테아레오보고서

점점 다민족, 다문화국가로의 양상을 나타내고 시시각각 변화하는 뉴질랜드 사회에 대응하기 위해 정부는 다양한 정책을 시행하고 있다. 그 중에서도 민족, 문화와 밀접한 관련을 가지는 '언어'에 관한 정책에 주목해 보도록 하겠다.

뉴질랜드의 언어정책은 호주의 영향을 크게 받고 있다. 1988년, 수도 웰링턴에서 커뮤니티언어와 ESOLEnglish for Speakers of Other Languages에 관한 회의가 개최되고, 이듬해에는 국가의 언어정책에 관해 제안한 *Toward a National Languages Policy*가 발표되었다. 그 후에도 뉴질랜드에서 언어정책을 더욱 추진해야 한다는 목소리가 커져, 1992년에는 *Aoteareo : Speaking for Ourselves*(The Waite Report)가 발행되었다. 여기서는 (1)마오리어의 부흥 (2)성인의 읽고 쓰기 능력의 양성 (3)아이들의 제2언어로서의 영어능력 양성과 모어능력의 유지 (4)성인의 제2언어로서의 영어교육 (5)국제어능력의 양성 (6)영어 외의 언어에 의한 언어서비스라는 6항목을 우선적으로 시행할 것을 제안하고 있다.

즉, 이 보고서에서는 향후 사회 상황에 입각하여 언어적 다양성을 고려한 후에 언어문제를 해결해야 한다고 논하고 있는 것이다. 제1의 포인트는 영어를 모어로 하지 않는 비영어화자가 일상생활에 지장을 초래하지 않도록 영어능력의 향상을 도모하는 것이다. 제2의 포인트로는 국제사회의 경제 경쟁에서 살아남기 위해 필요한 언어능력의 향상을 들 수 있다. 뉴질랜드는 장기적으로 아시아 국가들과의 경제관계를 중시하는 태도를 취하고 있다. 따라서 교육 분야에서 국가의 정치 경제와 연관된 국제어 능력을 향상시키는 일에 중점을 두어왔지만, 시책 면에서는 아직 충분하지 않다. 뉴질랜드의 무역통상에서 일본어, 독일어, 프랑스어는 중요한 언어로 간주된다. 마찬가지로 중국어, 인도네시아어, 한국어 등도 중시되고 있지만 이들 언어는 교육현장에서는 거의 가르치지 않는다. 나아가 제3의 포인트로서 개인의 아이덴티티 및 인권에 관한 모어유지와 언어서비스 문제를 들 수 있다. 번역이나 통역은 주州나 프라이빗한 레벨에서 대응이 이루어지고 있다. 나아가 도서관이나 병원 등 일부 공공기관에서의 영어 외의 언어 표시서비스도 개선되고 있다.

향후 뉴질랜드의 방향성과 언어는 크게 관련되어 있다고 볼 수 있다. 1973년 영국의 EC가맹으로 인해 지금까지 영국 연방의 일원이었던 뉴질랜드는 필연적으로 아시아태평양국가로 시각을 전환하게 되었다. 최근 인구동태를 봐도 아시아인 인구는 아직 적지만 유럽인, 그 중에서도 주로 영국인을 이민 장려 대상으로 삼았던 정부는 향후의 이민정책에 대해 아시아인과 백인을 동등하게 취급한다는 취지를 밝히고 있어 다민족·다문화사회를 배경으로 한 언어교육은 앞으로 더욱 중요한 과제가 될 것으로 보인다.

## 2. 다언어사회와 언어교육

### 2-1. 제2언어교육

다음으로 학교교육의 제2언어교육에 대해 살펴보겠다. 여기서 말하는 '제2언어'란 학교에서 사용되는 교육언어 외의 언어를 뜻하며, 대다수의 학교에서는 '영어 외의 언어'를 칭한다. 1993년 교육청은 *The New Zealand Curriculum Framework*를 발간했다. 여기에는 영어 학습의 중요성에 더해 이 나라의 지역적 조건과 국제적 지위를 고려할 경우, 미래에 대비하여 태평양아시아의 국가들이나 유럽계의 언어를 학교 교육의 초기 단계에서부터 배우는 일이 학생들의 지적·사회적·문화적인 시야를 넓히는 데 도움이 되며, 나아가 국가에도 큰 이익을 가져온다고 지적하고 있다(Ministry of Education 1993). 하지만 현 단계에서 제2언어는 필수과목으로 취급되지 않는다. 1998년 현재, 중학교에서 배우는 언어별 학생 수는 다음과 같다 : 일본어 22,376명, 프랑스어 21,676명, 마오리어 21,462명, 독일어 7,912명, 라틴어 2,352명, 스페인어 2,158명, 중국어 988명 이하 기타이다(Ministry of Educarion 1999 : 더불어 뉴질랜드의 중학교에 재적하는 학생 수는 234,174명이다). 이 숫자의 특징을 보면, 우선 전체적으로는 다른 언어에 비해 프랑스어, 일본어, 마오리어를 학습하는 학생 수가 압도적으로 많은 것을 알 수 있다. 하지만 학생 수의 변천에 주목하면, 전년에 비해 일본어는 약 12% 감소했으며, 독일어, 마오리도 마찬가지로 감소하는 경향을 보인다. 이에 반해 동년대비 증가 경향인 것은 프랑스어와 스페인어다.

이 중에서도 일본어는 최근 학습자 수에 약간의 감소는 보이지만 여전히 많은 학생들이 선택하고 배우는 언어라 할 수 있다. 그렇다면 왜 학습하는 언어로서 일본어가 인기 있는 것일까. 뉴질랜드 정부 통계국에 따르면 1998년도의 국가, 지역별 수출국은 상위 순으로 1위 호주, 2위 일본, 3위 미국, 4위 영국, 5위 한국 순이며, 수입은 1위 호주, 2위 미국, 3위 일본, 4위 영국, 5위 중국 순이다. 이처럼 일본은 뉴질랜드의 중요한 무역 상대국이라 할 수 있다. 앞서 서술한 일본어 학습자 수가 최근 다소 감소 추세인 이유 중 하나는 최근 일본의 경기 후퇴를 민감하게 감지한 것이라 추정된다. 이로부터 일본어 학습자가 학습자 개인과 더 나아가 서는 국가의 이익을 크게 결부시켜 생각하고 있다는 것을 알 수 있다. 또 하나의 배경으로 1998년부터 일본어의 새로운 커리큘럼의 내용이 늘어나 난이도가 높아진 점을 꼽을 수 있다. 이와 같은 이유로 일본어를 다소 회피하게 된 것으로 추측된다.

프랑스어의 경우를 살펴보면, 경제적인 측면에서 수입, 수출의 성장률이 눈에 띄게 높아진 것을 알 수 있다. 일본과 마찬가지로 프랑스도 무역상대국으로서 중요한 존재이며, 동시에 아직 유럽과 강한 유대의식을 가지고 있는 뉴질랜드인들 중에는 프랑스어를 전통적인 교양언어로 배우고자 하는 사람들이 많다. 이처럼 학교에서는 다양한 언어가 제2언어로서 교육되고 있다. 선택된 언어가 실로 다양한 이유에 의해 미묘하게, 혹은 크게 달라진다는 점은 주목할 필요가 있다.

또한 특히 도시에서는 최근 인구동태로 인해 다양한 민족적, 문화적 배경을 가지는 아이들이 같은 책상에서 수업을 받고 있는 학교가 늘고 있다. 이처럼 다양한 문화가 혼재하는 환경을 긍정적으로 인식하고 교육에 반영하는 교원이 늘고 있는 것도 사실이다.


## 2-2. 마오리언어에 의한 이머전스쿨

뉴질랜드의 초·중학교에 다니는 마오리 학생의 비율은 1998년 현재,

19.9%이다(유럽계학생의 비율은 65.4%). 마오리어는 폴리네시아계의 언어이며, 본래 문자는 없다. 5개의 모음(a,i,u,e,o)과 10개의 자음의 조합으로 구성되어 있으며, 음절과 단어는 모두 모음으로 끝난다. 또한 추상적인 개념을 나타내는 어휘가 풍부한 것이 특징이다.

19세기 후반부터 학교 교육현장에서 서서히 마오리어를 배제하고 일원적인 영어교육이 진행되는 상황 속에서 마오리어는 마오리사회에서 미미하게나마 살아 남아왔지만, 마오리의 도시화로 인해 마오리어를 사용하고 이해할 수 있는 사람 수는 점점 감소해 가고 있었다.

이러한 상황에서 이전까지 동화정책을 시행해 왔던 정부가 1980년대에 들어 규제완화와 민간 활력을 바탕으로 행정개혁을 감행했다. 1984년에는 노동당정권이 파케하와 마오리의 동등한 지위를 보장하는 공생정책을 선언했다. 그리고 같은 시기, 당시 마오리 아동들에게 마오리의 언어와 문화를 가르치는 취학 전 교육기관인 '코한가 레오Kohanga Reo'가 설립되었다. '말의 보금자리'를 뜻하는 '코한가 레오'운동은 마오리어의 공용어화에 중요한 역할을 했다고 할 수 있다. 현재는 길가 곳곳에서 영어와 마오리어로 병기된 간판을 볼 수 있다.

초등학교 단계에서 교육언어로 마오리어가 사용되는 학교는 여럿 있지만, 모든 수업이 마오리어만으로 행해지는 풀이머전스쿨Full Imersion Schools로는 카우파파 마오리Kura Kaupapa Maori를 들 수 있다. 1998년 7월 1일 시점으로 카우파파 마오리의 수는 60교였으며, 전국 마오리 총 학생 수의 3%에 해당하는 4,521명이 다니고 있다(Ministry of Education 1999).

각 학교마다 마오리어에 의한 교육환경이나 접근법에 다소 차이는 있지만, 학교 안에서의 생활형태에 마오리 문화가 반영되어 있으며, 학교 활동 전반에 걸쳐 학생들이 마오리로서의 아이덴티티를 형성할 수 있도록 충분히 배려하고 있다. 뉴질랜드의 선주민인 마오리 문화는 친족을 토대로 한 혈통과 집단을 중시하므로, 개인주의를 바탕으로 하는 파케하의 가치관과는 다르다. 또한 과학의 끊임없는 진보를 지향하고 자연을 정복함으로써 보다 나은 생활을 손에 넣으려 해온 서양의 가치관과는 달리, 마오리는 자연에 경외심을 가지고 스스로를 자연의 일부로 여기며 공생해 나가려는 가치관을 가지고 생활을 영위해왔다. 이러한 마오리의 가치관을 곳곳에 도입한 카우파파 마오리는 적지 않게 찾아볼 수 있다. 예를 들어 웰링턴 교외에 있는 A교에서는 마오리 학생들은 기본적으로 교실 안을 포함한 학교 안에서의 이동에는 신발을 신지 않고 맨발로 행동한다. 교정은 숲의 나무들과 강 등 자연의 정령을 상징하는 형태이며, 학교에 있으면서 마오리 문화를 항상 몸으로 느낄 수 있는 분위기[01]로 조성되어있다. 학생과 교원을 포함한 직원은 대부분 마오리인 경우가 많다. 아이들 대부분은 부모의 의향으로 이 이머전 스쿨에 다니고 있지만, 여기에는 마오리로서의 아이덴티티 확립과 마오리 문화를 유지하고자 하는 부모들의 바람이 크게 담겨있다.

카우파파 마오리 중에는 성인을 대상으로 마오리어 야간클래스를 개설하고 있는 곳도 있다. 이곳은 마오리 학생들의 부모나 널리 일반인들한테까지 마오리어를 배울 수 있는 기회를 제공하는 기관으로서 역할하고 있다. 이와 같은 마오리어 이머진스쿨은 향후 뉴질랜드 공생사회의 형성에 큰 창구로서 기능해 나갈 것이다.

## 2-3. 마오리어 활성화를 위한 과제

최근 마오리어 이머전스쿨과 마오리어, 영어 바이링구얼학교 수는 증가하는 경향을 보이고 있다. 여기서는 향후의 마오리어의 동향에 주목해보고자 한다. 교육언어로서의 마오리어 문제는 단순하지만은 않다. 실제로 카우파파 마오리에 다니는 대부분의 학생들에게 우세언어는 영어이며 학교 밖이나 가정에서는 영어를 사용하고 있다. 마오리어와 영어의 동등한 지위를 인정하는 입장도 한편으로는 언어의 유용성이라는 점에서는 마오리어를 그다지 중요하게 생각하지 않는 경우가 있다. 또한 교원들 사이에서나, 사회 일반적으로도 마오리어에 대한 인식에 크게 차이가 있는 것이 현실이다. 이러한 문제에 대처하기 위해 1991년 교육청은 '마오리어 교육을 위한 10가지 계획*The Point Plan for Maori Education*'을 수립했다. 이것은 이후 매년 개정되고 있는데, 여기에는 마오리어 교육에 대한 구체적인 계획이 상세하게 기재되어 있다.

또한 마오리발전청에서는 마오리어를 한층 더 활성화시키기 위해 마오리어 전략 계획을 세우고 있다. 이는 뉴질랜드 국민에게 마오리어 학습 기회를 보다 많이 제공해 언어능력의 향상을 도모하고, 더불어 뉴질랜드 사회의 모든 곳에서 마오리어와 영어를 사용할 수 있도록 하는 체제를 구축하려는 계획이다. 최종적으로는 뉴질랜드 국민들이 선주민의 언어에 대해 긍정적이고 호의적인 의식을 갖도록 하는 것을 목표로 하고 있다.

다음으로 미디어에서 사용되는 마오리어에 주목해 보고자 한다. 1942년 라디오에서 마오리어 뉴스가 처음 방송된 후, 1996년 오클랜드에서 시작해 TV의 마오리어 방송이 개시됐다. 그 2년 후 정부가 마오리어 TV채널의 조성에 적극적인 자세를 보여, 2002년 6월부터는 본격적으로 TV방송이 시작되었다. 이처럼 교육과 미디어에서 마오리어 사용은 장려되고 있지만, 그 외의 실제 여러 사회적인 방면에서는 여전히 마오리어를 거의 사용하지 않는다고 볼 수 있다. 파케하의 마오리어에 대한 무관심뿐 아니라, 성인 마오리의 41%가 마오리어를 하지 못하며 유창하게 구사 할 수 있는 사람은 겨우 8%에 지나지 않는다는 현실적인 문제도 존재한다(Te Puni Kokiri 1998). 현시점에서 파케하에게 마오리어를 강요하는 것은 무리가 있다. 하지만 지금까지의 경위를 보면 선주민의 권리회복을 포함해 다민족·다문화국가의 길로 나아가려는 분위기가 고조되고 있는 상황 속에서, 공존공생을 지향해 나가기 위한 마오리어의 재활성화는 앞으로도 큰 과제라고 할 수 있다.


## 3. 다언어사회의 미래

### 3-1. '아시아태평양국가의 일원'으로서 국제어와 마오리어

호주와 마찬가지로 뉴질랜드는 역사적으로 초기에 영국과 밀접하게 연관되어 있었지만, 시대의 변화와 더불어 현재는 아시아태평양지역에 위치하는 국가로서 자립해 나가고 있다. 뉴질랜드는 국가의 정세를 고려해 자국의 발전과 유지를 위해 먼저 경제적인 측면에서의 강화를 꾀했다. 일반 시민들도 자국의 아시아태평양지역에서의 처지에 매우 높은 관심을 보이고 있다.

학교에서 교육하는 제2언어교육의 언어 종류의 선택과 결정에는 교장과 교원대표, 학부모 대표로 구성된 학교이사회Board of Trustees의 권한이 크다. 즉, 많이 배우는 일본어, 프랑스어 혹은 독일어 등은 학습자인 학생들 외의 사람들의 가치관이 크게 반영되어 있다고 볼 수 있다. 최근에는 한국어교육이 한층 충실하게 이루어지고 있으며, 뉴질랜드도 호주와 마찬가지로 향후 아시아지역에 주목하면서 국가의 경제적 발전을 언어와 결부시켜 생각해 나가려는 자세가 엿보인다.

하지만 이 '경제적 시점'은 '이문화이해' 즉 이문화커뮤니케이션의 시점과도 밀접하게 관련되어 있다. 해외에서 온 이민자, 예를 들어 아시아계 이민자의 조국에는 친척이나 지인들이 많이 살고 있다. 이민자들 중에는 모국과의 교류를 유지하고, 직업으로 조국과의 무역에 종사하는 사람들도 많다. 이러한 전체적인 정세를 고려해 뉴질랜드는 양호한 경제 관계의 유지를 위해서는 상대국 언어의 습득 및 문화에 대한 이해가 불가결하다고 인식해, 이를 바탕으로 한 언어정책을 실시하고 있다. '아시아권 일원으로서의 인식'은 경제적인 요소를 가장 중요한 항목의 하나로 생각하는 관점에서 비롯된 것이라 볼 수 있다. 외국어를 가까이함으로써 타국의 언어와 문화를 이해하는 일이 여러 나라들과의 무역에 플러스 효과가 있다고 생각하고 있는 것이다. 즉, '국가의 번영'을 노리는 언어정책이라고 할 수 있다.

하지만 여기서 문제가 되는 것은 호주도 마찬가지로, '언어'를 사회적 유용성이라는 시점에서 파악해버리는 경향으로 인해 영어가 우세한 언어가 되고 그 외의 언어는 영어의 밑에 위치하는 언어로 생각해버린다는 점이다. 공용어는 영어와 마오리어임에도 불구하고, 대다수의 뉴질랜드 국민들은 자국을 모노링구얼 컨트리(단일언어국가), 즉, 영어만으로 모든 것을 해결 할 수 있다는 인식을 가지고 있다. 뉴질랜드의 마오리어가 언어정책의 '지위'의 면에서는 공용어가 되었음에도 불구하고, 언어보급의 면에서는 눈에 띄는 변화를 찾아볼 수 없는 것도 이러한 의식적인 배경 때문이라 생각된다.


## 3-2. 향후의 방향성과 과제

이제까지 뉴질랜드의 언어상황·언어정책, 그리고 언어교육의 양상에 대해 살펴보았지만, 아오테아레오 보고서가 나온 이후 언어정책은 현재까지 그다지 발전이 없는 것처럼 보인다. 그 이유로서 언어정책에 대한 행정 내부의 공통 인식이 다소 부족해 교육청이 관할하는 단순한 하나의 정책으로밖에 자리매김 하지 못한 점을 들 수 있다. 나아가 아오테아레오 보고서는 어디까지나 이상을 이야기한 것이며, 특히 재정 면에서 생각하면 도저히 실현이 불가능하다는 의견이 많다. 하지만 마오리어의 재활성화, 제2언어로서의 영어교육, 모어유지, 그리고 제2언어(국제어 등) 교육에 대해서는 행정부 측의 자세 변화와 교육 현장에 종사하는 사람들의 적극적인 대처 자세에 의해 차츰 좋은 방향으로 나아가고 있는 것처럼 보인다.

언어정책에는 우선 목적을 설정할 필요가 있다. 그리고 수단으로서 언어계획이 세워지고 그 계획은 더 나아가 세부에 걸친 수단으로 나뉜다. 지금까지 고찰해 온 언어에 관계된 다양한 문제에 대처해 나가기 위해서는 종합적인 언어정책을 시행해야한다. 우선은 언어권言語權의 시점에서 언어서비스의 충실을 기하는 일이 중요하다. 다음으로는 언어능력 양성이라는 측면의 교육계획으로, '학습자의 언어능력 향상'과 언어(모어, 영어, 커뮤니티언어, 그 외의 언어)화자 수의 증가를 도모해야한다. 그리고 더 나아가서는 정책적인 프로모션을 통해 다양한 언어에 대한 의식의 형성을 촉진시키는 일이 중요하다.

다언어사회의 언어문제에 대처해 나감에 있어 다음의 요소들이 중요한 열쇠가 될 것이다.

1. 고등교육, 미디어, 행정 면에서의 언어사용
2. 행정에 의한 언어서비스
3. 직장 등 노동환경에서의 언어사용
4. 언어(외국어/제2언어)교육, 바이링구얼교육, 이머전교육
5. 가족, 커뮤니티 안에서의 언어사용
6. 고도의 언어능력을 갖춘 언어 화자 수의 증가

언어를 둘러싼 문제에는 다양한 관점이 존재한다. 현재 일본에 사는

대다수의 사람들은 일본을 마치 단일언어국가인 것처럼 생각하지만, 사실은 결코 그렇지 않다. 일본에도 아이누민족, 아이누어의 존재와 최근 증가 경향인 재주외국인의 문제 등 해결해 나가야 하는 과제들이 적지 않다. 또한 일본 학교교육에서의 외국어교육에 대해서도 현재 대학 외에서 '영어 외의 외국어'를 가르치고 있는 학교 수가 고등학교를 중심으로 서서히 증가하고 있다. 하지만 이 시도는 반드시 순조롭지만은 않다(岡 戸 2002).

이처럼 뉴질랜드와 일본을 보면, 양국 모두 서서히 진행되는 국내의 다양한 상황 속에서 발생하는 다문화·다언어화 문제에 대한 신속한 대응을 대의명분으로는 외치면서도 그 대처자세가 아직 미흡하다는 점은 공통적이라 할 수 있다.

경기의 후퇴, 고령화·저출산 문제를 해결하기 위해 향후 일본이 선택해야 할 길이 아직 미지수인 점으로 봐도, 다양한 분야의 전문가 중에는 일본도 앞으로 다민족·다문화·다언어국가를 맞이할 수밖에 없는 방향으로 흘러갈 것이라는 의견을 제시하는 사람들도 있다. 글로벌시대를 살아가는 우리들에게 향후 더욱 필요한 것은 상이한 가치관과 문화를 지닌 사람들과 '공생'해 나가기 위한 시야와 자세, 태도이다. 뉴질랜드 다언어사회의 현황과 동향은 이러한 의미에서 많은 시사점을 준다. 앞으로의 동향이 주목되는 바이다.

## 주석

01    1999년 3월22일에 뉴질랜드 웰링턴 교외지역 Lower Hutt에 있는 풀이머전스쿨(Full Immersion Schools)인 카우파파 마오리(Kura Kaupapa Maori)의 하나인 A교를 방문했다. 수업을 참관하고 교장선생님에게 많은 귀중한 정보와 의견을 얻었다.

## 참고문헌

M.S.ドブス＝ヒギンソン（大場智満監訳、国際金融情報センター訳） 1994. 『アジア太平洋の時代』東京：ジャパンタイムズ社

岡戸浩子 2000a. 「世界の国々と言語政策 英語圏諸国を中心として［11］ニュージーランドの言語政策① マオリ語復権と言語政策の現状」『英語教育』2000年2月号 東京：大修館書店

岡戸浩子 2000b. 「世界の国々と言語政策 英語圏諸国を中心として［12］ニュージーランドの言語政策② 言語教育の現状を中心として」『英語教育』2000年3月号 東京：大修館書店

岡戸浩子 2002. 『「グローカル化」時代の言語政策—「多様化」の試みとこれからの日本—』東京：くろしお出版

熊谷真子 1996. 「ニュージーランド」文部省文部大臣官房調査統計企画課（編）『諸外国の学校教育（アジア・オセアニア・アフリカ編）』

小松隆二・塩野谷祐一（編） 2000. 『先進国の社会保障2：ニュージーランド、オーストラリア』東京：東京大学出版会

世界経済情報サービス（編） 2000. 『ニュージーランド』東京：世界経済情報サービス

デイヴィッド・グラッドル（山岸勝榮訳） 1999. 『英語の未来』東京：研究社

平松紘 2000. 「マオリの人権概史」平松紘、申惠、ジェラルド・ポール・マクリン（編）『ニュージーランド先住民マオリの人権と文化』東京：明石書店

Benton, R. 1996. "Language Policy in New Zealand: Defining the Ineffable," in Herriman, M. and Burnaby, B.(eds.) 1996.

Herriman, M., and Burnaby, B.(eds.) 1996. *Language Policies in English-Dominant Countries.* Clevedon: Multilingual Matters.

Karetu,S. Timoti. 1995. "Maori language rights in New Zealand," in Skuttnabb-Kangas and Phillipson, P.(eds.) 1995.

Ministry for Culture and Heritage (History Group). 2001. *History of Maori Language.*

Ministry of Education. 1993. *The New Zealand Curriculum Framework.* Learning Media.

Ministry of Education. 1999. *Starting Younger: The Second Language Learning Project Evaluation, Final Report.* Auckland Uniservices Limited.

Peddie,R. 1997. "Why are we waiting? Languages Policy Development in New Zealand," *Language Policy.* Eggington, W. and Wren, H. Language Australia Ltd. John Benjamins Publishing Company.

Skutnabb-Kangas and Phillipson, P. (eds.) 1995. *Linguistic Human Rights.* Berlin: Mouton de Gruyter.

Statistics New Zealand. 1997. *1996 Census of Population and Dwellings.*

Te Puni Kokiri. 1998. *The National Maori Language Survey: Summary Report.* Wellington: Te Puni Kokiri.

Waite, J. 1992a. *Aoteareo: Speaking for Ourselves Part A: The Overview.* Learning Media, Ministry of Education. New Zealand.

Waite, J. 1992b. *Aoteareo: Speaking for Ourselves Part B: The Issues.* Learning Media, Ministry of Education. New Zealand.

# 제 7 장

# 캐나다의 다언어주의 정책과 언어교육

하세가와 미즈호長谷川 瑞穗

## 1. 들어가며

　일본인 독자들은 캐나다라고 하면 '숲과 호수의 나라', '광대하고 자원이 풍부한 나라'의 이미지를 떠올리는 것이 보통일 것이다. 여성 독자라면 어렸을 때 읽은 '빨간 머리 앤'을 떠올리는 사람도 있을 것이다. 하지만 캐나다의 매력은 '천연자원과 숲과 호수의 나라' 이외의 것이 아닐까.

　캐나다는 건국의 두 민족으로 불리는 영국계와 프랑스계, 그리고 인디안과 이누이트 등의 선주민native에 더해, 세계 각지에서 온 이민자들과 그 자손으로 구성된 복합민족국가이다. 영어와 프랑스어를 공용어로 하는 2언어주의, 그리고 영국계와 프랑스계 이외의 민족의 문화를 존중하는 다문화주의를 택하고 있다. 이웃나라 미국의 민족배경은 선주민과 이민자로 구성된다는 점에서 캐나다와 비슷하지만, 이 두 나라에는 큰 차이가 존재한다.

　필자는 미국에 2년간 거주하고, 캐나다에는 캐나다 정부지원금을 받아 조사여행을 두 번 다녀온 경험이 있는데, 미국처럼 강한 내셔널리즘이나 세계 넘버원 의식에 젖어있지 않고 다양한 가치관의 공존을 허용하는 캐나다에 강하게 매료되었다.

미국사회는 다양한 문화를 녹여 동화하는 멜팅팟melting pot이라고 불리는데 반해, 캐나다사회는 다양한 문화와 가치관의 공존을 허용하는 모자이크mosaic라고 불린다. 세계에서 가장 먼저 다문화주의를 제도화한 것도 캐나다이다. 캐나다는 정말로 다양한 민족의 문화와 가치관을 동등하게 인정하는 나라인 것일까. 본고에서는 캐나다의 언어정책, 언어교육에 초점을 맞추어 살펴보고자 한다.


## 2. 캐나다 민족의 다양성

캐나다는 다민족으로 구성된 나라이며, 영국계와 프랑스계 등의 유럽계 백색인종이 65%로 압도적으로 많다. 아시아계, 아랍계, 아프리카계는 19.6%, 선주민은 56%로 순수한 유색인종은 의외로 적다. 아래에서 역사적으로 현재의 민족구성에 이르게 된 과정을 살펴보도록 하겠다.


### 2-1. 영국계와 프랑스계

오타우에서 프로펠라 비행기로 1시간 남짓 날아가면 퀘벡에 도착한다. 퀘벡이란 '강이 좁아지는 곳'이라는 인디안 말에서 유래한다. 공항에 내려 택시를 타면 프랑스어 밖에 통하지 않는다. 표지판도 모두 프랑스어로 완전한 프랑스어 문화권이다. 1535년, 프랑스인 자크 카르티에가 유럽인으로서는 처음 방문하여 1608년에는 모피무역지, 그리고 나중에는 요새가 만들어진 땅이었다. 세인트로렌스 강을 내려다보는 안벽 위에 위치한 아름다운 도시지만, 성벽 여기저기에는 총탄의 흔적이 보인다(사진 1 참조).

사진 1

  퀘벡은 북미 프랑스 식민지의 발상지이다. 프랑스는 이곳을 거점으로 세력을 키워, 18세기 초 뉴프랑스(누벨프랑스)는 미시시피 강 유역을 지나 루이지아나까지 도달했다. 유럽에서 장기간에 걸쳐 싸워 온 영국과 북미대륙에서도 충돌하게 된 것이다. 영국군의 퀘벡 요새 포위가 시작되고 견고한 장벽에 쩔쩔맸지만, 결국 영국군은 세인트로렌스 강 상류에 상륙했다. 유럽전쟁에 정신이 팔려있던 프랑스군은 참패했다. 1760년 뉴프랑스는 항복을 선언하고 1763년 파리조약으로 프랑스가 북미대륙에 가지고 있던 식민지는 모두 영국의 손에 넘어간다. 이렇게 해서 뉴프랑스 시대는 막을 내리고, 영국지배의 시대가 시작된다. 그 후 미국의 13개 식민지는 영국으로부터 독립해 남은 영국령 북미식민지는 캐나다로 발전해간다. 영국의 지배를 받았다고는 해도 퀘벡은 프랑스어, 프랑스와 문화를 보존하며 현재도 북미 프랑스계 사람들의 정신적, 문화적 지주가 되고 있다.

## 2-2. 이민자

캐나다를 여행하면 각각의 도시와 마을에 여러 민족이 혼재하여 살고 있는 모습에 놀란다. 물론 압도적으로 백인이 많지만, 같은 백인이라고 해도 영국계, 프랑스계, 이탈리아계 등 가지각색이다. 토론토의 한 지역에는 영국인거리, 중화인거리, 유대인거리, 그리스인거리 등이 있다. 제2차 세계대전 후에는 이민법의 개정으로 교회도 프로테스탄트계 교회, 가톨릭계 교회, 그리스정교회, 시나고그(유대계교회), 불교사원, 이슬람교 모스크 등으로 다양하다. 세계 각지의 요리를 제공하는 레스토랑도 많아 마치 세계의 축소판과 같다.

민족 축제(포크라마)에서는 30~40민족 그룹이 각자의 춤과 노래를 피로한다. 이민자의 추이에 대해서는 다음절에서 자세히 논하도록 하겠다.

## 2-3. 선주민

1982년 헌법35조에 의하면, 선주민이란 인디안, 이누이트, 메티스(프랑스계, 영국계와 선주민의 혼혈)이다. 이누이트라는 것은 그들의 말로 '인간'이라는 의미이며, 일본인들 사이에서는 에스키모로 불리는 사람들이다. 에스키모는 '생고기를 먹는 사람'이라는 의미의 멸칭이므로 되도록 쓰지 않는 편이 좋다. 선주민의 선조는 지금으로부터 약 2만년 전에 아시아대륙에서 당시에는 대륙과 이어져 있던 베링해협을 건너 북미대륙으로 이동해 왔다. 상당히 높은 수준의 지식과 기술을 지니고 있어 캐나다의 기후와 토지의 조건에 맞춰 독자적인 생활양식을 발달시켰다. 예를 들어 캐나다 국기에 심볼로 새겨져 있는 메이플(단풍나무)에서 이른 봄 아주 잠깐의 기간동안 뿌리에서 줄기로 대량의 수액이 흐르는 것을 발견하고 수액을 증류시켜 메이플 시럽을 만든 것도 선주민이다. 일본에서도 최근에는 쉽게 구할 수 있는데, 핫케이크 위에 뿌리면 천연 황금선물의 맛을 느낄 수 있다.

얼마 지나지 않아 유럽에서 백인들이 도래하고 내륙에서는 모피무역, 북극해에서는 포경업에 종사하게 되었다. 이 대륙은 어느새 선주민의 것이 아니게 되어, 백인이 지배하기에 이르렀다. 예전부터 자유롭게 자연과 함께 살아온 선주민은 자신들의 토지를 뺏기고 명예를 잃은 사람들이 되었다. 선주민은 보호구역(리저브)에 살고 백년도 더 전에 정부와 맺은 조약을 바탕으로 살아가고 있다. 도시에 나와 일을 하고 있는 선주민도 많지만, 낮부터 술에 빠져있는 선주민도 많다. 생활과 교육수준도 캐나다에서는 선주민이 가장 낮다.

필자는 토론토에서 기차로 하루 걸려 허드슨 만에 면해있는 이누이트 보호지역인 무소니Moosonee를 방문했다. 기차가 북쪽으로 향함에 따라 필자와 닮은 얼굴을 한 사람들이 늘어가는 기묘한 체험을 했다. 무소니는 인구의 90%가 크리족인 지역이다. 도로는 비포장도로이며, 가게 라고는 쓸쓸해 보이는 잡화점과 식당이 2개 정도 있었다. 토론토와의 격차에 놀라고, 같은 캐나다 국내라고는 생각할 수 없는 적적함과 빈곤함을 느꼈다.

이누이트라 하면 겨울에는 이글루(얼음으로 된 둥근 지붕의 집), 여름에는 가죽텐트에서 살아가고 있는 모습을 상상하는 사람도 있지만, 현재 이누이트 사람들은 거의 중앙난방 시스템이 갖추어진 목조건물에 살고 있다. 크리족은 가정에서는 물론 크리어를 사용하지만, 학교교육은 영어로 행해지며 크리어는 제2언어로서 배운다. 이 지역 15세 이하의 인구는 3,160명이지만, 그들의 교육레벨은 표 1과 같다.

표 1 : 무소니의 교육레벨

| 교육레벨 | 인 수 | 비율 |
|---|---|---|
| 9학년 이하 | 1,565 | 50% |
| 9-13학년(중학교 졸업) | 978 | 31% |
| 대학 이외의 진학자 | 385 | 12% |
| 대학 진학자 | 235 | 7% |

출처 : Statistics Canada 1986

표 1에서 알 수 있듯이, 약 50%의 학생들이 9학년을 마치지 않는다. 선주민의 교육상황이 열악한 이유로서 수렵 등을 돕는 일로 취학일 수가 적은 점, 가정에서의 사용언어가 아닌 영어로 행해지는 교육이기 때문에 뒤쳐지는 학생이 많은 점, 고등학교가 멀어 하숙을 해야 하지만 경제적 여유가 없는 점 등 다양한 요인을 들 수 있다.

현재 캐나다 선주민이 가장 관심을 가지고 있는 것은 선주민으로서의 재산권 문제이며 광대한 토지의 명도를 정부에 요구하고 있다. 북서준 주, 앨버타 주, 퀘벡 주, 브리티시컬럼비아 주 등 각 주에서 선주민이 요구하고 있는 토지는 석유, 천연가스, 광물, 목재들의 옥고이며 이에 대한 권리를 주장하고 있다.

## 3. 2언어다문화주의를 향한 여정

캐나다는 영어와 프랑스어를 공용어로 하는 2언어주의와 영국계, 프랑스계 외의 민족의 문화를 존중하는 다문화주의를 택하고 있다. 본절에서는 캐나다가 2언어다문화주의를 택하게 된 과정에 대해 논하도록 하겠다.

## 3-1. 캐나다 건국기에서 제2차 세계대전까지

프랑스 식민지 '누벨프랑스'가 1763년 영국 지배 아래 놓인 이래 협조와 대립의 관계가 이어져 왔다. 영국정부는 북미대륙에 13개의 식민지를 소유하고 있었지만, 점차 식민지에 반영<sup>反英</sup> 감정이 고조되고 있었다. 영국정부는 퀘벡에 반영 감정이 미치지 않도록 1774년에 '퀘벡법'을 제정하여 가톨릭교회의 기득권을 인정했고, 그 결과 퀘벡 식민지는 '영국식민지'로 남게 되었다. 그 후 캐나다는 주의 자치를 인정하는 연방제가 되었고 1867년 '영국령 북아메리카 조례'가 성립되었다. 영국령 북아메리카 조례의 제133조에서는 연방레벨에서 영어와 프랑스어가 보장되었으며, 이 후 캐나다에서는 영어와 프랑스어가 평등한 취급을 받게 되었다.

당초 캐나다는 퀘벡을 제외하고는 영국계의 절대적인 우위가 당연시되어 다른 민족에게 앵글로색슨계로의 동화를 강요하는 앵글로콘포미즘<sup>Anglo-conformism</sup>이 만연한 사회였다. 이민자는 캐나다 발전에 도움이 되는 밑바닥 노동력으로 간주되어 인종적 편견에 근거해 다음과 같은 민족계층<sup>ethnic hierarchy</sup>이 당연시되고 있었다.

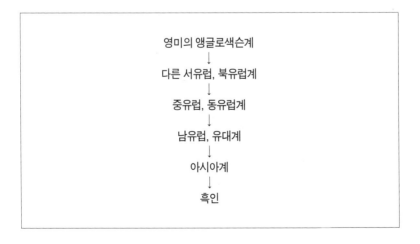

1870년대에는 영국계가 60%, 프랑스계가 약 30%로, 그 외의 민족은 약 8%에 지나지 않아 대부분 무시를 당했다. 19세기 후반에는 세계 불황으로 이민자가 늘지 않아 보호관세와 대륙횡단철도의 건설을 위한 이민유치를 계획했지만, 캐나다로의 이민보다 미국으로의 출국자가 더 많았다. 캐나다 대륙횡단철도의 건설 당시에는 1.5만 명의 중국인 노동자가 유입됐지만, 철도가 완성된 1885년에는 일변하여 50달러의 인두세를 과세하는 등 중국인을 쫓아내기 위한 정책을 펼쳤다.

세계경제가 장기불황에서 벗어난 1896년을 계기로 캐나다에는 대규모 이민 파도가 밀려왔다. 1896년부터 1914년에 걸쳐 300만 명의 대량의 이민자가 유입해 캐나다가 다민족국가가 되는 전환기를 맞았다. 이 시기 이민의 특징은 우크라이나, 러시아, 폴란드, 헝가리, 루마니아 등 동유럽, 중유럽에서 평원인 주로 유입되는 농민이민이 급증한 것이다. 캐나다에서는 먼저 평원인 3개 주에서의 다민족화가 진행되어 1911년까지 매니토바 주 34%, 서스캐처원 주 40%, 앨버타 주 33%가 비영국계가 되었다. 하지만 캐나다 전체로 봤을 때는 영국계가 지배적이었으며, 앵글로콘포미즘에 근거한 동화가 명백한 이데올로기로 지속되었다.

태평양 연안에는 아시아계 이민자의 유입이 증가하여 1911년까지 브리티시컬럼비아 주에는 약 2만 명의 중국계, 약 9,000명의 일본계, 수천 명의 인도계가 살고 있었다. 하지만 1907년 백인차별주의자들이 중국인거리, 일본인거리를 습격한 사건인 '밴쿠버 폭동'에서 볼 수 있듯이 백인층은 아시아계 이민자를 배제하고 싶어 했다. 이 시기에는 비영불계 이민자의 문화적 공헌을 높이 평가하려는 자세는 전무했으며 이민자는 영국적인 사회에 동화되는 것이 당연시되었다.

제1차 세계대전이 종결된 1919년부터 1930년까지 대규모 이민의 두 번째 파도가 밀려왔다. 중유럽, 동유럽을 중심으로 약 150만 명의 이민자들이 유입되어 비영불계의 비율도 증가했다. 1921년의 인구비율은 영국계 55.4%, 프랑스계 28.6%, 선주민 1.3%, 이민자 14.7%였다.

증가하는 이민층을 캐나다사회에 적응시키기 위해 멜팅팟론이 대두되었다. 멜팅팟론은 이민자를 인종차별 공격으로부터 보호하는 것이 제1의 동기였으며 다양한 민족 그룹의 문화적 공헌을 포함한 새로운 사회의 건설을 목표로 하는 것이었다. 미흡하기는 하지만 비영불계 이민자의 문화적 공헌을 인정한 점에서 새로운 방향성을 엿볼 수 있다. 본국의 영국인과는 다른 새로운 타입의 캐나다인을 형성하자는 주장은 영국에서 벗어나기 시작한 1920년대의 캐나다 내셔널리즘의 반영이기도 했다. 하지만 1929년부터 대공황으로 인한 심각한 경제 불황은 이민제한과 이민자에 대한 차별을 생성했다.

1930년대는 국제적인 반유대주의 시대로 캐나다에서도 유대인 이민자는 별도의 심사기준을 만들어 엄격하게 입국을 제한했다. 1939년 제2차 세계대전이 발발하자 독일계, 이탈리아계, 일본계 등 '적성敵性외국인'에 대한 공격이 거세졌다. 진주만 공격 후인 1942년 연방정부는 모든 일본계 외국인에게 태평양 연안으로부터 강제추방령을 내리고, 이미 캐나다시민권을 취득한 사람들조차 예외로 인정하지 않고 약 2.2만 명의 일본계 외국인을 내륙지방으로 강제 이주시키고 재산을 몰수했다. 이러한 전쟁기간 동안의 강화된 차별 속에서 일부 사람들이 모자이크론이나 문화적 다원주의cultural plurakism를 주장하기 시작한 점은 주목할 만하다. M 기번의『캐나다식 모자이크(1938)』나 W 카니네르의『캐나다의 복합성(1935)』등이 그 대표적인 저작이다. 그들은 앵글로색슨 지상주의를 부정하고, 각 에스닉 그룹의 문화가 캐나다 사회를 풍요롭게 만들어 왔다는 사실을 강조했다. 이민자들의 문화적 공헌이 캐나다의 국민 통합을 강화한다는 사고방식은 당시의 풍조 속에서 거의 받아들여지지 않았지만, 전후 다문화주의의 선구가 되었다는 점에서 의미가 깊다.

## 3-2. 제2차 세계대전 후

　캐나다 이민의 세 번째 파도는 유럽의 전쟁과 혁명을 피해 이주해 온 유럽계 이주민의 유입으로, 제2차 세계대전 종결 직후에 발생했다. 나치즘의 반성으로 틀나다는 인종차별정책을 되돌아보고 1947년 중국계와 인도계, 1949년에는 일본계 이민자들의 선거권을 인정했다. 차별적이었던 중국인 이민법도 1947년에 철폐되었다. 1945년부터 1961년 사이 캐나다로의 이민자는 210만 명 이상으로 늘어나 1961년 비영불계의 비율은 25%에 달했다. 이 시기 이민자의 다수는 유럽계로, 고등교육을 받은 전문직인 사람들이었다. 1962년부터 1967년까지 이민법개정으로 인종차별적인 규제가 대부분 철폐되고, 비저블 마이너리티visible minority로 불리는 유색인종 이민자가 반수 이상을 차지하게 되어 더욱 다양화가 진행되었다.

　1960년에는 퀘벡 주에서 '조용한 혁명'이 시작되어 영국계 지배로부터 완전한 해방과 순수한 프랑스화를 슬로건으로 내 건 퀘벡 분리, 독립운동이 고조되었다. 퀘벡내셔널리스트의 요구에 대응하기 위해 1963년 2언어, 2문화 칙명위원회가 설치되었다. 하지만 비영불계는 캐나다를 영불 이원화사회로 간주하는 일에 반대했다. 가장 활발하고 강력했던 것은 우크라이나계로, 2문화주의는 프랑스계만을 우선하고 다른 민족 집단을 무시하는 것이라는 비판을 전개했다. 정부는 이들 민족 집단의 요구를 받아들여, 1971년 트뤼도 수상이 영불 2공용어의 틀 안에서 다문화주의를 선언했다.

　연방정부가 민족적 다양성을 공인하는 이 방침은 그 후 캐나다사회에 침투해갔다. 처음에는 유럽계 이민자들에게 맞춰 축제행사, 유산언어교육, 문화의 보호가 중심이 되었다. 하지만 비백인이민자의 증가에 따라 인종차별의 철폐로 초점이 옮겨갔다. 1980년대 중반까지는 어퍼머티브 액션(차별철폐조처)과 고용평등계획을 장려할 수밖에 없었다.

명확한 목적과 방향성을 가진 새로운 다문화주의법이 1988년에 발표되어 캐나다에서는 세계에서 처음으로 다문화주의에 관한 법률이 성립했다. 다문화주의법의 제3조 제1항에서는 다문화주의정책이 캐나다사회의 미래를 더욱 풍요롭게 한다고 다음과 같이 서술하고 있다.

> 제3조 제1항
>
> 캐나다 정부의 정책으로서 그 목적을 이하에 선언한다.
>
> (a) 다문화주의가 캐나다 사회의 문화 및 인종적 다양성의 실현을 반영하는 것이며, 캐나다 사회의 모든 구성원의 문화적 유산을 유지하고 발전시켜, 서로 이해할 수 있는 자유를 인정하는 것임을 깊이 인식하고 그 이해를 촉진하는 것.
>
> (b) 다문화주의가 캐나다인의 전통 유산과 아이덴티티의 기본적인 특징이며 캐나다의 미래를 형성하는 귀중한 자원이 될 수 있다는 점을 인정하고 그 이해를 촉진하는 것 .

다문화주의법은 캐나다의 다문화주의 보전과 증진을 목표로, 연방레벨에서 각 민족 집단의 문화와 언어를 장려하고 차별을 없애며, 상호 간의 문화에 대한 인식과 이해를 촉진하고 문화의 중요성을 고려해 제도상의 변혁을 촉구하고자 하는 의도를 명기한 것이다. 정책실행을 위한 틀도 제안되었다. 정리하자면, 이 법은 모든 캐나다인에게 평등한 기회균등을 주면서 한편으로는 문화적 차이를 유지하고 장려해, 이것을 캐나다사회의 기능으로 편입하는 것을 목적으로 한 것이다. 또한 인종차별주의와 차별장벽을 없애는 일에 초점을 맞추고 있다. 다문화주의 의식을 과소평가할 수는 없다. 다문화주의법의 성립은 미국의 1964년 공민권법과 마찬가지로 법률의 강제력으로 인종적, 문화적 평등의 원리를 사람들에게 각인시켰다.

덧붙여, 캐나다의 모어별 인구구성(상위15)의 추이는 다음 표 2와 같다.

표 2 : 캐나다의 모어 별 인구의 추이

| 년대 | 1941 | % | 1951 | % | 1961 | % | 1971 | % | 1991 | % | 1996 | % |
|---|---|---|---|---|---|---|---|---|---|---|---|---|
| 전 인구 | 11,507 | | 14,009 | | 18,238 | | 21,568 | | 27,297 | | 28,847 | |
| 영어 | 6,448 | 56.0 | 8,281 | 59.1 | 10,661 | 58.5 | 12,974 | 60.2 | 16,170 | 59.2 | 16,891 | 58.6 |
| 프랑스어 | 3,355 | 29.2 | 4,069 | 29.0 | 5,123 | 28.1 | 5,794 | 26.9 | 6,503 | 23.8 | 6,637 | 23.0 |
| 중국어 | 34 | 0.3 | 28 | 0.2 | 49 | 0.3 | 95 | 0.4 | 499 | 1.8 | 716 | 2.5 |
| 이탈리아어 | 80 | 0.7 | 92 | 0.7 | 340 | 1.9 | 538 | 2.5 | 511 | 1.9 | 485 | 1.7 |
| 독일어 | 322 | 2.8 | 329 | 2.3 | 564 | 3.1 | 561 | 2.6 | 466 | 1.7 | 450 | 1.6 |
| 스페인어 | 1 | ... | 2 | ... | 7 | ... | 24 | 0.1 | 177 | 0.6 | 213 | 0.7 |
| 폴란드어 | 129 | 1.1 | 129 | 0.9 | 162 | 0.9 | 135 | 0.6 | 190 | 0.7 | 213 | 0.7 |
| 포르투갈어 | n.a. | | n.a. | | 18 | 0.1 | 87 | 0.4 | 212 | 0.8 | 211 | 0.7 |
| 펀자브어 | n.a. | | n.a. | | n.a. | | n.a. | | 136 | 0.5 | 202 | 0.7 |
| 우크라이나어 | 313 | 2.7 | 352 | 2.5 | 361 | 2.0 | 310 | 1.4 | 187 | 0.7 | 163 | 0.6 |
| 아랍어 | 8 | 0.1 | 5 | ... | 13 | 0.1 | 29 | 0.1 | 108 | 0.4 | 149 | 0.5 |
| 네덜란드어 | 53 | 0.5 | 88 | 0.6 | 170 | 0.9 | 145 | 0.7 | 139 | 0.5 | 134 | 0.5 |
| 타가로그어 | n.a. | | n.a. | | n.a. | | n.a. | | 100 | 0.4 | 133 | 0.5 |
| 그리스어 | 9 | 0.1 | 8 | 0.1 | 40 | 0.2 | 104 | 0.5 | 126 | 0.5 | 121 | 0.4 |
| 베트남어 | n.a. | | n.a. | | n.a. | | n.a. | | 79 | 0.3 | 107 | 0.4 |

출처 : Statistics Canada 2000
주 : n.a.는 미상을 나타냄

상기의 표를 보면 프랑스계가 다소 감소하고 있는 반면, 중국, 베트남 등 아시아계의 증가가 눈에 띈다. 세계에서 처음으로 '다문화주의법'을 발효시킨 다민족국가 캐나다는 순조롭게 보이지만, 현실적으로는 다양한 문제가 발생하고 있다. 다문화주의가 영·불 2공용어의 틀 안에서 시행되고 있다는 모순, 발족 당시의 전통문화 존중에서 마이너리티 집단에 대한 차별철폐조처로 완화되었다는 현실, 그리고 각 민족 집단의 오해에서 생기는 집단 간의 대립과 같은 문제들도 있다. 포터(Porter 1995)가 지적하듯이, 권력과 계급적 지위에 따라 각 집단이 수직으로 배열되어 있어 주류인 영국계, 프랑스계에 지배되고 있다는 점도 문제가 되고 있다.

## 3-3. 연방레벨의 언어정책

캐나다는 연방레벨에서 영어와 프랑스어를 공용어로 하는 2언어주의의 국가이다. 2언어주의를 입법화 한 공용어법 성립에 이르는 과정에 대해 개관하겠다.

캐나다 연방 성립 당시 '1867년 헌법'에서 영어와 프랑스어의 지위가 보장되었다. 연방정부는 연방의회 및 재판소에서 프랑스어의 사용을 인정하고, 퀘벡 주 의회와 주 재판소에서 영어 사용을 인정하는 정도의 제한적인 2언어주의였다. 당시의 캐나다는 온타리오, 퀘벡, 노바스코샤, 뉴브런즈윅의 4개의 주로 구성된 연방이었으며, 1867년 이후, 캐나다에서 영어와 프랑스어는 연방레벨에서 평등한 취급을 받고 있다. 1969년 '공용어법 (Official Languages Act)'에 의해, 연방레벨에서 영어와 프랑스어의 평등이 법적으로도 확인되었다. 이 법안에서는 영어와 프랑스어의 사용범위가 넓어져 '캐나다 의회와 연방정부의 모든 기관'이 되었다. 연방정부는 프랑스계 주민밖에 염두에 없었으며 다른 소수민족과 선주민은 거의 고려하지 않았다. 이에 대해 중서부의 우크라이나계를 중심으로 소수민족이 동요하기 시작해 1971년 트뤼도 수상은 마지못해 다문화주의정책 성명을 발표하고 이듬해 문화청이 설립되었다. 하지만 이는 '2언어 언어라는 틀 안에서의 다문화주의'라는 정치색이 짙은 것이었으며, 문화와 언어를 분리해 서 생각하는 모순적인 것이었다. 1970년대의 다문화주의 정책은 인종적 불평등에 대해서는 언급하지 않은 채, 약간의 재정적 지원을 하는 수준에 그쳤다. 하지만 1980년대에 들어서 다문화주의 정책은 결실을 맺어 민족 간의 이해로 방향을 전환하게 되었다(関口 1998 : 148).

1984년 9월에 압승한 진보보수당의 멀로니 수상은 다문화주의에 대해 적극적인 자세를 취했다. 소수민족의 문화적, 사회적, 정치적, 경제적인 기회의 균등을 목표로 하는 실속있는 다문화주의 정책을 펼쳤다. 구체적으로는 민족적인 축제와 전람회 등의 지원, 다문화에 관한 출판과 회합, 객원교수에 대한 정부의 지원, 도서관의 다언어서비스, 공용어 외의 유산언어Heritage Language교육의 장려, 방송 등 미디어에서의 다양한 언어 사용의 연구추진 등이 있다.


### 3-4. 주와 연방과의 관계

연방레벨에서는 영어와 프랑스어가 공용어로 인정되어 국민들은 영어 혹은 프랑스어로 연방정부의 서비스를 받을 수 있었지만, 주 레벨이 되면 사정이 상당히 달라진다. 영어와 프랑스어를 주 레벨에서 공용어로 인정하고 있는 것은 뉴브런즈윅 주뿐이다. 많은 주들이 영어만을 공용어로 하고 있는 것에 반해, 퀘벡 주에서는 프랑스어를 유일한 공용어로 하고 있다. 주와 연방과의 관계를 매니토바 주, 온타리오 주, 퀘벡 주의 순으로 살펴보도록 하겠다.

### 3-4-1. 매니토바 주의 언어교육

매니토바 주는 언어문제로 연방정부와 갈등을 빚어왔다. 캐나다 연방이 성립한 수년 후인 1870년 '매니토바 법(Manitoba Act)'을 제정하고 영어와 프랑스어의 동등한 지위를 인정했다. 당시에는 이 주의 약 절반이 프랑스계였다. 하지만 그 후 프랑스어를 사용하지 않는 이민자들이 대거 유입되어 1890년에는 이 주에서 프랑스어를 사용하는 인구는 겨우 전체의 7%에 지나지 않았다. 이러한 상황 속에서 1890년에 매니토바 주에서 '공용어법'이 제정되어 매니토바 주 의회 및 재판소에서 프랑스어의 사용이 금지되었다. 이 법률은 연방정부의 '1867년 헌법'에서 결정된 영·불어의 평등한 지위를 무시하는 것이었으며 큰 반발을 사게 되어 파장을 불러일으켰다. 매니토바 주는 이윽고 1896년 다음과 같은 협의안을 내놓았다.

> 학교에서 학생들 중 10명이 프랑스어 (혹은 프랑스어 외의 언어)를 모어로 사용하는 경우, 그 학생의 교육은 프랑스어 (혹은 프랑스어 외의 언어)로 해야 하며, 영어는 바이링구얼 방식으로 가르쳐야 한다.

여기서 매니토바 주에서 현재도 성행하고 있는 바이링구얼교육의 싹을 볼 수 있다. 1890년 당시 매니토바 주에는 중유럽, 동유럽에서 이민자가 많이 유입되어 이미 다민족화가 진행되고 있었는데, 이 1896년의 바이링구얼에 관한 규정으로 인해 프랑스어, 독일어, 폴란드어, 우크라이나어와 영어가 바이링구얼교육으로 발전해 나가게 된다. 하지만 1915년에는 매니토바 주의 바이링구얼교육이 폐지되고 영어 교육이 주류가 되어 긴 언어분쟁이 시작되었다. 공립학교의 교수언어로 프랑스어가 등장한 것은 1970년 들어서의 일이다. 매니토바 주의 주요 민족 집단은 표 3과 같다.

표 3 : 매니토바 주의 민족분포

| 민족 | 전체에서 차지하는 비율 |
|------|------------------------|
| 영국계 | 41.9% |
| 독일계 | 12.4% |
| 우크라이나계 | 11.5% |
| 프랑스계 | 8.7% |
| 선주민 | 8.3% |

출처 : *The Canadian Encylopedia 1997*

캐나다 전국의 모어인구와 비교해 보면, 매니토바 주는 프랑스계가 적고 독일계, 우크라이나계가 많다. 선주민도 캐나다 전체의 평균에 비하면 많은 지역이다. 다음에서는 현재 매니토바 주에서 2언어다문화주의가 어떻게 언어교육에 반영되고 있는지에 대해 프랑스어 프로그램, 바이링구얼 및 유산언어프로그램, 선주민 프로그램을 통해 살펴보기로 하겠다.

(a) 프랑스어 프로그램

1970년의 113법Bill 113에 의해, 매니토바 주에서도 결국 프랑스어가 영어와 동등한 지위를 차지하게 되었다. 현재 매니토바 주에는 3종류의 프랑스어 교육이 행해지고 있다.

○ Francais Program

영어를 제외한 모든 교과목을 프랑스어로 가르치는 프로그램이다. 프랑스어를 모어로 하는 학생들에게 프랑스적인 환경을 제공하고 관리, 운영의 면에서도 독립되어 있다.

○ French Immersion Program

프랑스어를 모어로 하지 않는 학생들을 대상으로 영어 외의 과목을 모두 프랑스어로 시행하는 프로그램이다. 아이들에게 2언어 병용능력을 길러주고 싶어 하는 부모들의 요청 하에 캐나다에서 매우 성장

해 온 프로그램이지만, 매니토바 주에서는 등록자 수가 적다. 조기 이
머전, 후기 이머전이 있는데, 조기는 1학년부터, 후기는 7학년부터 시
작된다. 처음에는 영어를 제외한 전 수업이 프랑스어로 행해지며 서
서히 전환된다.

○ Basic French Program

매니토바 주에서는 프랑스어는 선택이며, 시작 시기는 유치원과
4,7,10학년이지만, 4학년과 7학년부터의 시작을 장려하며, 합계 1080
시간 또는 720시간의 프로그램이 개설되어 있다.

(b) 바이링구얼 및 유산언어교육

매니토바 주에서는 13개의 유산언어교육이 114개의 학교에서 실시
되고 있으며 그 중 독일어, 우크라이나어, 헤브라이어는 바이링구얼
프로그램이 진행되고 있어, 50%의 수업은 영어로 나머지 50%의 수업
은 각각의 언어로 시행되고 있다.

수업에서 배우는 언어로는 스페인어, 아일랜드어, 라틴어, 포르투갈
어, 중국어 등이 있다. 그 외의 5개의 언어(이탈리아어, 펀자브어, 타갈로그
어, 이디쉬어, 폴란드어)를 방과 후에 유산언어로서 배우며, 이 외에 26개의
언어를 보충수업으로 배우고 있다. 이 수업은 특정한 민족 집단 뿐 아니
라 희망하는 학생 전원이 수강할 수 있다.

(c) 선주민의 언어교육NSL = [Native Second Language Program]

매니토바 주에서는 선주민에게 영어교육을 실시하고 있는데, 48개
학교에서는 5개 선주민의 언어(Ojipway, Cree, Island Lake Cree, Dakota/
Sioux, Chipewyan)를 가르치는 프로그램을 제공하고 있다. 도시의 선주
민은 영어를 사용하므로 자신들의 모어를 배울 필요는 없지만, 선주
민 서바이벌학교에서는 선주민의 문화와 언어에 초점을 맞춰 선주민

의 아이덴티티 육성을 목표로 프로그램이 운영되고 있다.

이상으로 매니토바 주의 언어교육에 대해 살펴보았다. 매니토바 주에서는 3종류의 프랑스어교육, 다양한 유산언어교육, 선주민의 언어교육 등 다문화 문제를 실제의 커리큘럼에 반영하려고 노력하고 있다. 특히 독일어, 우크라이나어, 헤브라이어에 의한 바이링구얼교육은 매니토바 주의 특색이라 할 수 있다.


### 3-4-2. 온타리오 주

1780년대 미국 독립전쟁을 피해 이주해 온 왕당파라 불리는 영국계의 사람들이 터전을 잡은 이래 온타리오 주는 영국계 캐나다의 중심이 되어 현재 캐나다에서 가장 인구가 많은 풍요로운 주이다.

왕당파 이후 영국의 온갖 지역에서 이주해 온 이민자들로 인해 더욱 보강되어 프로테스탄트계 영국인이 많은 지역이 되었으며, 1891년에는 인구가 거의 100만 명에 달했다. 당시에는 어퍼 캐나다라고 불렸는데, 정치문화는 영국에서 이어받은 보수성과 미국의 개혁주의적인 특성을 모두 가지고 있으며 이것이 오늘날의 온타리오 주에도 계승되고 있다. 1867년의 '영국령 아메리카 조례'에서 자치령 캐나다의 4개주 중 하나로 온타리오 주라고 불리게 되었다. 1900년대에 들어서 영국계 외의 유럽계 이민자도 온타리오로 이주해 왔지만, 그들 대부분은 주 북부의 광업지대와 임업지대에 정착했기 때문에 제2차 세계대전 후까지 온타리오의 영국적인 성격은 변하지 않았다. 제2차 세계대전 후에 유럽에서 유입된 다양한 새로운 이민자의 홍수는 도시의 영국적 성향을 약화시켰다. 나아가 1967년 인종, 민족, 국적을 따지지 않는 새로운 이민법이 시행된 후,

아시아, 중남미, 중동에서 온 이민자도 도시를 중심으로 증가해, 인종에 대한 편견이나 차별의 문제가 많이 발생하고 있다. 현재 온타리오 주의 주요 민족별 구성은 다음의 표 4와 같다.

표 4 : 온타리오 주의 민족구성

| 민족 | 인구 비율 |
| --- | --- |
| 영국계 | 50% |
| 프랑스계 | 7.6% |
| 이탈리아계 | 5.7% |
| 독일계 | 4.4% |

출처 : *The Canadian Encylopedia 1997*

온타리오 주는 연방정부의 다문화주의 정책을 이어받아 특히 언어교육 면에서 주도적인 역할을 하고 있다. 다음에서는 온타리오 주의 프랑스어교육, 유산언어교육, 선주민 언어교육에 초점을 맞춰 살펴보도록 하겠다.

(a) 프랑스어교육
온타리오 주는 영국계가 주류이지만, 캐나다가 하나의 국가로서 통일을 유지하기 위해서는 프랑스어를 배울 필요가 있다고 생각해 프랑스어 학습을 장려하고 있다. 온타리오 주에서는 4개의 프랑스어 프로그램이 운영되고 있다.
○ French First Language Program
프랑스어가 모어인 사람들을 위한 프랑스어계 학교의 프로그램이다.
○ Core French Program
프랑스어가 모어가 아닌 학생들의 기본레벨 프랑스어 습득을 목적으로 하며 통상 4학년부터 시작하여 1,200시간의 프랑스어 수업을 제공하는 프로그램이다.

○ Extended Program

프랑스어가 모어가 아닌 학생들의 중급레벨 프랑스어 습득을 목적으로 한 프로그램으로, 2,100시간의 프랑스어 수업을 제공한다. 프랑스어 수업 뿐만 아니라 다른 일부 과목도 프랑스어로 시행된다.

○ Immersion French Program

프랑스어가 모어가 아닌 학생들의 상급레벨 프랑스어 습득을 목표로 하며, 원칙적으로는 영어를 제외한 모든 과목을 프랑스어로 수업하는 프로그램이다. 1969년에 오타와의 로마카톨릭분리학교가 유치원부터 조기 이머전을 시작해 전 캐나다로 퍼졌다. 온타리오 주에서는 약 40%의 교육구에 보급되고 있다.


(b) 유산언어교육

온타리오 주 교육청은 연방정부의 1971년 다문화주의 성명 이후, 구체적인 정책으로 유산언어교육을 장려해 왔다. 유산언어 프로그램은 공립학교에서 정규 수업 외의 시간, 즉, 방과 후나 야간, 주말에 열린다. 지역주민에게 매우 밀착한 프로그램으로, 민족 집단 주도형 프로그램이다. 25명의 학생들의 요청이 있으면 유산언어 프로그램의 개설을 요청할 수 있다. 현재 온타리오 주에서 유산언어 프로그램은 외국어교육의 일환이 되었지만, 많은 학생들이 비공용어를 배우고 있다.


(c) NSL프로그램Native Second Language Program

온타리오 주에도 선주민은 많지만, 남부 도시에 살고 있는 선주민은 영어를 사용하며 자신들의 언어를 잃어가고 있다. 한편 북부지방에 사는 선주민은 가정에서 선주민 언어를 사용하지만, 학교교육은 영어로 행해진다. 온타리오 주에서는 1987년 이후 적극적인 NSL프로그램이 도입되었다. 3개의 Algonquian언어(Cree, Ojibwe, Delaware)와 3개의 Iroquoian언어(Mohawk, Cayuga, Oneida) 프로그램이 선주민이 많은 지역에서 제2언어로 제공되고 있다.

이상으로 온타리오 주의 언어교육에 대해 살펴보았다. 온타리오 주에서는 프랑스어 프로그램이 충실하게 시행되고 있으며, 영국계가 많은 주인 관계로 실제로는 코어프로그램Core Program의 등록자가 가장 많다. 나아가 유산언어교육에서 외국어교육으로 변하고 있으며, NSL프로그램도 나름의 내실을 기하고 있는 점으로 보아, 캐나다 연방정부의 정책이 순조롭게 운영되고 있는 주라는 것을 알 수 있다.

### 3-4-3. 퀘벡 주

1763년의 파리조약으로 프랑스계 캐나다인은 피정복민이 되었지만, 그들은 퀘벡을 중심으로 프랑스계 민족과 문화를 끝까지 지켜나갈 것을 결의했다. 1774년에 '퀘벡법'이 제정되고, 프랑스계 캐나다인의 영토와 기득권을 지키는 것을 조건으로 영국 왕에게 충성을 맹세하게 되었다. 1791년의 '캐나다법'에 의해 구 퀘벡이 로어 캐나다와 어퍼 캐나다로 분할되어, 로어캐나다가 현재의 퀘벡이 되었다. 그 후 미합중국에서 도래한 정착민과 영국에서 이주해 온 이민자, 아일랜드에서 온 이주자 등에 의해 영국계 주민도 증가해, 19세기 중반에는 주민의 1/4이 영국계가 되어 프랑스계와 영국계 공존의 발판이 되었다. 1867년의 '영국령 북아메리카 조례' 제133조에서는 연방정부와 퀘벡 주에서 양 언어를 사용할 것을 의무화했다. 그 후 제2차 세계대전 후까지 퀘벡에 큰 변화는 없었다.

1950년대는 퀘벡 사회의 변동의 시기이자 가치관의 전환기였다. 소수파인 영국계 주민의 경제지배에 대한 프랑스계 주민의 불만이 표면화되고 퀘백내셔널리즘이 대두하여 1960년대에는 '조용한 혁명기'를 맞이하게 된다. 교육제도 면에서는 가톨릭과 프로테스탄트의 2개의 종파가 독자적인 교육행정을 전개하는 1주 2제도의 체제가 장기간 지속되었다. 이 2제도가 가톨릭계의 프랑스계 캐나다인과 프로테스탄트계의 영국계 캐나다인의 갈등을 심화시켰다.

조용한 혁명기에는 교육의 대변혁이 이루어졌는데, 그 중심이 된 것은 라발대학 부학장인 배런을 위원장으로 하는 배런심의회였다. 이 심의회의 권고에 기초하여, 기존의 종파별로 행해지던 교육행정을 6-5-2-3제로 통일하고 주 정부의 관할 하에 두어 정교政教분리가 이루어졌다. 이러한 교육의 민주화와 현대화의 파도 속에서 급격하게 진학률이 증가했으며, 퀘백 주의 교육 수준도 향상되었다.

하지만 한편으로 교육언어에 관해서는 제한이 엄격해졌다. 1969년에는 영어계 학교의 프랑스어 수업을 의무화하는 '프랑스어 진흥법'(법안 63호)이 성립되었다. 1974년에는 퀘백 주의 '공용어법'(법안 22호)이 제정되어 주의 공용어로 프랑스어만이 채택되었다. 더욱이 1주 1언어교육을 철저하게 하고자 1977년 '프랑스어 헌장'(법안 101호)이 제정되었다. 퀘백주가 프랑스어를 공용어로 하고 있는 배경에는 항상 밀려오는 영어 및 영어권 문화의 위협, 프랑스계 캐나다인 출생률 감소에 따른 위기감 등의 요인이 잠재하고 있다. 법안 101호의 일부를 아래에 소개하겠다.

제1조 프랑스어는 퀘백의 공용어이다.

제72조 본절에서 규정하는 예외를 제외하고 유치원, 초등학교, 중학
교에서는 프랑스어로 교육을 시행해야 한다.

하지만 1982년 헌법은 퀘백의 '프랑스어 헌장'을 부정하는 내용을 입법화해 이 문제는 헌법 문제로까지 발전했다.

퀘벡 주에서는 프랑스어는 공용어이며, 영어계 학교에서도 프랑스어
가 필수라는 점이 다른 주와는 다르다. 초·중학교에서 통상 주 2시간, 연
간 100시간의 교육을 의무화하고 있다.

### (1) 유산언어교육

1977년 '프랑스어 헌장'에서의 프랑스어 진흥책에 대한 반성으로서
1979년 퀘벡 주 교육청은 다양한 민족의 언어계승이 적극적으로 학교
교육 속에 자리 잡을 수 있도록 노력을 기울였다. 먼저 그리스어, 이탈리
아어, 포르투갈어, 스페인어의 커리큘럼을 도입하고, 이어서 베트남어,
캄보디아어, 라오스어, 중국어, 아랍어, 헤브라이어 등을 도입했다.

1989년부터 클래스의 반을 넘지 않는 조건으로, 그 언어를 모어로 하
지 않는 사람들에게도 개방되었다. 최근 퀘벡 주에서는 새로운 움직임이
보인다. 사립 민족학교에서 프랑스어, 영어, 유산언어의 3언어교육이 시
작되어 주 정부가 80%까지 재정지원을 하고 있다.

### (2) NSL프로그램

선주민에 관해서는, 1974년의 '공용어법'안에서 그들의 모어로 교육
을 받을 권리를 보장하고 있다.

## 4. 2언어주의와 언어정책, 언어교육

### 4-1. 2언어주의와 언어정책

캐나다 연방 성립 시, 1867년 헌법으로 연방레벨에서 영어와 프랑스

어의 평등을 보장받은 이후, 캐나다의 2언어주의는 법적으로도 확립되었다. 1967년 '공용어법'에서는 영어와 프랑스어의 사용범위가 늘어났지만, 연방정부의 2언어주의에 대한 각 주의 반응은 표 5와 같다.

표 5 : 각 주의 2언어주의에 대한 반응

| 지역 | Yes % | NO % | Don't know % |
|---|---|---|---|
| 캐나다 전체 | 52 | 45 | 3 |
| 대서양주 | 66 | 34 | - |
| 퀘벡 | 73 | 34 | 4 |
| 온타리오 | 49 | 48 | 3 |
| 평원주 | 33 | 63 | 4 |
| 브리티시컬럼비아 | 29 | 70 | 2 |

출처 : *Gallup Poll 1986*

이것은 각 지역에서 2개의 공용어에 의한 주 레벨의 서비스가 필요하냐는 질문에 대한 반응을 정리한 것이다. 퀘벡 주에서는 찬성이 많은 것에 반해, 평원주, 브리티시컬럼비아 주에서는 반대가 많다. 1988년의 '공용어법 개정'에서는 2공용어의 평등을 보다 공고히 했다. 또한 1982년 헌법에서는 캐나다 연방과 뉴브런즈윅 주에서는 영어와 프랑스어가 공용어이며, 각각을 평등한 입장에서 사용할 것을 권하고 있다. 1982년 헌법의 일부를 아래에 제시한다.

제16조    영어 및 프랑스어는 캐나다의 공용어이며, 연방의회 및 연방정부의 모든 기관에서 사용언어로서 대등한 지위와 권리 및 특권이 인정된다.

2    영어 및 프랑스어는 뉴브런즈윅 주의 공용어이며, 동 주의

입법부 및 정부의 모든 기관의 사용언어로서 대등한 지위
와 권리 및 특권이 인정된다.

3 본 헌장의 어떠한 규정도 연방의회 또는 주 입법부가 영어
및 프랑스어 지위의 대등성 또는 평등한 사용을 장려하는
목적으로 행사하는 권한을 방해하는 것이 아니다.

제17조 누구라도 연방의회의 토의와 그 외의 의회 절차에 있어 영
어 또는 프랑스어를 사용할 권리를 가진다.

2 누구라도 뉴브런즈윅 주 입법부의 토의와 그 외의 의회 절
차에 있어 영어 또는 프랑스어를 사용한 권리를 가진다.

2언어주의 하에 캐나다 국내에서는 공공표지, 출판물 등은 2언어로
쓰여 있다. 예를 들어 논문의 요약과 식료품의 라벨도 2언어로 쓰여 있
다. 아래의 사진은 토론토 공항의 영불 2공용어에 의한 표시이다.

이렇게 보면 언뜻 영어와 프랑스어가 완전히 평등한 지위를 차지하
고 있는 것처럼 보이지만, 현실에서는 영어가 캐나다의 주요언어이고 프
랑스어는 소수파의 언어이다. 프랑스계 캐나다인이 공용어 소수파official
language minorities라고 불리는 연유도 여기에 있다.

퀘벡 주에서는 프랑스어 화자가 인구의 90% 남짓을 차지하고 있지만, 퀘벡 주에서 한 발짝 벗어나 보면, 뉴브런즈윅 주의 33.6%를 제외하고는 프랑스 화자의 수는 미미하다. 주에 따라서는 연방정부의 2언어주의를 충실하게 따르지 않는 주도 있다.

퀘벡 주에서는 퀘벡민족주의의 기운이 고조된 1977년 '프랑스어 헌장'이 제정되었다. 이 법에서는 퀘벡 주 의회 및 재판소에서 사용되는 언어로 프랑스어만을 인정했다. 한편, 매니토바 주에서는 주의 독자적인 '공용어법'을 제정하여 주 의회 및 주 재판소에서 프랑스어의 사용을 금지하고 영어만을 사용하도록 했다. 퀘벡 주에서의 소수파언어인 영어의 지위, 매니토바 주에서의 프랑스어의 지위에 관한 판결은 1979년에 최고재판소에 의해 모두 위헌으로 판결받았다.

### 4-2. 2언어주의와 언어교육

다음으로 '2언어주의와 언어교육의 관계'에 대해 고찰하겠다. 2언어주의 체제 하에 프랑스어 교육이 성행했는데, 이 중 특히 이머전 프로그램 immersion program은 성공을 거두었다. 이머전immersion이란 '그 언어의 환경에 완전히 침투하는 것'이라는 의미이다. 인위적으로 습득시킬 수 없는 언어 환경을 만들어 그 안에 학습자를 투입하는 것이다.

원형은 몬트리올 교외에 있는 세인트램버트 초등학교에서 1965년에 시작된 프로그램이다. 당시 퀘벡 주에는 프랑스어 화자가 많았기 때문에 영국계 캐나다인에게 프랑스어의 습득은 사활의 문제였다. 부모들의 열의에 뇌 외과의 벤필드와 맥길대학의 언어심리학자 램버트의 이론적 근거가 더해져 이머전교육이 시작되었다. 모집인원은 26명이었지만 희망자가 쇄도했다. 이 실험 프로그램은 대성공으로 끝났고, 그 후 이머전 방식으로 불려 캐나다 각지와 전 세계로 퍼져나갔다.

일본에서도 이 방식을 응용해 영어 이머전교육을 시행하고 있는 시즈오카의 가토학원이 관계자의 주목을 받고 있다. 필자도 오타와 교외의 공립 초등학교인 프렌치 이머전의 실태를 살펴보았는데, 아이들은 때로는 몸짓과 손짓을 사용하면서 필사적으로 프랑스어로 커뮤니케이션을 하고 있었다. 이머전 방식은 학력과 모어 모두 희생시키지 않고 외국어 능력을 학교교육 안에서 습득할 수 있게 한다는 점에서 매우 성공적으로 평가된다. 전 캐나다의 이머전 등록자수는 26명(1965년), 17,763명(1976년), 256,000명(1990년)으로 나날이 증가하고 있다.

하지만 문제가 없는 것은 아니다. 듣는 능력에 비해 조리있게 말하는 능력이 부족하거나, 어휘력이 부족하고 문법적인 정확도가 떨어진다는 문제점도 지적되고 있다. 보다 효과적인 이머전교육을 목표로 지금도 연구가 진행되고 있다.


## 5. 다문화주의와 유산언어교육

1971년 트뤼도 수상의 다문화주의 선언 이후, 여러 형태의 유산언어교육이 시작되었다. 유산언어는 캐나다에서는 영어와 프랑스어 외의 소수파 그룹의 언어를 가리키지만, 이들 언어를 늘려가는 것은 매우 어려우며 국가레벨의 언어정책 없이는 성과를 거둘 수 없다. 다음 절에서는 유산언어교육의 선구자로 불리는 캐나다에서 유산언어교육이 언어정책과 관련해 어떻게 발전해 왔고 현재는 어떠한 상황인지, 또한 어떠한 문제점이 있는지에 대해 살펴보고자 한다. 우선 역사적으로 (1) 시작기, (2) 발전기, (3) 정체기로 나누어 경위에 대해 살펴보도록 하겠다.

## 5-1. 시작기(1974년-1979년)

1971년 다문화주의 정책이 채택된 직후, 캐나다 중서부의 평원주인 앨버타 주, 서스캐처원 주, 매니토바 주는 각각의 교육법을 일찍이 개정해 학교 교육 안에서 영어와 유산언어를 동시에 향상시키는 '바이링구얼 유산언어교육'을 도입했다. 예를 들어 매니토바 주의 경우, 독일어, 우크라이나어, 헤브라이어 바이링구얼 프로그램을 운영하며, 그 외의 유산언어도 정식 커리큘럼으로 7언어, 방과 후 프로그램으로 5언어, 보충수업으로 26언어를 가르치고 있다. 이 코스는 특정 민족 집단 뿐 아니라 희망하는 학생들에게도 오픈되어있다. 연방정부는 1977년 민간 민족문화집단에 대해 유산언어교육을 위해 경비의 10%를 직접 보조하는 프로그램을 실시했다. 한편 주 정부도 유산언어교육에 자금을 제공하기 시작했다. 퀘벡 주의 '프랑스어 헌장'의 프랑스어 진흥책에 대한 성찰로서, 1979년에 주 교육청은 유산언어교육을 적극적으로 학교교육 안에 도입하려는 자세를 취했다. 먼저 그리스어, 이탈리아어, 포르투갈어, 스페인어 커리큘럼을 도입하고 이어서 베트남어, 캄보디아어, 라오스어, 중국어, 아랍어, 헤브라이어 등을 도입했다. 온타리오 주에서 유산언어교육 Heritage Language Program : HLP이 시작된 것은 1978년이었다. 주 교육청은 유산언어교육을 장려하고 공립학교에서 정규 수업 외, 즉 방과 후와 야간에 개강하는 강화모델enrichment model을 차례로 전개해 나갔다.

## 5-2. 발전기(1980년-1989년)

유산언어교육이 시작된 후, 1980년 연방정부에 다문화부Multicultural

Directorate가 설치되고 1981년 다문화언어회의Multicultural Multilingual Conference의 개최, 1983년 유산언어연구회의Heritage Lnguage Reserch Conference의 개최 등 다양한 활동이 시작되었다. 뒤이어 토론토 대학에 짐 커민스Jim Cummins 교수를 소장으로 하는 국립유산언어연구소National Heritage Language Resource Unit ：NHLRU가 설립되어, 유산언어교육에 관한 많은 연구가 이루어졌다.

1984년에는 유산언어교육에 새로운 의미부여가 이루어져 이민자들이 가지고 들어온 유산언어는 캐나다의 풍부한 '언어자원'이며 동시에 캐나다 사회의 경제력을 향상시키는 '사회, 경제적 자원'이라는 인식이 확산되기 시작했다. 유산언어교육의 정부의 지원에 대한 정당화가 배경에 있었다고 생각된다. 1988년에 발표된 다문화주의법을 이어받아, 온타리오 주의 규칙154에서 25명의 요청이 있으면 유산언어 프로그램을 개설하도록 의무화되었다. 이 시기까지가 유산언어교육의 발전기라 할 수 있다. 다음 표는 1988년 캐나다 전국에서 유산언어프로그램에 등록한 학습자의 수를 제시한 것이다. 온타리오 주의 학습자가 압도적으로 많다는 것을 알 수 있다.

표 6 : 유산언어 프로그램

| 주 명 | 학습자 수 | 비율(%) | 언어 수 |
|---|---|---|---|
| 브리티시컬럼비아 | 14,590 | 11.4 | 26 |
| 앨버타 | 10,793 | 8.4 | 42 |
| 서스캐처원 | 2,032 | 1.6 | 22 |
| 매니토바 | 10,590 | 8.3 | 30 |
| 온타리오 | 69,321 | 54.0 | 49 |
| 퀘벡 | 19,525 | 15.2 | 22 |
| 대서양 4주 | 1,650 | 1.2 | 27 |

출처 : 中島&鈴木(1997 : 25)

이 시기에는 유산언어를 유지하는 것이 그 언어를 배경으로 하는 학생들의 종합적인 인지능력의 발달을 촉진하고 학력을 향상시킨다고 여겨졌다. 캐나다 교육협회에서 실시한 전국조사에 의하면 유산언어프로그램에 대한 만족도는 모든 학구에서 높다는 결과가 나왔다. 교사, 부모, 학생이 지적한 장점으로 다음과 같은 것이 있다.

(1) 자기 자신과 자신의 배경에 대해 긍정적인 태도를 지니게 되어 자긍심이 높아진다.
(2) 학교와 사회에 더욱 잘 적응하게 된다.
(3) 다른 민족과 문화를 보다 관대하게 받아들이게 된다.
(4) 인지력, 정서 면이 발달한다.
(5) 다른 언어를 배우는 능력이 향상된다.
(6) 취직의 기회가 증가한다.
(7) 부모와 학교간의 유대관계가 깊어진다.
(8) 민족 집단의 요구에 대응하는 힘이 길러진다.

이 시기에는 상호의존성이 점점 높아지는 국제사회에서 경제와 외교 면에서의 캐나다의 역할에 중요한 국가자원이 된다고 생각하여 유산언어의 유지와 추진이 제기되었다.


## 5-3. 정체기(1990-현재)

1990년에는 경제의 불황으로 인해 재정긴축정책의 일환으로 연방정부의 유산언어교육에 대한 지원이 끊기고 주의 지원도 감소해 정체기로 들어선다. 브리티시컬럼비아 주에서는 enrich model로서의 유산언어교육이 1994년에 들어서 매우 늦게 시작되었다. 다문화주의법이 발효되어 어쩔 수 없이 시작한 부분도 있다. 1994년 이전에는 민간의 유산언어 프로그램에 대한 정부의 지원도 없었다. 온타리오 주에서는 Heritage Language Program이 International Languages로 불리며 1994년부터는 초등교육의 외국어 교육의 일환으로 취급되었다. 유산언어교육이 특정한 민족 집단의 모어보호라는 성격이 옅어지고, 열린 유산언어교육을 통해 모든 캐나다인 학생들이 참가할 수 있는 외국어교육으로 변화해왔다. 이 변화에 대한 해석에 관해서는 향후의 동향을 조금 더 지켜본 후에 논하고자 한다.

캐나다의 다양한 언어교육 중에서 획기적인 언어이론이 탄생했다. 앞서 제시한 국립유산언어연구소의 짐 커민스는 캐나다로 온 이주자의 자제들을 조사·연구하여 제1언어(모어, L1)와 제2언어(L2)의 관계에 대해서 '상호의존설interdependence principle'을 주장했다. 물론 두 언어는 문자와 발음, 그리고 문법이 모두 다르기 때문에 표층 면에서는 다른 말이지만, 인지, 학력과 관계가 깊은 심층 면에서는 공통적인 부분이 있어 제1언어를 강화하면 제2언어도 강화되며 제1언어로 습득한 인지, 학력은 제2언어에서도 활용가능하다는 결론을 제시했다. 즉 심층 면에서는 두 언어는 서로 영향을 미치며 전이된다는 것이다. 각 언어로 다른 표층 면을 BICSbasic interpersonal communicative skills, 인지, 학력과 관계가 깊은 심층 면을 CALPcognitive/academic language proficiency라고 부르며 제1언어와 제2언어의 CALP는 상호의존적이라고 생각했다.

구체적인 예를 제시하면, 제1언어로 '고결'이라는 추상개념을 알고 있으면 제2언어로 그 개념에 대한 말을 기억하면 된다. 하지만 제1언어에서 이 개념이 머리에 들어있지 않으면, 제2언어에서 이 개념을 머리에 넣고 단어를 기억하는 작업을 하지 않으면 안된다. 이 상호의존설에 관련해서 커민스는 '문지방설threshold hypothesis'을 제창했다. 제2언어를 습득하기 위해서는 제1언어가 일정한 문지방의 높이에 도달해 있는 것이 전제가 된다. 고도한 언어의 습득은 학습자의 인지 면에 자극을 주고 두 언어능력은 상승효과로 이어져 양방이 보다 강화된다. 또한 어느 쪽의 문화권과도 위화감 없이 어울리는 신 통합형의 귀속의식을 가진다. 반대로 제1언어가 문지방 이하인 경우, 두 언어 능력은 모두 저하되며 인지 면에서도 마이너스 영향을 준다. 귀속의식도 혼돈하는 경향이 있다.

또한 맥길대학의 램버트W. E. Lambert는 제1언어를 유지하면서 제2언어를 습득할 수 있는 상황을 부가적 바이링구얼리즘additive bilingualism, 제2언어의 습득이 제1언어를 어느 정도 잊어버리게 하는 상황을 감소적 바이링구얼리즘subtractive bilingualism이라고 불렀다.

이상으로 2언어다문화주의와 언어정책, 언어교육의 관계에 대해 살펴보았다. 2언어주의는 법적으로도 확실하게 확립되어 있고 제대로 된 언어정책 하에 언어교육이 시행되고 있는 것에 반해, 다문화주의법은 법적으로도 취약하고 언어정책도 제대로 갖추어져 있지 않으며, 재정이 어려워지면 우선적으로 예산이 삭감된다는 사실을 알 수 있었다.


## 6. 나가며

캐나다는 일본과 달리 이민족으로 구성된 나라이다. 건국초기 주류를 이뤘던 영국계와 프랑스계의 관계도 복잡하지만, 언어정책적으로는 1867년의 '영국령 북아메리카 조례', 1969년의 '공용어법', '1982년 헌법'으로 연방레벨에서 영어와 프랑스어의 평등한 지위가 보장되고 있다. 언어교육 면에서도 2공용어주의에서 비롯된 이머전 프로그램과 바이링구얼리즘의 연구 등 주목할 만한 것이 많다. 공용어 소수파라 불리는 프랑스계 외에도 세계 각지로부터 이민자를 수용하고 있다. 1971년에 다문화주의를 선언하고 1988년에는 다문화주의법이 성립하여 유산언어교육도 장려되었다. 하지만 다문화주의가 왕성하게 주장되던 1980년대에는 언어정책에서도 어느 정도 유산언어교육을 추진하는 방향이었지만 1990년대에 들어서 연방정부의 예산도 삭감되어 유산언어교육은 본래 소수파 모어유지의 색깔이 약해지고 외국어로서 자리 잡게 되었다.

언어교육 면에서는 커민즈의 문지방설을 비롯해 많은 연구 성과를 거두었으며, 최근에는 극히 일부지만 영어, 프랑스어에 유산언어를 더한 3언어교육(트리플링구얼리즘)의 연구도 진행되고 있다. 이것이 21세기를 주도하는 새로운 언어교육이 될지도 모른다.

선주민에 대해서는 트뤼도의 자유정권 하에 선주민의 역사적인 권리(어업권과 수렵권)에 더해 포괄적이고 추상적인 레벨에서 권리가 인정되었다. 하지만 선주민의 언어는 법적으로는 보장되지 않으며 현실적인 대응에 그치고 있다.

캐나다는 우여곡절을 겪고 2언어다문화주의를 채택했지만, 언어정책적으로는 역시 2공용어를 늘리는 언어교육에 무게를 실고 있다. 언어정책에는 국가와 다수파의 의견이 크게 반영되기 때문이다. 어쨌든 캐나다는 전 세계에서 가장 먼저 다문화주의를 법률화하고, 이를 언어교육에도 반영시켜왔다는 점에서 높이 평가할 만하다. 향후의 동향을 계속 지켜보고자 한다.

참고문헌

伊東治己　1997.『カナダのバイリンガル教育』広島：渓水社

木村和男＆ダグラス・フランシス(編著)　1993.『カナダの地域と民族』東京：同文館

関口礼子　1998.「学校教育への多文化主義導入：オンタリオの場合」関口礼子(編著)『カナダ多文化主義に関する学際的研究』東京：東洋館

多文化主義研究会(編訳)　1997.『多文化主義』東京：木鐸社

中島和子＆鈴木美和子(編)　1997.『継承語としての日本語教育』カナダ日本語教育振興会

中島和子　2000.「カナダにおける 継承語教育」『バイリンガリズム』東京：国立国語研究所

中島和子　2001.『バイリンガル教育の方法』東京：アルク

西川長夫他(編)　1997.『多文化主義、多言語主義の現在』京都：人文書院

長谷川瑞穂　1990. "A Study of Language Policy and Language Education in Canada"『カナダ研究年報』10号　カナダ学会

長谷川瑞穂　1995.「カナダの多文化主義と言語教育」『東洋学園大学紀要』第3号

長谷川瑞穂　1999a.「二言語多文化主義への道」『英語教育』1999年10月号　東京：大修館書店

長谷川瑞穂　1999b.「二言語多文化主義と言語教育」『英語教育』1999年11月号　東京：大修館書店

長谷川瑞穂　2000.『カナダの遺産言語教育』(科研費報告集)東京：青文社

広瀬孝文　1988.「移民政策と言語教育に見る多文化主義の位置」関口礼子(編著)『カナダ多文化主義に関する学際的研究』東京：東洋館

Cobarrubias, J.(ed.)　1985. *Language Policy in Canada; Current Issues.* Quebec: International Center for Research on Bilingualism.

Cummins, J.(ed.)　1984. *Heritage Languages in Canada: Research Perspectives: Report of the Heritage Language Research Conference.* Ottawa

Cummins, J.　1994. "Heritage Language Learning and Teaching" in Berry, J. W. et al. (ed.) *Ethnicity and Culture in Canada.*, Toronto: University of Toronto(長谷川瑞穂他訳1997「遺産言語の学習と教育」『多文化主義』東京：木鐸社)

Dagenais, D. and Day, E.　1998. "Classroom Language Experiences of Trilingual

Children in French Immersion," *Canadian Modern Languages Reviews*. No.54.

Genesee, F. 1998. *A Case Study of Multilingual Education in Canada*. Cleveland: Multilingual Matters.

Kloss, H. and G. D. McConnell. 1998. *The Written Language of the World: A Survey of the Degree and Modes of Use*. Laval: Les Presses de L'universite.

Porter, J. 1995. *The Vertical Mosaic; An Analysis of Class and Power in Canada*. Toronto: University, Toronto Press.

Swain M. 1996. *"Integrating Language and Content" in Immersion Classroom*. CMLR.

TESOL Canada Federation. 1988. *Inventory of English Language Training for Non-Native Speakers of English at the Post-Secondary Level*. CIDA.

# 제 8 장

# 소수민족언어는 살아남을 것인가?
### - 다언어국가 영국의 언어정책과 언어교육 -

나카오 마사시中尾 正史

## 1. 들어가며

영국이 미국과 더불어 소위 영어권국가의 중심적 위치에 있는 것은 의심의 여지가 없을 것이다. '영어권 국가'라는 말에서 연상되는 나라가 어디냐는 질문에는 당연히 영국과 미국이라고 답하는 사람이 많다.

영국에 인구조사 등 공식적 통계는 없더라도, 영어모어화자가 압도적으로 많은 것은 두말할 것 없는 사실이다. 그러나 영어 이외의 언어사용자도 많고, 거기에서 파생된 많은 문제를 안고 있다는 것 또한 사실이다.

영국의 정식 명칭은 '그레이트 브리튼 및 북아일랜드 연합왕국'으로 잉글랜드, 스코틀랜드, 웨일즈, 북아일랜드라는 4지역으로 구성되며 각 지역의 언어 현황은 상이하다. 1998년 이래 지방분권이 진행되어 스코틀랜드 의회, 웨일즈 의회, 북아일랜드 의회에 많은 권한이 이양되었고, 이 일은 지방 언어정책과 언어교육정책에 큰 영향을 미치고 있다. 또한, 특히 잉글랜드 지역에서는 이민 출신자가 부모 혹은 조부모의 언어를 유지하고 있다는 상황도 간과할 수 없다.

스코틀랜드, 웨일즈, 북아일랜드, 잉글랜드 각 4지역에 고유의 언어가 존재하고, 소위 지역소수언어 문제는 정치문제와 깊이 연관돼 있다. 영국에서 소수언어는 이민자들의 언어인 커뮤니티언어와 원래 영국 내에 존재하던 지역 내 소수언어로 나뉜다. 나아가 지역 소수언어는 켈트어계 언어와 현대 영어와 마찬가지로 고영어에 기원을 둔 게르만계 언어로 나뉜다.

먼저 유럽이라는 틀 안에서 영국 언어문제를 생각할 필요가 있으며, 나아가 유럽연합EU이 가맹국의 시민 인권으로서 언어권 확보를 기본적 정책의 하나로 명확히 내세우고 다문화·다언어주의를 추진하는 상황에서 영국정부가 어떤 방식으로 다른 유럽 국가들과 발맞춰 나가고 있는지 고찰할 필요도 있다.

영국에서는 연합왕국으로서 언어의 지위를 규정하는 법률이 존재하지 않는다.[01] 공용어를 헌법 혹은 다른 법률로 규정하는 것을 언어정책이라 한다면 영국에는 언어정책은 존재하지 않는다고 해도 과언이 아니다. 뒤에 서술하겠지만, 영국 내에서 법적으로 언어의 지위를 규정하는 규정은 웨일즈 지방에서 영어와 웨일즈어의 지위를 동등하게 보장하는 [1993년 웨일즈어법(Welsh Language Act 1993)]이 유일하다.

영어를 영국 공용어로 규정하는 법률이 존재하지 않는 것에 대해 두 가지 이유를 유추할 수 있다. 첫째, 영어는 압도적인 힘이 있으므로 규정할 필요가 없었다는 점이다. 둘째, 런던 중앙정부 입장에서는 다른 3지역의 반발이나 반감을 살 위험이 있는 행위를 굳이 할 필요가 없었다는 점이다. 또, 에이거(Ager 1996 : 47)가 논했듯이, 영어의 지위를 법적으로 규정할 것까지 없이 사회적 질서, 기독교, 교육 보급 등으로 인해 자연스럽게 영어의 세력이 잉글랜드 외의 지역에도 확대되어 간 것이다.

잉글랜드와 다른 3지역의 언어정책을 고찰하면 중대한 차이가 존재한다. 잉글랜드의 경우, 영어 등 언어의 지위를 정하는 언어지위계획은 존재하지 않았으므로, 언어정책은 자연스럽게 언어습득 계획이나 언어

어휘(코퍼스) 계획을 다루게 되었다. 그런데 다른 3지역에서는 소수언어와 그 지역의 아이덴티티가 정치문제와 연관되어 논의되는 일이 많고, 언어지위 계획은 지극히 중요하다. 나아가, 언어유지, 언어부흥이라는 관점에서 언어어휘 계획과 언어습득 계획 역시 중요한 의미를 지닌다.

본고에서는 우선 유럽 다언어주의의 상황에 대해 고찰한다. 이어 영국의 지역소수언어가 놓인 상황을 개관할 것이다. 그리고 유럽의 일원, 즉 유럽연합의 가맹국으로서 영국이 지역소수언어에 대해 어떠한 대응을 할 것이 요구되는지 고찰한 뒤, 웨일즈, 스코틀랜드, 북아일랜드, 잉글랜드 각지의 언어정책을 고찰할 것이다. 지방분권 정치와 언어문제의 관계를 중시하는 동시에 지역 소수언어의 역사와 상황을 인식하면서 소수언어에 관한 지위확립 계획과 언어습득 계획을 고찰하고자 한다. 나아가 잉글랜드의 이민 언어를 다룰 것이다. 그리고 마지막으로, 언어교육, 언어교육 정책의 관점에서 잉글랜드의 언어정책을 고찰할 것이다. 거기서는 이민 아동이 유지하고 있는 커뮤니티 언어, 그리고 그들의 학교 교육의 문제에 관련해, 동화주의에서 다문화주의로 이행한 교육제도와 언어교육제도의 문제를 다루고자 한다. 1988년 교육개혁법에 의해 언어교육정책이 어떻게 변천돼 왔는지 살펴보는 것이 잉글랜드의 언어정책에 대한 고찰이 된다고 말할 수 있기 때문이다.


## 2. 유럽의 다언어주의와 영국

유럽연합이 가맹국의 시민인권을 중시하고 있는 것은 잘 알려져 있다. 인권에는 민족적 문화적 배경, 종교적 아이덴티티와 함께 자신의 모어가 무엇이든 언어에 의한 차별을 허용치 않는 언어권도 포함된다는 것이 유럽인들 사이에서는 공통인식이 되어가고 있다. 영국은 모든 EU정책을 전면적으로 따르고 있지는 않지만 언어권에 관해서는 특별한 이의를 제기하지 않고, 유럽 다언어주의의 흐름에 따르고 있다고 할 수 있다. 즉 영국도 유럽 나라들과 보조를 맞추어 지역적 소수언어를 인정하는 방향으로 나아가고 있다.

1981년 10월 16일에 유럽의회는 '아르페 보고결의안Arfe Resolution'을 채택했다. 이는 지역언어문화와 소수민족의 권리를 보호하기 위한 결의이다. 그 후 1987년 10월 30일에는 유사한 결의인 '퀘이페르스 보고결의안Kuijpers Resolution'이 채택되어 유럽에서 소수언어 보호의 방향성이 결정되었다 할 수 있다.

1990년에는 파리에서 유럽안전보장협력기구Organization for Security and Co-operation in Euroup, OSCE가 채택한 '새로운 유럽을 위한 헌장the Charter for a New Europe'에 언어확보권에 관해 기술되어 있다. 거기서는 가맹국가에 거주하고 있는 소수민족의 민족적 아이덴티티, 문화적 아이덴티티, 종교적 아이덴티티와 더불어, 언어적 아이덴티티도 확보되어야 한다고 쓰여 있다.

유럽연합의 경우, 1992년 2월 7일에 마스트리히트에서 조인되어 1993년 11월에 발효된 유럽연합조약Treaty of European Union[02]의 조항 속에도 교육 관련으로 가맹국의 문화적 다양성과 언어적 다양성을 긍정하는 항목이 존재한다. EU가 소수민족의 언어권을 존중하고 있다고 판단할 수 있는 중요한 문건이다.

1999년 1월, 유럽심의회는 2001년을 '유럽언어의 해European Year of Languages'라 선언했다. 가맹국 국민의 언어권 보호와 유럽의 언어적 문화유산의 보호를 제창한 것이다. 이 제청에 따라 유럽의 다문화 다언어주의의 추진과 다언어사회의 언어교육에 관해 유럽 전역에 걸친 기획과 각국 독자의 기획이 실시되었다. EU도 2000년 6월 8일에 공식적으로 이

선언을 채택했다.

영국은 EU의 언어정책 방침에 전면적으로 찬성해 오지는 않았지만, EU 안에서 강한 영향력을 가진 국가라는 것은 명백하다. 그 때문에 영국 언어정책 고찰을 위해서는 영국이 유럽 사회의 일원이며, 유럽의 다문화주의와 다언어주의의 영향 아래 있다는 것을 이해하는 것에서 출발해야 할 것이다.


## 3. 영국 지역소수언어

영어권 국가의 중심적 존재인 영국에도 전 세계의 대부분의 나라와 마찬가지로 지역소수언어와 그 화자가 존재한다. 그 때문에 언어권에 관한 문제도 존재한다.

EU가맹국의 소수언어화자의 언어권을 옹호하는 것을 목적으로 활동하고 있는 비영리단체로 '유럽소수언어사무국European Bureau for Lesser Used Language, 이하 EBLUL'[03]의 존재와 활동은 중요하다. EU가맹국의 시민으로 거주국가 내의 지배적인 언어가 아닌 말을 사용하고 있는 4천만명의 소수언어화자의 언어권을 위해 활동하는 비정부단체이다. 소수언어 유지와 사용촉진 및 언어권을 옹호하는 일이 활동의 중심이라 할 수 있는데, 최종적으로는 유럽의 언어들, 각 국가 나아가 국가 내 지역이라는 모든 레벨에서 소수언어로 행정서비스를 받을 수 있도록 법적으로 보장하는 것을 목표로 하고 있다.

EBLUL은 EU가맹국 내의 소수언어 상황을 검토하며 영국 내 다음 언어를 소수언어로 인정한다. 웨일즈의 웨일즈어Welsh, 스코틀랜드의 스코틀랜드 겔어Scottish Gaelic와 스코틀랜드어Scots, 북아일랜드의 아일랜드 겔어Irish Gaelic와 얼스터 스코틀랜드어Ulster Scots, 잉글랜드의 콘월어Cornish 의 6개 지역 소수언어이다.

영국 지역소수언어에 관해 유럽심의회의 '지역적 또는 소수언어에 관한 유럽헌장European Charter for Regional or Minority Language'[04]은 지극히 중요한 의미를 지닌다. 이 헌장은 1992년 11월 5일에 서명이 시작되어 1998년 3월 1일에 5개국의 비준에 의해 발효되었다. 영국 정부는 2000년 3월 2일에 서명하고 2001년 3월 27일에 비준하였으며, 2001년 7월 1일에 발효하기에 이르렀다.

이 헌장은 5개 장으로 구성되어 있다. 제1장은 개략의 규정이고, 제2장은 목표와 원칙, 제3장은 공적 생활에 있어 소수언어의 사용과 촉진을 위한 기준에 관한 것, 제4장은 이 헌장의 응용, 제5장은 최종적인 조건을 기술하고 있다.

이 헌장의 제3장이 적용되는 언어는 웨일즈어, 스코틀랜드 겔어, (북아일랜드의) 아일랜드어로 3개어이다. 제2장이 적용되는 언어는 스코틀랜드어와 얼스터 스코틀랜드어의 2개어이다. 이 헌장에 영국 정부가 서명과 비준을 완료한 것은 영국 정부가 공식적으로 5개 언어를 소수언어로 인정했다는 점에서 지극히 중요한 의미를 가진다. 스코틀랜드어와 얼스터 스코틀랜드어를 영어의 변종이 아니라 언어로 인정했다는 점도 주목할 만한 일이다. 콘월어만 소수언어로 인정받지 못했다.


## 3-1. 웨일즈의 소수언어

1998년 7월 성립의 '1998년 웨일즈 정부법'에 따라 웨일즈에 의회가 설립됐다. 웨일즈 의회의 영어 표기는 the National Assembly for Wales이며, 웨일즈어 표기로는 Cynulliad Cenedlaethol Cymru가 된다. 많은 권한

이 연합왕국의 웨일즈국UK Welsh Office에서 웨일즈 의회로 이양되었다.


### 3-1-1. 웨일즈어

웨일즈어는 인도유럽어족 중 켈트어파에 속하는 언어이다. 1991년의 웨일즈 인구조사에 의하면, 인구 19%(약 50만명)가 웨일즈어 말하기가 가능하다고 인정하고 있다. 표 1에서 보듯이 웨일즈어도 지역에 따라 61%~2.4%라는 큰 격차가 있다.

표 1 : 웨일즈 인구조사(1991)의 지역별 웨일즈어 화자수와 비율

| 지역 | 3세 이상 인구 | 웨일즈어 화자수 | 비율 |
|---|---|---|---|
| Gwynedd | 226,862 | 138,413 | 61.0% |
| Dyfed | 331,812 | 144,998 | 43.7% |
| Clwyd | 392,812 | 71,405 | 18.2% |
| Powyd | 113,333 | 22,871 | 20.2% |
| W. Glam | 347,779 | 53,268 | 15.0% |
| M. Glam | 511,656 | 43,263 | 8.4% |
| S. Glam | 375,857 | 24,541 | 6.5% |
| Gwent | 423,794 | 10,339 | 2.4% |

출처 : Clive James and Colin H.Williams(1997 : 278)

웨일즈어의 공적지위는 1993년에 제정된 '1993년 웨일즈 언어법'으로 규정된다. 거기서는 웨일즈 지역에서 웨일즈어와 영어의 지위를 대등한 것으로 규정하고, 그에 기반해 언어지위 계획이 수행되고 있다. 이 언어법의 조항 속에 공용어라는 단어는 등장하지 않는다. 또한, 초안 작성시에는 '웨일즈어와 영어라는 두 가지 언어를 웨일즈의 공용어로 삼는다'라는 조항이 있었으나, 완성본에는 '공용어'라는 표현이 삭제되었다. '공용어'라는 말이 사용되지 않아도 명백히 언어의 지위를 규정하고 있다는

점에서 이 법은 영국의 언어지위계획에서 지극히 중요하다.

공적 서비스 분야를 보면, 지방정부에서 주민은 웨일즈어로 대응 받을 권리가 인정된다. 중앙정부에서도 웨일즈어 커뮤니케이션이 인정된다. 웨일즈어 문서를 제출하면, 웨일즈어로 대답을 들을 수 있다.

웨일즈 의회에 많은 권리가 이양됨에 따라, 웨일즈어의 지위와 교육에 관해 새로운 움직임이 시작되었다. 앞으로도 웨일즈어법의 수정 등 웨일즈어의 앞날이 주목된다.


## 3-2. 스코틀랜드의 소수언어

1998년 11월에 '1998년 스코틀랜드법'이 성립하여, 스코틀랜드에 의회가 설치되었다. 스코틀랜드 의회는 Scottish Parliament라 불리며 UK Parliament와 마찬가지로 Parliament로 표기된다. assembly가 사용되는 웨일즈 및 북아일랜드보다도 상위 취급을 받는다. 의회개설과 더불어 많은 권한이 연합왕국의 스코틀랜드 정부에서 스코틀랜드 의회로 이양되었다.


### 3-2-1. 스코틀랜드 겔어

스코틀랜드의 겔어는 웨일즈의 웨일즈어와 마찬가지로 켈트계 언어이다. 모어로 사용하는 언어인구가 존재하는 지역소수언어이다.

스코틀랜드 인구조사에서는 스코틀랜드 겔어에 관한 조사항목이 존재한다. 맥킨논(MacKinnon 1991 : 121)이 상세히 서술하듯이, 스코틀랜드 인구조사의 질문항목에 처음 겔어에 관한 능력이 도입된 것은 1881년의 일이다. '습관적으로 사용하는가'를 묻는 것이었다. 1891년부터 1961년까지 인구조사에서는 '겔어와 영어 양쪽 사용하는가' '겔어 만을 사용하는가'라는 질문이 있었다. 1971년 인구조사에서는 '겔어를 사용하는가'라는 질문으로 돌아가고, 나아가 '읽을 수 있는가' '쓸 수 있는가'라는 항목도 추가되었다. 1981년 인구조사에서는 '겔어 만을 사용하는가'라는 선택지는 없어졌다.

표 2는 1891년부터 1991년까지 인구조사에서 겔어화자의 인구와 전 인구에 대한 비율을 나타낸다. 1941년에는 인구조사가 실시되지 않았다.

표2 : 인구조사로 보는 겔어 화자 추이

| 인구조사 연도 | 화자수 | 총인구 대비 비율 |
|---|---|---|
| 1891년 인구조사 | 254,415명 | 6.3% |
| 1901년 인구조사 | 230,806명 | 5.2% |
| 1911년 인구조사 | 202,398명 | 4.3% |
| 1921년 인구조사 | 158,779명 | 3.3% |
| 1931년 인구조사 | 136,135명 | 2.8% |
| 1951년 인구조사 | 95,447명 | 1.9% |
| 1961년 인구조사 | 80,978명 | 1.6% |
| 1971년 인구조사 | 84,580명 | 1.6% |
| 1981년 인구조사 | 79,297명 | 1.6% |
| 1991년 인구조사 | 65,978명 | 1.3% |

출처 : General Register Office Scotland(1994)
1991 Census Gaelic Language Scotland.

지역의 인구에 대비해 겔어 화자의 비율이 높은 지역이 존재하지만 낮은 지역도 있어 편차가 존재한다(표 3 참조).

표 3 : 스코틀랜드 인구조사(1991)의 지역별 겔어 화자수와 비율

| 지역 | 3세 이상 인구 | 겔어 화자수 | 비율 |
|---|---|---|---|
| Border | 100,292 | 460 | 0.5% |
| Central | 257,776 | 1,612 | 0.6% |
| Dumfries and Galloway | 142,531 | 515 | 0.4% |
| Fife | 328,180 | 1,477 | 0.5% |
| Grampian | 484,514 | 2,491 | 0.5% |
| Highland | 196,303 | 14,713 | 7.5% |
| Lothian | 698,590 | 4,205 | 0.6% |
| Strathclyde | 2,162,418 | 18,283 | 0.8% |
| Island Areas | | | |
| Orkney | 18,834 | 92 | 0.5% |
| Shetland | 21,572 | 105 | 0.5% |
| Western Isles | 28,569 | 19,546 | 68.4% |

출처 : Clive James and Colin H.Williams(1997 : 282)

1991년 4월 21일에 실시된 인구조사에서 스코틀랜드 겔어에 관한 질문항목과 선택은 아래와 같은 것이었다(원문대로 표시).

Can the person speak, read, or write Scottish Gaelic?

Please tick the appropriate box(es).

□ Can speak Gaelic

□ Can read Gaelic

□ Can write Gaelic

□ Does not know Gaelic

출처 : General Register Office Scotland(1994)
1991 Census Gaelic Language Scotland.

스코틀랜드 인구는 4,998,567명이며, 1세에서 2세까지 인구는 188,869명이다. 그러면 이 질문에 회답할 수 있는 3세 이상 인구는

4,809,698명이 된다. 1991년의 인구조사에서 나타난 스코틀랜드 겔어 능력을 보유한 인구는 표 4와 같다.

표 4 : 1991년 인구조사에 나타난 스코틀랜드 겔어 능력에 관한 회답수

|  | 회답자수 |
|---|---|
| 겔어를 말한다 Speaks Gaelic | 65,978명 |
| 겔어를 읽을 수 있다 Reads Gaelic | 42,159명 |
| 겔어를 쓸 수 있다 Writes Gaelic | 30,760명 |
| 겔어를 말하고 쓸 수 있다 Speaks and reads Gaelic | 38,876명 |
| 겔어를 말하고, 읽고, 쓸 수 있다 Speaks, reads and writes Gaelic | 29,450명 |
| 겔어를 말하거나 읽거나 쓰거나 중 할 수 있는 것이 있다<br>Either speaks, reads or writes Gaelic | 69,510명 |

출처 : General Register Office Scotland(1994)
1991 Census Gaelic Language Scotland.

2001년 4월 29일에 실시된 인구조사에서는 개인에 관한 항목의 35조사항목 중 16번에 겔어에 관한 다음과 같은 조사항목과 선택지가 있었다.

Can you understand, speak, read, or write Scottish Gaelic?

   ∨ all the boxes that apply.

   □ Understand spoken Gaelic

   □ Speak Gaelic

   □ Read Gaelic

   □ Write Gaelic

   □ None of these

스코틀랜드에서도 웨일즈와 마찬가지로 2언어교육이 실시되고 있다. 1975년 서부제도심의회Comhairle nan Eilean(영어표기는 the Western Islands

Council)는 스코틀랜드 최초로 2언어교육 프로젝트를 발족했다. 웨스턴 아일즈 지방의 20개 초등학교를 대상으로, 스코틀랜드 교육부 지원을 받아 시작한 프로젝트였다. 1981년에는 2언어교육을 지역의 모든 초등학교에서 실시하는 것이 웨스턴 아일즈의 공식정책이 되기에 이른다.

스코틀랜드에서 겔어교육에 관한 주도적 역할을 담당하는 단체 중 겔어 부흥과 추진에 관계하고 있는 모든 단체를 통괄하는 콤 나 게리그 Comunn na Gaidhlig(이하 CNAG)와 겔어를 교육언어로 하는 고등교육기관(대학)인 사울 모르 오스타그Sabhal Mor Ostaig(이하 SMO)의 활동내용은 주목할만 하다.

CNAG는 1984년에 설립되었으며, 정부에서 자금원조를 받아 겔어와 겔어문화의 진흥과 발전을 위해 활동하는 단체를 모아 구성되어 있다. 주요 활동목적은 겔어 사용 촉진, 겔어의 공적지위 획득, 겔어 교육, 겔어 화자가 거주하는 지역에서 젊은이와 커뮤니케이션 활성화 등이다. CNAG 활동 중 특필할 것은 1993년에 '겔어 언어법안 시안'을 제출한 것이다. 스코틀랜드에서 영어와 겔어는 동등하다는 법안 성립을 목적으로 하고 있다.

SMO는 스카이섬의 슬리트Sleat에 있는 대학Further Education College으로 겔어가 교육언어로 사용되는 고등교육기관이다. 1973년에 설립된 이래, 겔어 교육 및 겔어를 쓰는 교과교육에 공헌하고 있다. SMO는 대학에 관계있는 업무 고용을 통해 지역사회의 경제에도 영향을 주고 있다. 겔어가 직접적으로 경제효과와 연결되는 것은 겔어의 장래를 위해 중요하다.

스코틀랜드 의회에서는 겔어에 관한 논의가 시작되었다. 1999년 5월 13일에 도널드 듀어Donald Dewar가 스코틀랜드 의회 담당의 초대장관으로 취임하여, 그 후 1999년 7월 1일에 스코틀랜드 분권화가 완료되었다. 1999년 10월 20일에 의회 안 위원회인 '기업 내 학습 및 생애학습에 관한 위원회Enterprise and Lifeling Learning Committee'에서 겔어에 관하여 의견교환을 했다. CNAG의 앨런 캠벨Allen Campbell과 SMO의 라클란 딕 Lachlan Dick과 칼룸 로버트슨Calum Robertson이 요청에 응해 출석해 두 단체의 활동내용을 보고했다. 그 뒤 의원들이 질문과 코멘트를 했다. 겔어 스피치는 동시통역 되었고, 헤드폰에서 영어통역을 들을 수 있었다.

2000년 3월 2일 의회본회의에서 스코틀랜드 정부의 겔어 담당 알래스더 모리슨 의원Alasdair Morrison(노동당)이 겔어에 관한 의안을 제출했다. 동시에 브라이언 몬테스 의원Brain Monteith(보수당)이 수정안을 제출했다. 겔어의 금후 발전과 사용의 확대를 위한 스코틀랜드 정부의 정책전반에 관해 특히 겔어를 교육언어로 하는 교육 등에 관해 스코틀랜드 의회는 환영하는 입장을 표명한다는 제안과 겔어를 교육언어로 하는 학교에 자원원조를 하는 것 등이 포함된 수정안이었다. 1307년 이후 처음으로 의회 본회의에서 겔어가 사용된 회의이다. 동시통역도 있었다. 겔어에 관한 전체상이 밝혀지고 이어 본 안건인 겔어를 교육언어로 하는 교육에 관한 논의가 전개되었다. 그 후, 수정안 제출자의 소견 발표, 그에 대한 찬반 토론이 이루어졌으며 표결 결과, 찬성 17표, 반대 87표, 기권 없음으로 부결되었다. 찬성표는 보수당소속 의원 17명 전원의 것으로, 보수당이 정책에 대해 고집해 온 결과이다. 이어 원래대로의 제안이 표결에 붙여졌고, 이는 만장일치로 가결되었다. '언어습득 계획'으로서 이 본회의의 의론과 결과는 지극히 중요하다.

언어지위 계획, 곧 겔어에 공용어의 지위를 부여할 것인가 하는 의론은 아직 의회 본회의에 부쳐지지 않았으나, 스코티시 내셔널당(스코틀랜드 민족당, 스코틀랜드 국민당이라고도 한다)에 소속된 마이클 러셀의원이 2000년 7월 6일에 의원입법안으로 제시했다. 스코틀랜드 지역내 겔어와 영어의 평등, 사법현장에서 겔어 사용, 겔어로 교육을 받을 권리 등이 그 내용이다. 2000년 8월 4일에 정식 제안으로 인정되었으나 본회의 장에서 논의되지는 못했다.

### 3-2-2. 스코틀랜드어

스코틀랜드에는 켈트어 기원의 스코틀랜드 겔어 외에 영어와 마찬가지로 게르만어 기원으로 고ㅎ영어에서 갈라져나온 스코틀랜드어Scots가 존재한다. 로버트 번즈의 시로 알려진 언어인데, 해외에서는 영어의 일종인 '스코틀랜드 영어'로 취급되는 일이 많다. 즉, 영어의 변종(방언)으로 분류되어 온 것이다. 본고는 '스코틀랜드어'라는 명칭을 사용하지만 일반적인 것은 아니다. 스코츠어라고 할 수 있을지도 모르지만 그 명칭 역시 마찬가지로 일반적이라 할 수는 없을 것이다.

스코틀랜드어 화자수에 관한 공식 통계는 존재하지 않는다. 1996년 출생 등록국의 추정에서 150만명이 구어능력을 갖고 있다고 한다.

스코틀랜드에서 사용되는 영어로 '스코틀랜드 표준영어Scottish Standard English'등이 있는데 이처럼 기본 철자법이 영미 표준 영어에 가까운 변종은 영어의 스코틀랜드 방언으로 취급하여 스코틀랜드어와는 별개로 생각하는 것이 타당할 것이다. 그러나 스코틀랜드어와 스코틀랜드방언의 경계는 애매하며, 스코틀랜드어 화자에게 영어와 스코틀랜드어의 바이링구얼이라는 의식이 있는지 의문스럽다.

스코틀랜드어를 하나의 언어로 간주하고 사용촉진 활동을 하고 있는 단체인 '스코틀랜드어 협회'(영어명 The Scots Language Society, 스코틀랜드어명 The Scots Leid Associe)의 공식 사이트의 모두 부분을 비교해 보면 각각 다른 언어로 다루는 것이 타당하다는 사실이 이해될 것이다. 이하 원문과 요약된 번역을 보자.

(원문)

The Scots Leid Associe wis foondit in 1972 an ettles tae fordle Scots in leeteratur, drama, the media, eddication an in ilka day uiss. Akis Scots

wis ance the state langage o Scotland, it's a vailid pairt o wir heirskip
an the associe taks tent tae the fact that it should can tak its steid as a
langage o Scotland, alang wi Gaelic an Inglis.

(영어)

The Scots Language Society was founded in 1972 and exists to
promote Scots in literature, drama, the media, education and in every
day usage. Since Scots was once the state language of Scotland, it is a
valid part of our heritage and the society recognises that it should be
able to take its place as a language of Scotland, along with Gaelic and
English.

(요약 번역)

스코틀랜드어 협회는 1972년 설립되어 스코틀랜드어의 문학, 연극,
미디어, 교육, 일상생활에서 사용을 촉진하기 위해 존재한다. 스코틀랜드
어는 일찍이 스코틀랜드의 국가언어였으므로 근거 있는 유산이다. 스코
틀랜드어는 스코틀랜드 겔어, 영어와 마찬가지로 스코틀랜드 언어의 하
나로 취급해야 한다.

스코틀랜드어를 영어의 방언으로 취급할 것인가, 별개 언어로 다룰
것인가에 대해 영국 내에서도 논의는 이어지고 있다. 이런 사정으로 스
코틀랜드어에 특별한 지위를 부여하여 계획을 세우는 일은 난항을 겪고
있다 할 수 있다.

### 3-3. 북아일랜드의 소수언어

북아일랜드는 프로테스탄트계 주민과 가톨릭계 주민 사이에 분쟁이 이어지고 있다. 1969년 이후 가톨릭계 과격파 정치결사인 아일랜드공화국(IRA)의 연속 테러 등이 보도되었다.

1998년 4월 10일, 벨파스트에서 영국의 토니 블레어 수상과 아일랜드 공화국의 버티 아헌 수상이 북아일랜드 평화협정('굿 프라이데이 어그리먼트'라 불리는 일이 많다)에 서명했다. 그 뒤 1998년 5월 22일에 평화협의에 대한 찬반을 묻는 북 아일랜드 주민투표가 실시되어 압도적 다수(찬성 71.1%, 반대 28.9%, 추정 투표율 81%)로 승인되었다. 그리고, 1998년 5월 25일에 지방의회 선거가 치러졌다. 의회개설에 따라 교육에 관한 권한 역시 연합왕국 정부에서 북아일랜드 의회로 이양되었다.

이처럼 북아일랜드 상황은 지역소수언어인 아일랜드 겔어와 얼스터 스코틀랜드어에도 많은 영향을 미치게 되었다. 의회의 공식 기록으로 영어에 더해 아일랜드 겔어와 얼스터 스코틀랜드어가 사용되는 일도 있어 북아일랜드의 소수언어문제는 주목받고 있다. 3년마다 개최되는 '스코틀랜드와 얼스터 언어에 관한 국제회의International Conference on the Languages of Scotland and Ulster'에서 활발한 논의가 전개되고 있다.

### 3-3-1. 아일랜드 겔어

아일랜드 겔어는 켈트어 기원어로 그저 아일랜드어라 불리는 일도 많다. 아일랜드와 북아일랜드는 역사적 관련도 있어 북아일랜드 안에도 아일랜드 겔어 화자는 존재한다. 1991년 인구조사에 따르면 142,003명이 이 언어에 관한 지식이 있다고 했다.

### 3-3-2. 얼스터 스코틀랜드어

얼스터 스코틀랜드어는 영어와 기원이 같은 게르만어계의 언어이다. 스코틀랜드어의 방언 중 하나로 취급되는 일이 많다. 또, 스코틀랜드어는 영어의 방언의 하나로 취급되는 일이 많아서 그 결과 얼스터 스코틀랜드어도 영어의 방언으로 취급되는 일이 많았다. 화자수에 관해서 공식적 통계는 없지만 EBLUL의 추정으로는 10만명이 구어능력이 있다고 한다.

1998년 4월 10일에 평화합의가 성립된 후 북아일랜드에서 얼스터 스코틀랜드어를 영어의 방언 중 하나가 아니라 하나의 언어로 취급해야 한다고 주장하는 사람이 증가하고 있다.

새로 설치된 북아일랜드 의회에서는 1999년 2월 9일에 벨파스트에서 구인광고를 게재하고 영어와 얼스터 스코틀랜드어로 공식 기록을 편집할 직원을 모집했다. 아래에 영어와 얼스트 스코틀랜드어의 구인광고 일부를 원문 채로 게재하는데 고도의 영어 능력을 가진 사람이라도 얼스트 스코틀랜드어만을 읽고 내용을 이해하기는 상당히 힘들며, 불가능이라 해도 과언이 아닐 것이다. 이러한 사실만 봐도, 얼스터 스코틀랜드어를 영어의 방언이 아닌 다른 언어로 취급하는 것이 타당할 것이다.

(얼스터 스코틀랜드어)

It's noo apen fur tae pit in jap foams tha ontak o Unner-Editor(Inglis an Ulster-Scotch) wi tha Chaummer o tha Scrievit Accoont(Hansard) o tha New Ulster Semmlie sittin at tha Tolsel Biggins, Stormont, Belfast. A start wull be gien fur sax month, wi anither contraick aiblins forbye.

(영어)

Application are invited for the post of Sub-Editor(English and

Ulster-Scots) in the Office of the Official Report(Hansard) of The New Northern Ireland Assembly, which is located at Parliament Buildings, Stormont, Belfast. The appointment will be six months, with the possibility of renewal of contract.

(요약 번역)

새로운 북아일랜드 의회의 의사록 담당국에서 영어와 얼스터 스코틀랜드어가 가능한 부편집장을 모집. 근무지는 벨파스트시 스토몬트 의회 빌딩. 계약은 6개월. 갱신 가능.


## 3-4. 잉글랜드의 소수언어

### 3-4-1. 콘웰어

콘웰어는 웨일즈어와 스코틀랜드 겔어와 마찬가지로 켈트어원의 언어이다. 부흥 운동이 활발해 지고 있다고 하지만 EBLUL에 따르면, 모어화자 인구는 거의 없는 것과 다름 없는 상황이라고 한다. 또, 잉글랜드 내에 콘웰 지방이 위치하므로, 웨일즈어와 같은 소수언어 화자의 권리라는 관점에서 두터운 법적 보호도 기대할 수 없다.


## 4. 잉글랜드의 이민자 커뮤니티 언어

영국, 특히 잉글랜드 지방에는 제2차 세계대전 이후 옛 식민지를 중심으로 많은 나라에서 온 이민자가 증가했다. 이민자들은 가족단위로 잉글랜드 안에 정착하게 되었다. 그들은 가정 내에서는 영어 이외의 언어를 사용하므로, 잉글랜드에서 태어나고 자랐어도 가정 내에서는 영어가 아닌 언어를 사용하는 아이들이 늘고 있다. 1950년대에서 60년대에 걸쳐 영국에서도 동화주의가 중시되었으나 EC유럽 공동체와 EU유럽연합가 다문화주의 정책을 내세운 것과 연동하여 영국도 유럽 선진국과 보조를 맞추게 되었다. 이민자들의 출신국 문화를 존중하는 다문화주의로 방향전환을 하게 된 것이다. 그 결과, 이민자의 자손인 아이들에 대한 학교교육, 그 중에서도 특히 영어 교육과 외국어 교육에 영향을 미쳤다. 이민자와 그 자손이 보유하고 있는 언어는 Community Language 또는 mother tongue이라고 불리고 있다. 또한, 영국에서 영어를 모어로 하지 않는 아이들의 모어교육을 Mother-tongue Education이라고 부르는 일이 많다. 본고에서는 '모어유지 교육'이라고 번역하기로 한다.

모어유지 교육이 어느 정도 실시되어야 할 것인지 의견은 갈리지만, 톨렌프슨(Tollenfson, 1991 : 47)은 다음 4그룹의 의견으로 분류할 수 있다고 서술한다. 제1그룹은 영어 이외의 언어를 유지하고 서포트한다는 목적으로 모어유지 교육을 지지한다. 제2그룹은 영어만을 사용하는 수업에 대응가능할 때까지 이행기간 동안만 모어유지 교육을 지지한다. 제3그룹은 자신의 비즈니스라는 목적을 위한 모어 읽기쓰기 능력향상을 지지한다. 제4그룹은 전통적 외국어 교육 수업을 제외하고 소수언어에 대한 어떠한 공식적 서포트도 반대한다. 소수언어는 본질적으로 다방면에 걸쳐 있으므로 그 민족집단이 책임져야 하며, 공적자금에 의지하지 말고 주말이나 방과 후 교실에서 가르쳐야 한다는 의견이다.

1977년에 EC는 가맹국 내 이민노동자의 아이들의 모어 교육에 관해 '이민노동자의 아동 교육에 관한 권고(the Education of the Children of Migrant Workers, July 77 : 486)'라는 지시directive를 가맹국에 내리고, 1981

년 7월 25일부터 이 지시에 따를 것을 요구했다. 이 지시는 제3조에서 이민자의 언어 유지에 관해 다음과 같이 권고한다. '모든 가맹국은 국가의 상황과 법적 체계에 대응하며 이민자의 출신국과 협력하는 동시에 정규 학교교육에 대응해, 이민 아동의 고유 언어와 문화를 가르치는 것을 촉진하기 위한 방책을 마련해야 한다'는 지시이다.

이 지시는 EC의 정책이라는 틀에서 다문화주의를 표명하고 있다고 할 수 있다. 다문화주의를 인정하고 추진하므로써, 가맹국 국민의 언어에 관한 권리 즉 언어권을 인권의 일부로 인정하고 있다는 사실로 연결될 것이다.

EC는 이 지시에 관련된 보고서(EC Report in 1984)를 공표했다. 이 보고서에서 영국은 다른 EC가맹국에 비해 모어유지 교육 실시가 충분치 않다고 지적됐다. 영국에서는 가정 내 영어 이외의 언어를 사용하는 아이들 중 자신의 모어로 초등교육을 받고 있는 비율이 겨우 2.2%에 지나지 않았다. 그러나 네덜란드에서는 네덜란드어가 아닌 자신의 모어로 초등교육을 받는 아동 비율이 80%에 이른다.

이 EC지시에 대응하여 1979년에 런던대학 교육대학원이 중심이 되어 주로 잉글랜드 안에 살고 있는 이민자 아동의 언어사용상황을 사회언어학적으로 조사하는 프로젝트Linguistic Minority Project (이하 LMP)가 시작되었다. 이 프로젝트는 1983년까지 계속되어 1985년에 the Other Language of England(LMP 1985)로 연구성과가 간행되었다. 잉글랜드의 초등교육과 중등교육에서 배우는 아이들의 언어적 배경에 관한 포괄적 데이터가 종래 존재하지 않았으므로 이 조사자료는 중요한 가치를 갖는다. 이 조사는 런던의 초등학교에 다니는 아이들이 가정에서 사용하는 언어 수는 154개나 된다고 보고했다. 이민으로 잉글랜드에 이주한 사람들을 중심으로 잉글랜드에 언어의 다양성이 심화되고 있다는 것을 알리는 조사결과였다. 이 조사의 연구성과의 지극히 중요한 점은 잉글랜드에 있어 영어와 영어 이외의 언어를 말하는 바이링구얼을 개인 뿐 아니라 사회적으로도 가치 있는 잠재적 자원으로 긍정적으로 파악하고 있다는 것이다.


## 5. 잉글랜드의 초중등교육 언어정책

잉글랜드의 언어정책에 관해 런던의 중앙정부 영향력이 상당히 약한 시기가 이어졌다. 당시는 '1902년 교육법'에 의해 교육에 관한 책임은 지방교육당국Local Education Authority(LEA)이 맡고 있었다. 이 지방교육당국이 담당지방 학교의 시설과 교직원에 관한 권한을 가지며, 런던에서는 '런던 내 지방교육당국Inner Local Education Authority(ILEA)'이 존재했다. 그런데 1970년대부터 교육통제에 관한 개혁의 기미가 나타나 1980년대 이후가 되면 커다란 변화가 나타났다. 마거릿 대처 정권 아래에서 권한이 중앙정부로 이동하게 된 것이다. 대처는 1970년부터 1974년까지 교육과학부 장관을 맡은 바 있다.

교육개혁의 집대성으로 1988년 '교육개혁법1988 Education Reform'이 성립됐다. 그리고 그 아래 '잉글랜드(및 웨일즈)'의 전국 공통 커리큘럼 '내셔널 커리큘럼' 도입이 결정되었다.

내셔널 커리큘럼 도입의 배경에 어떠한 사정이 있었는지 고찰하는 것은 잉글랜드 언어교육 정책을 논하는데 있어 매우 흥미 깊은 주제이다. 또 잉글랜드에는 입법화된 언어지위정책이 존재하지 않으므로, 언어정책을 보는데 언어교육 정책을 고찰하는 것이 유효한 수단이 된다. 내셔널 커리큘럼은 영어와 현대외국어가 따로 존재하고 있지만 현대 잉글랜드 초중등 교육에서 영어 및 중등교육의 영어 외 언어 교육을 잉글랜드 다문화주의와 관련시키면서 고찰해 나가고자 한다.

## 5-1. 4개의 자문위원회보고

내셔널 커리큘럼의 언어교육 성립 배경에는 강한 영향을 준 4개의 자문위원회 보고서가 있다. 각 보고서의 개요를 서술하면 다음과 같다.

### 5-1-1. 벌록 리포트the Bullock Report

1972년, 히스 수상 재임 시 교육과학부 장관이었던 마거릿 대처의 지시로, 1972년부터 1974년에 걸쳐 역사학자 앨런 벌록Sir Alan (Lord) Bullock을 위원장으로 한 영어 독해능력과 운용능력에 관한 조사위원회가 교육과학부the Department for Education and Science(이하 DES)의 요청으로 조직되었다.

1975년에는 보고서 '벌록 리포트the Bullock Report: A Language for Life'(DES, 1975)가 발표되었다. 이 리포트는 교육 커리큘럼의 전 분야에서 언어능력이 중요한 역할을 한다는 사실을 지적하고, 교육 현장에서 '학생 중심'이라는 개념을 강하게 내세운 점에서 극히 중요한 것이었다. 학업의 전체적 성장 향상과 영어의 종합적 능력 향상이 밀접하게 연관된다는 생각에서 '교과 틀을 넘은 영어 교육Language across the Curriculum'이라는 개념을 넓히게 되었다.

또 이 리포트는 이민 가족의 아동들과 바이링구얼 아동의 교육에 대해서도 언급하고, 학교 현장에서 아이들이 가정 내에서 사용하는 언어를 '버리는' 것을 기대하지 말고, 영어 외의 언어를 사용할 수 있는 능력을 높이 평가해야 한다고 한다.

학교 및 교원은 아이들의 바이링구얼 능력에 대하여 긍정적 태도를 취해야 하며, 정규 학교교육에서는 가능한 한 아이들이 모어를 유지하고 모어능력을 높이도록 도와야 한다고 이 리포트는 주장한다. 그러나 구체적으로 교육현장에서 어떤 일을 해야 할지는 제안하지 않았다.

이 리포트는 다문화주의에 기반한 다문화교육의 추진이라는 방향성을 제시했다는 점에서 동화주의가 지배적이던 잉글랜드 교육정책에 여러 논의점을 던지게 된다.

### 5-1-2. 스완 리포트The Swann Report

1979년, 이민 아동의 교육에 관한 조사위원회가 발족했다. 생물학자로 에딘버러 대학 학장이자 영국방송협회BBC 회장을 역임한 마이클 스완Lord Michael Swann이 위원장을 맡았다. 6년에 걸친 회의 끝에 1985년 '스완 리포트*The Swann Report: Education for All : the Report of the Committee of Inquiry into the Education of Children from Ethnic Minority Groups*'(DES 1985)가 발표되었다.

모두 16장으로 구성되었는데 제7장이 언어와 언어교육에 관한 것이다. 아동의 장래, 즉 학교교육의 수용과 직업 선택에서 가장 중요시 할 것은 영어능력이라고 결론짓고 있다. 그리고 학교육이나 어학교육에서 아동의 모어 교육이 아니라 영어교육이 가장 중시되어야 한다고 제안하고 있다. 그러나 이 보고서는 이민 아동의 언어문화 혹은 민족적 배경을 부정하고 있는 것은 아니다. 영국 국민으로 생활해 나가는데 영어능력의 필요성을 명시하고 있다고 말할 수 있다.

이 스완 리포트는 특히 '모든 아동을 위한 교육'이라는 관점에서 정리된 보고서라는 점을 주목할 만 하다. 이 리포트는 이민 아동이라는 마이너리티 아동 교육뿐 아니라, 영국의 모든 아동들을 어떻게 교육할 것인가에 사회적 주목을 모으는 것을 목적으로 하고 있다. 또 여러 문화적 배경을 가진 영국 아동을 교육할 때, 문화적 다양성의 수용, 다문화주의의 이점을 고찰하고 있다.

### 5-1-3. 킹맨 리포트The Kingman Report

1987년, 교육과학부 장관이던 케네스 베이커Kenneth Baker는 학교교육에서 표준적 영어교육을 중시하고, 잉글랜드와 웨일즈의 공립학교에서 초중등교육 공통 커리큘럼을 도입하기 위해 존 킹맨Sir John Kingman을 좌장으로 하는 조사위원회를 발족했다. 1988년에 '킹맨 리포트The Kingman Report of the Committee of Inquiry into the Teaching of English Language'(DES 1988)로 정리되어 발표되었다. 표준영어의 우위성과 중요성을 주장하고자 한 케네스 베이커의 뜻을 정리한 위원회의 보고서이다.

이 킹맨 리포트에 따르면 영국국민은 표준영어를 습득해야 하며, 학교교육에서도 표준영어를 교육해야 한다. 비표준영어를 말하는 아동의 영어는 학교교육에서 인정해서는 안된다는 주장이다. 이 보고서는 훗날 내셔널 커리큘럼에 큰 영향을 미쳤다. 전통적인 영문법교육이 아닌 'Knowledge about Language(KAL)'로서 영어의 구조와 기능에 관한 지식을 습득해야 한다고 주장하고 있다.

### 5-1-4. 콕스 리포트The Cox Report

1989년, 맨체스터 대학의 영어영문학 교수인 브라이언 콕스Brian Cox를 좌장으로 조사위원회 보고서가 발표되었다. '콕스 리포트The Cox Report : Report of the English Working Party 5to 16'(NCC, 1989)이다. 이 리포트도 킹맨 리포트와 마찬가지로 영국국민으로 살아가기 위해 표준영어를 습득하는 것이 중요하고, 학교교육에서 표준영어 교육이 중요함을 강하게 주장하고 있다. 이 보고서도 훗날의 내셔널 커리큘럼과 LINCLanguage in the National Curriculum에 영향을 주게 된다. LINC는 교육과학부에서 자금을 받은 프로젝트로 내셔널 커리큘럼의 영어교육을 추진하기 위해 과제를 만들고, 활동을 주장하는 것을 목표로 하고 있다.


## 5-2. 내셔널 커리큘럼과 언어교육

1988년, 대처 정권 아래 '교육개혁법'이 성립되어 잉글랜드와 웨일즈의 공립학교 초중등교육에 대한 런던의 중앙정부 영향력이 강화되었다. 교육개혁법 성립과 동시에 전국 공통 커리큘럼인 내셔널 커리큘럼이 도입되는 것도 결정되었다. 즉, 공립 초중등학교의 커리큘럼과 시험에서 중앙정부의 통제가 강화된 중앙집권적 교육개혁이다. 공립학교란 지방교육 당국이 설치하고 유지하고 있는 공립학교maintained school와 나라에서 직접 보조금을 받고 자주적으로 관리, 운영되는 기초학교foundation school(이전의 국고보조 학교 - grant-maintained school)이다. 독립(사립)학교 independent school는 내셔널 커리큘럼 적용에서 제외되었다.

스코틀랜드와 북아일랜드는 독자적 교육과정을 갖고 있으므로 내셔널 커리큘럼이 적용되지 않는다. 웨일즈는 1998년 이후 지방분권으로 독자적 내셔널 커리큘럼을 발전시키게 되었다.

내셔널 커리큘럼은 모든 공립학교에서 가르쳐야 할 교과를 정한 것인데, 각 학교는 이 이외 교과를 가르치면 안된다는 것이 아니라 학교 독자의 교육활동도 인정받고 있다.

내셔널 커리큘럼은 키 스테이지key stage로서 학년을 4단계로 나눴다. 초등교육단계로 키 스테이지1과 2가 설정되어 있다. 키 스테이지1은 5-7세(1학년과 2학년)이다. 키 스테이지2는 7-11세(3학년부터 6학년)이다. 중등교육단계로서 키 스테이지3과 키 스테이지4가 설정되어 있다. 키 스테이지3은 11-14세(7학년부터 9학년)이다. 키 스테이지4는 14세부터

16세(10학년과 11학년)이다.

교과는 '중핵교육core subjects'과 '기초교육non-core foundation subject' 두 종류로 나뉘어 있다. 2002년 8월부터는 중핵교육으로서 「영어」「수학」「이과」가 있고, 기초교육으로 「디자인 테크놀로지」「정보와 커뮤니케이션테크놀로지」「역사」「지리」「현대외국어」「아트 디자인」「음악」「체육」「시민교육」이 설치되어 있다. 「영어」는 초등교육과 중등교육 모든 스테이지(키 스테이지 1에서 4)에 설치되어 있다. 「현대외국어」는 중등교육 단계(키 스테이지 3과 4)에만 있다. 단, 「현대외국어」를 키 스테이지2에서 개설하는 학교도 있다.

교육개혁법에서는 내셔널 커리큘럼의 도입과 더불어 성취도의 평가를 위한 전국공통 테스트를 실시하기로 했다. 시험을 보는 것은 7세, 11세, 14세 때로, 합계 3번이다.

1995년에 당시 교육부Department of education와 웨일즈 지방청Welsh Office은 각 교과내의 '목표'와 '레벨 기준'을 설정했다. 1999년에 당시 교육고용부Department for Education and Employment와 '자격과 커리큘럼국Qualifications and Curriculum Authority'에서 출판된 각 교과별 리플렛이 현재(2002) 최신판이다. 영국 지방분권화 결과, 이 리플렛에서 웨일즈는 제외되고 잉글랜드만 포함되어 있다.

'영어'에 관해서는 각 키 스테이지에 '스피킹과 리스닝' '리딩' '라이팅'이라는 세 분야로 내용이 설정되어 있다. 키 스테이지 전체를 통해 이 세 분야는 각각 '레벨1'에서 '레벨8'까지 설정되어 있다. 그 외에 '예외적 운용'이 설정되어 있다. 전체적으로 아이들이 표준영어를 습득한다는 사실이 강조되어 있다. 다양한 영어 변종과 표준영어의 차이 인식의 중요성도 명시되어 있다.

'현대외국어'에는 아동이 배우는 영어 외의 언어를 규정하고 있다. 각 학교는 우선 유럽연합의 공용어 중 하나를 개설해야 한다. 유럽연합의 공용어는 11개 언어로 영어를 제외하면 10개-프랑스어, 독일어, 스페인어, 네덜란드어, 이탈리아어, 포르투갈어, 핀란드어, 스웨덴어, 노르웨이어, 그리스어이다. 이들 언어 중 하나를 학습한 뒤 다른 언어를 배우도록 되어 있다. 서유럽의 소수언어이자 영국 내 소수언어인 아일랜드 겔어, 영국 소수언어인 웨일즈어와 스코틀랜드 겔어를 개설하는 것도 가능하다. 서유럽어가 아닌 것으로 아랍어, 벵골어, 중국어, 펀자브어, 러시아어, 터키어, 우르두어 등을 각 학교의 판단에 따라 개설할 수 있다. 인도 등 영국 옛 식민지 출신자가 정규 학교교육 안에서 자신들의 문화적 배경과 관계 있는 언어를 배우는 것이 가능하다면, 잉글랜드의 다문화·다언어사회에서 귀중한 교육이 될 것이다.


## 6. 마무리를 대신하여

영어가 탄생하고 발전한 나라인 영국에서조차 영어의 절대적 지위는 인정하면서도 소수언어 화자의 권리를 주장하는 사람이 존재하는 것은 의외일지도 모른다.

국경을 넘은 집합체인 EU 가맹국인 영국이 앞으로 어떤 식으로 국가 내 지역 소수언어에 대응해갈지 흥미롭다. 연합왕국으로서의 대응책을 펼칠 것인가, 지방 분권화에 따라 스코틀랜드 의회, 웨일즈 의회, 북아일랜드 의회의 판단에 맡길 것인가. 또 영국 내 콘월 지방의 자체요구는 어느 정도 콘월어 문제와 얽힐 것인가.

웨일즈, 스코틀랜드, 북아일랜드의 세 지역이 정치, 경제, 언어문제와 언어교육 문제를 어떻게 관련시켜 나갈 것인지도 매우 관심 있게 지켜볼 일이다.

영국 내에 있는 옛 식민지 출신자와 그 외 나라에서 온 이민자들이 어느 정도 선조가 하던 언어를 문화적 유산으로 계승해 갈 것인가. 혹은 완전히 영어로 옮겨가 선조의 출신국과 문화적 연결은 약해질 것인가.

잉글랜드 뿐 아니라 웨일즈에서도 마찬가지인데, 내셔널 커리큘럼에 의해 영어교육을 받은 아이들은 영어의 지역적 변종과 표준영어라는 두 가지 방언 구사자로 자라날 것인가.

여러 가지 움직임이 보이는 영국 언어상황이지만 영국이 자국 언어의 다양성에 어떻게 대응해 나갈 것인지 앞으로도 지켜볼 것이다.

## 주석

01 '1981년 영국헌법'에서는 영국 국적취득 조건으로 영어, 스코틀랜드 겔어, 혹은 웨일즈어 지식이 필요하다고 했지만 언어지위계획이라고 할만한 것은 아니다.

02 '마스트리히트조약'이라고도 한다.

03 EBLUL의 활동내용은 공식사이트(http://www.eblul.org/) 참조

04 이 헌장의 전문은 유럽심의회 공식 사이트(http://conventions.coe.int/treaty/EN/cadreprincipal.htm) 참조

05 Ager(1996)에 '1993년 웨일즈어법' 성립에 대한 상세 기록이 있다.

06 '스코틀랜드어협회'의 공식 사이트(http://lallans.co.uk)를 참조

## 참고문헌

オルドリッチ、リチャード(松塚俊三、安原義仁監訳) 2001. 『イギリスの教育―歴史との対話―』東京：玉川大学出版部

佐久間孝正 1998. 『変貌する多民族国家イギリス―多文化と多分化にゆれる教育―』東京：明石書店

世界情勢研究会 2002. 『「民族紛争」の明日を読む』東京：ベスト新書

富岡次郎 1999. 『イギリスにおける人種と教育』東京：明石書店

中尾正史 1998. 「言語計画の言語学的研究の歴史」『英語学の諸相』東京：英潮社

中尾正史 1999a. 「イギリスにおける多言語主義と教育の場における言語政策」『桐朋学園大学短期大学部紀要』第17号 pp. 23-41.

中尾正史 1999b. 「イギリスの言語政策（1） ―多言語主義への転換期か―」『英語教育』1999年8月号 pp. 44-45. 東京：大修館書店

中尾正史 1999c. 「イギリスの言語政策（2） ―多文化多言語主義の言語教育―」『英語教育』1999年9月号 pp. 44-45. 東京：大修館書店

中尾正史 2001. 「スコットランドにおける言語政策とゲール語復興」『桐朋学園大学短期大学部紀要』第19号 pp. 1-22.

文部省(編) 1995. 『諸外国の学校教育―欧米編』

文部省(編) 2000. 『諸外国の教育行財政制度』

Ager, Dennis. 1996. *Language Policy in Britain and France*. London: Cassell.

Ager, Dennis. 2001. *Motivation in Language Planning and Language Policy*. Clevedon: Multilingual Matters.

Alladina, S. and Edwards, V. (eds.) 1991. *Multilingualism in the British Isles: The Other Mother Tongues & Europe.* Clevedon: Multilingual Matters.

Baker, Colin, and Jones, Sylvia Prys. (eds.) 1998. *Encyclopedia of Bilingualism and Bilingual Education.* Clevedon: Multilingual Matters.

Bryce, T.G.K. and Humes, W.M. (eds.) 1999. *Scottish Education.* Edinburgh: Edinburgh University Press.

Davies, Janet. 1993. *The Welsh Language.* Cardiff: University of Wales Press.

Department for Education and Employment, and Qualifications and Curriculum Authority. 1999. *The National Curriculum for England- English.* London: Stationary Office.

Department for Education and Employment, and Qualifications and Curriculum Authority. 1999. *The National Curriculum for England- Modern Foreign Languages.* London: Stationery Office.

Department for Education and Science. 1975. *The Bullock Report: A Language for Life.*

Department for Education and Science. 1985. *The Swann Report: Education for All: The Report of the Committee of Inquiry into the Education of Children from Ethnic Minority Groups.*

Department for Education and Science. 1988. *The Kingman Report of the Committee of Inquiry into the Teaching of English Language.*

European Community. 1984. *EC Report in 1984.*

General Register Office Scotland. 1994. *1991 Census Gaelic Language Scotland.* Edinburgh: HMSO.

Herriman, M., and Burnaby, B. (eds.) 1996. *Language Policies in English-Dominant Countries.* Clevedon: Multilingual Matters.

James, Clive, and Williams, Colin H. 1997. "Language and Planning in Scotland and Wales," in MacDonald, R. and Huw, T. (eds.) 1997. pp. 264 - 302.

Kingsmore, Rona K. 1995. *Ulster Scots Speech -A Sociolinguistic Study.* Tuscaloosa: The University of Alabama Press.

Linguistic Minority Project. 1985. *The Other Languages of England.* London: Routledge, Kegan & Paul.

MacDonald, R., and Huw, T. (eds.) 1997. *Nationality and Planning in Scotland and*

*Wales.* Cardiff : University of Wales Press

MacKinnon, D., and Statham, J. 1999. *Education in the UK - Facts and Figures-.* The Open University.

MacKinnon, Kenneth. 1991. "Language-Retreat and Regeneration in the Present-Day Scottish Gaidhealtachd." In Williams, Colin H.(ed.) 1991. pp.121-149.

McClure, J. Derrick. 1988. *Why Scots Matters?.* Edinburgh: The Saltire Society.

National Curriculum Council. 1989. *The Cox Report: Report of the English Working Party 5 to 16.*

NCO. 1994. *National Curriculum Order.* London: Department of Education and Science.

Robertson, Boyd. 1999. "Gaelic Education," in Bryce T.G.K. and Humes W.M.(eds.) 1999.

Tollefson, James W. 1991. *Planning Language, Planning Inequality.* London: Longman.

Williams, Colin H.(ed.) 1991. *Linguistic Minorities - Society and Territory.* Clevedon: Multilingual Matters.

# 제 9 장

# 2000개의 언어를 말하는 대륙 아프리카의 언어정책 개관

미요시 시게히토三好 重仁

## 1. 들어가며

일본인은 일반적으로 아프리카 대륙에서 사용되는 언어에 대해 어떤 이미지를 가지고 있을까. 엄청난 수의 부족어가 포함된 현지어와 더불어 옛 종주국의 언어인 영어와 불어가 공통어로 사용되고 있겠거니 생각할지 모른다. 그 이미지는 어떤 의미에서는 맞지만 어떤 의미에서는 틀리다고 할 수 있다. 아래에서는 아프리카의 복잡한 언어사정을 개관해 보겠다.

## 2. 아프리카의 언어수

에스놀로그Ethnologue라는 언어조사기관의 조사에 따르면, 2000년 시점 전 세계에서 실제로 사용되고 있는 언어는 6809개이며, 그 중 약 30%인 2058개 언어가 아프리카에서 쓰이고 있다고 한다. 이는 아시아지역에서 사용되고 있는 2197언어(32%)에 이어 두 번째로 많다. 그 다음 남북 아메리카지역이 1013언어(15%), 유럽지역 230언어(3%), 태평양지역 1311언어(19%)가 된다. 그렇다면 일본인이 사업상 혹은 개인적 이유로 아프리카를 방문했을 때, 과연 아프리카의 공통어인 영어 혹은 불어로 충분히 목적을 달성 할 수 있을까?

정치, 행정, 고등교육에서 사용되는 소위 공용어라는 관점에서 아프리카 대륙을 분류해 보면 다음과 같다(장 뒷부분의 아프리카 공용어 지도 참조). 단일 언어를 공용어로 하는 나라, 복수 언어를 공용어로 하는 나라 등 다양하다.

표 1 : 아프리카 국가와 지역의 공용어[01]

| 아랍어 공용어 지역 |
|---|
| 알제리, 이집트, 리비아, 모리타니아, 모로코, 수단, 튀니지 |
| 포르투갈어 공용어 지역 |
| 앙골라, 카보 베르데, 기니아 비사우, 모잠비크, 상토네 프린시페 |
| 스페인어 공용어 지역 |
| 카나리아제도, 적도 기니아 |
| 불어 공용어 지역 |
| 베닌, 부르키나 파소, 콩고 공화국, 가봉, 기니아, 코트디보아, 말리, 마요트, 니제르, 레유니온, 토고, 콩고민주화공화국 |
| 영어 공용어 지역 |
| 감비아, 가나, 리베리아, 모리셔스, 나미비아, 나이제리아, 시에라 레오네, 우간다, 잠비아, 짐바브웨 |
| 아프리카 토착어 공용어 지역 |
| 세이셰르 : 세이셰르 크레올 프렌치 |
| 복수공용어 공용어 지역(아랍어+토착어) |
| 소말리아 : 아랍어+소말리어 |
| 에리토리아 : 아랍어+영어+티그리니아어 |

| 복수공용어 지역(불어+토착어) |
|---|
| 브룬디 : 불어+룬디어 \| 중앙아프리카 : 불어+산고어 |
| 마다가스카르 : 불어+말라가시어 \| 르완다 : 불어+영어+르완다어 |

| 복수공용어 지역(영어+토착어) |
|---|
| 보츠와나 : 영어+츠와나어 \| 에티오피아 : 영어+암하라어+14개 토착어 |
| 케냐 : 영어+스와힐리어 \| 레소토 : 영어+소토어 |
| 말라위 : 영어+체와어+9개 토착어 \| 스와질랜드 : 영어+스와티어 |
| 탄자니아 : 영어+스와힐리어 |

| 공용어로 토착어가 포함되지 않는 복수공용어 지역 |
|---|
| 카메룬 : 영어+불어 \| 챠드 : 불어+아랍어 |
| 코모로 : 불어+아랍어 \| 시브티 : 아랍어+불어 |

## 3. 아프리카의 언어정책의 분류[02]

본고에서는 우선 다언어상황 속에서 자국어 자립을 목표로 하는 아프리카라는 시점에서 아프리카 대륙의 언어정책에 대해 하이네(Heine 1990)의 분석을 소개하고자 한다.

하이네는 자국어중심Endoglossy 및 외국어중심Exoglossy이라는 대립 개념을 이용해 사하라 이남의 아프리카 대륙 각국, 소위 '흑인 아프리카Black Africa'의 언어정책을 분류했다. 그런데 하이네가 수단, 이집트, 리비아, 튀니지, 알제리, 모로코 등 북아프리카 국가를 다루지 않은 이유는 이들 나라가 이슬람이라는 종교, 문화 및 아랍어라는 공통 언어를 공유하고 있기 때문이며, 그 점에서 사하라 이남 지역과는 다르기 때문이다.

자국어 중심 혹은 외국어 중심이라는 개념은 국내 주요 커뮤니케이션 수단으로서 자국어를 사용하는가, 혹은 옛 종주국의 언어를 사용하는가

하는 점이다. 자국어 중심정책을 취하는 나라는 적극적인 그룹과 그렇지 않은 그룹으로 또 분류된다. 전자에 속하는 나라와 그 언어로는 탄자니아의 스와힐리어, 소말리아의 소말리어, 수단의 아랍어, 에티오피아의 암하라어Amharic, 기니아의 홀라니어Fulani 등 8언어를 들 수 있다.

이들 나라에서는 토착어를 정치, 행정, 초중등교육 등의 공적인 영역에 적극적으로 사용해 나갈 것을 명시하고 있다. 외국어는 배제되지 않지만 고등교육이나 국제관계 등의 특정 영역에서 사용되는 데 그친다. 이러한 언어정책 배경에는 옛 종주국인 유럽의 문화나 이데올로기에서 독립하여, 사회문화적 독립을 옹호함과 동시에 전통적 사회구조와 가치관을 보존해 가능한 한 많은 국민에게 정치참가를 독려한다는 동기가 있다.

여기에서 거의 유사한 언어적 배경을 갖는 케냐와 탄자니아의 언어정책의 차이를 들어보자. 케냐는 스와힐리어를 국어national language, 영어를 공용어official language로 사용하고 있다. [03] 한편, 탄자니아에서는 영어, 스와힐리어를 공용어로 하고 스와힐리어를 국어로 정했다. 케냐는 독립 후에도 영어중시 정책을 이어가고 있는 반면, 탄자니아는 스와힐리어 옹호정책을 취했다. 그 결과 탄자니아에서는 공공 기관에서 일하는 직원의 승진 등에 영어능력이 장애가 되는 일이 없어졌다. 이는 탄자니아가 비동맹정책을 취한 반면, 케냐가 정치적으로 미국에 접근하여 1980년 군사협정에 이른 정치적 배경과도 관련이 있다.

자국어 중심이라고 해도, 적극적으로 자국어 추진정책을 취하지 않는 나라와 그 언어로는 보츠와나의 츠와나어Tswana, 브룬디의 룬디어Rundi, 레소토의 소토어Sotho, 말라위의 체와어Chewa, 르완다의 르완다어Rwanda, 스와질랜드의 스와티어Swati가 있다.

이들 나라에서는 토착어를 민중의 언어로 육성한다는 목표는 있지만 현실적으로는 정치, 경제, 고등교육, 언론 등 공적 영역에서는 여전히 외국어가 지배적이다. 이들은 말라위를 제외하면 하나의 지배적 언어를 갖는 왕국에서 기원하고, 후대에 식민지 언어가 들어왔다는 역사적 배경을 공유한다. 자국어 중심정책을 취하는 나라에 공통적인 것은 외국어가 아니라 토착어를 국가의 상징으로 하며, 사회문화의 아이덴티티를 담당하는 언어로 선언한 점이다.

적극파와 소극파의 차이를 보면 적극파에 속하는 나라에서는 현실적으로 토착어가 이미 공용어로서 지위를 획득하고 있으므로 외국어 습득의 필요성이 없다. 반면, 소극파 나라들은 표면적으로는 토착어를 중시한다고 내세우고 있으나, 아직 공용어 지위에 이르지 못하고 있으므로 현실적으로는 외국어 없이는 국내 의사소통이 제대로 기능하지 않는다. 토착어 추진운동에는 정부 공무원보다 작가 등 민간인이 적극적 역할을 담당하고 있다.

다음 비非자국어중심주의 정책을 취하는 나라들인데, 대부분 흑인 아프리카 나라는 이 그룹에 속하며 외국어를 공용어로 선언하고 있다. 즉, 외국어가 정치, 교육, 등 국내 커뮤니케이션 활동의 주요수단이다. 대부분 영어, 불어, 포르투갈어 중 하나를 사용하며, 카메룬과 같이 불어와 영어 두 개 언어를 공용어로 갖는 나라도 있다.

이 그룹은 나아가 규정법상de jure 혹은 사실상de facto 국어를 갖는 나라와 그렇지 않은 나라로 재분류된다. 전자가 우간다의 스와힐리어, 후자의 예는 케냐의 스와힐리어, 말리의 밤바라어Bambara, 세네갈의 워로프어Wolof이다. 중앙아프리카의 상고어Sango는 양쪽에 다 속한다. 이들 나라에서는 우간다를 제외하고 국민의 3분의 2 이상이 사실상의 국어를 제1언어 혹은 제2언어로 사용하고 있다.[04] 우간다의 스와힐리어 사용자는 국민의 3분의 1에도 못 미치며, 스와힐리어를 국어로 간주하는 국민은 소수에 지나지 않는데, 그럼에도 규정법상 국어로 분류되는 이유는 아민Amin 정권이 국어라 선언했기 때문이다. 현재 공용어는 영어뿐이며, 스와힐리어와 간다어Ganda가 주요언어로 사용되고 있다. 이들 이외의 나라들은 국어를 갖지 않고 외국어 중심 정책을 취하는 나라로 분류된다.

독립 후에도 많은 나라가 옛 종주국 언어사용을 계승한 이유로서 다음의 두 가지를 들 수 있다. 1)종주국의 언어가 다언어국가에 있어 사회언어학적, 문화적, 정치적 대립을 중화시키는 역할을 한다는 편의성[05] 2)독립 후 초기 지배계층이 대부분 유럽, 북미에서 교육받고, 유럽어로 국가를 운영하는 것을 당연히 했다는 점.

아프리카의 옛 식민지국가의 엘리트가 옛 종주국어(영어 혹은 불어)를 계속 사용하는 이유로 마이어즈 스코튼(Myers-Scotton 1990)은 다음과 같이 지적한다. 1)다른 나라의 고등교육을 받은 엘리트와 연결점을 이어가기 위해 2)옛 지배자와 심리적 거리를 메우기 위해 3)서양적 교육이 가능하다는 것을 나타내기 위해 4)서구어가 모든 분야에서 세계로 열린 문이라는 도구적 기능을 여전히 갖고 있으므로.

외국어 중심정책을 취하는 나라에 공통적으로 보이는 특징은 이들 나라는 심각한 의사소통 문제를 안고 있으며, 그 문제가 정치에 영향을 미치고 있다는 점을 지적할 수 있다. 문제는 서구어의 보급이 소수의 엘리트 층에 그치고, 대중 레벨에 이르지 못한다는 사실이다. 아프리카에서 불어는 불어 공용국Francophone Countries의 20%이하, 영어는 영어공용국Anglophone Countries의 20%이하 포르투갈어는 포르투갈어 공용국Lusophone Countries의 10%이하 정도 밖에 보급되지 않았다. 또한 옛 종주국의 언어가 사용되는 언어적 장면과 화제는 물질적 보수가 주어지는 것에 한정되어 있다. 국내 커뮤니케이션 수단으로 옛 종주국 언어를 계속 사용하기를 선택한 위정자는 옛 종주국 언어가 국내 공통어로 혹은 장래에 라틴 아메리카와 같이 제1언어로 발전되기를 기대할지도 모르지만 현재 가까운 장래에 그와 같은 일이 일어날 것 같지는 않다. 위정자의 또 하나의 기대는 세계에서 가장 경제적인 번영을 구가하고 있는 나라들의 언어를 획득하여 경제적 발전 또한 획득하는 것이었다. '성공하려면 성공한 사람을 본받아라'라는 슬로건 아래, 빈곤과 저개발을 타파하는 도구로서 서구어학습이 장려되었다. 서구어는 경제적 진보, 아프리카 토착어는 경제적 기술적 정체와 후퇴라 여겨졌다. 그러나 이는 잘못된 생각이었다. 현실적으로 선진국과 제3세계의 과거 10년간 경제적 격차는 점점 확대되고 있다. 여기에 언어정책이 얼마나 관계 있는지에 대해 조사가 필요하지만 국가적으로 커뮤니케이션 체제가 정비되지 못한 것이 그 요인 중 하나라는 것은 의심의 여지가 없다. 이 문제의 해결에는 정치적 지도력이 불가결하다 하겠다.

## 주석

01    본 표는 Baker and Jones(1998: 354-369) 등을 참고로 작성했는데 나라에 따라 공용어의
      정의가 다르므로, 국어로 취급되는 것도 포함시켰다. 장 뒤의 공용어 지도도 마찬가지이다.
02    이하는 주로 Heine(1990)을 참고로 기술한다.
03    national language를 '국어'로 번역했는데 보통 일본인에게 '국어'는 '국가어'에 가까운 것으
      로 받아들여지지만, 아프리카에서 national language는 '민족어''국민어'에 가까운 것이다.
04    제1언어, 제2언어 사용자에 관해 여기서는 Heine(1990)의 기술에 따랐으나, 이는 제1언
      어에 모어 이외의 언어도 포함시키는 방식으로, 정확하게는 제2언어 혹은 제3언어화자
      라고 해석하는 것이 타당할 것이다.
05    예를 들면 케냐는 모어화자가 몇퍼센트 밖에 안되는 스와힐리어를 국어로 정했다. 이는
      통상언어, 부족 간 공통어로 두루 쓰인다는 이유도 있지만, 반투어계의 키쿠유어나 그에
      대항하는 나일어계의 루오어 등, 특정 유력언어를 국어나 공용어로 정하는 경우 독립한
      지 얼마 안 된 국가가 붕괴될 위험이 있으므로, 특정 민족에게 유리해 지지 않도록 국어,
      공용어를 정했다 할 수 있다.
06    본지도는 Baker and Jones(1998: 354)를 바탕으로 하지만 언어명은 접두어 없이 통일했다.


## 참고문헌

伊谷純一郎他    1999.  『アフリカを知る辞典』東京：平凡社

Baker, C. and Jones, S.P.(eds.)   1998.  *Encyclopedia of Bilingualism and Bilingual
      Education.*  Clevedon: Multilingual Matters.

*Geographic Distribution of Living Languages, 2000.*

                                                  http://www.ethonologue.com

Heine,B.  1990.  "Language Policy in Africa," in Weinstein, B.(ed.) 1990.

Myers-Scotton, C.  1990.  "Elite Closure as Boundary Maintenance: The Case of
      Africa," in Weinstein, B.(ed.) 1990.

*New African Year Book 1999/2000 12 th Edition.*  IC Publications.

Weinstein, B.(ed.)   1990.  *Language Policy and Political Development.* New Jersey:
      Ablex Publishing Corporation.

アフリカにおける公用語地図(C.Baker and S.P.Jones, 1998: 354)

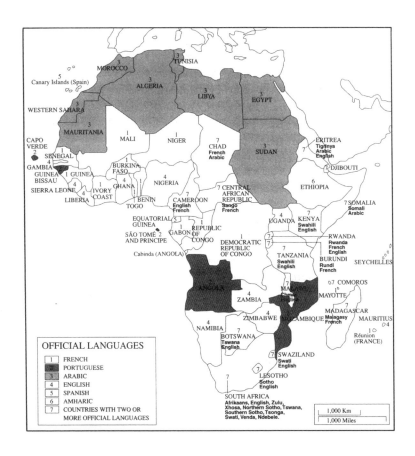

〈지도〉 Official Language of Africa

# 제 10 장

# 아프리칸스어와 영어의 경합
### -남아프리카 공화국의 언어정책사와 현황-

야마모토 다다유키山本 忠行

## 1. 들어가며 : 언어정책의 역할과 남아프리카

남아프리카 공화국the Republic of South Africa(이하 남아공)은 아프리카 대륙의 남쪽 끝이라는 것 외에는 일본에 그다지 알려진 바가 없다. 일본인이 연상하는 것은 덥다, 흑인, 야생동물, 금, 다이아몬드 그리고 희망봉 정도일지 모른다. 그러나 그 중에서 '덥다'라는 것은 맞지 않는다. 위도가 대만이나 규슈 정도로 비교적 온난하다. 요하네스버그 시는 1800미터 고지에 있어서 7, 8월(겨울)은 추위에 덜덜 떨릴 정도다. 면적은 일본의 약 3.3배(역주: 남한 면적으로 계산하면 약 12배), 사계절이 존재하며 풍부하고 시시각각 변하는 자연과 넘치는 천연자원을 가진 나라가 남아공이다. 인종구성도 흑인뿐 아니라 다양하다. 그 때문에 근대적 빌딩이 늘어선 대도시에 가면 아프리카에 왔다는 사실을 잊을 것 같다. 신생 남아공의 슬로건은 '무지개의 나라the Rainbow Country'인데, 이는 전 인구의 10프로 이상을 백인이 차지하며 컬러드Coloured(백인과 유색인종의 혼혈)와 인도, 아시아계도 다수 거주하는 다민족국가이기 때문이다.

아프리카 대륙에서 다민족·다언어 상황은 남아공 뿐 아니라 사하라

이남 국가 대부분에 존재한다. 이들 나라에서는 언어정책이 모든 정책의 기본이자 대들보를 차지한다. 그것은 언어정책이 타민족을 지배하고 종속시키기 위한 도구이자 다른 민족을 결합시켜 국가로서 통합을 만들어내는 수단이 되기 때문이다. 남아공 정부가 설치한 언어계획 작업부 Language Plan Task Group(이하 LANGTAG)의 최종보고서(1996)는 언어정책의 목적으로 국가 통합의 추진, 언어권 확보를 포함하는 민주주의 옹호, 다언어주의 장려, 언어적·문화적 다양성에 대한 존중과 관용의 촉진, 아프리칸 언어African Languages 향상과 근대화, 국가 경제발전 등의 항목을 들고 있다. 아프리카 대륙은 언어정책에 관심 있는 사람에게는 실로 여러 소재를 제공해 주는 대륙이다. 본고가 이런 아프리카의 언어정책의 중요성에 대한 이해를 넓히는데 일조하기를 바란다.

남아공은 1994년 만델라 정권 탄생으로 아파르트헤이트(인종분리) 정책을 철폐하고 신헌법을 제정했는데 그 제6조에서는 11개의 공용어-페디어Sepedi, 소토어Sesotho, 츠와나어Setswana, 스와티어siSwati, 벤다어Tsivenda, 총가어Xitsonga, 아프리칸스어Afrikaans, 영어, 은데벨레어isiNdebele, 코사어isiXhosa, 줄루어isiZulu[01]가 지정되었다. 통상 한 나라의 공용어는 하나 또는 둘이다. 공용어를 11개나 지정하는 것은 일반적이지 않다. 지금까지 아프리카에서 다언어상태는 문제이며, 마찰의 원인이 되고 나라를 분열시키는 것이라 여겨졌다. 그런데 왜 남아공은 굳이 11개나 되는 언어를 공용어로 정했을까. 남아공의 언어정책을 바르게 이해하려면 그 배경을 이해할 필요가 있다. 본고의 전반에서는 케이프 식민지를 중심으로 1994년까지의 남아공 언어정책사를 개관하고, 후반에서는 필자의 체험을 섞어 현상태에 대해 고찰하겠다.

## 2. 아프리칸스어란 무엇인가?

본론에 들어가기에 앞서 일본에는 그다지 알려지지 않은 아프리칸스어에 대해 짚고 넘어가겠다. 아프리칸스어란 남아공과 이웃 나미비아 공화국에서 쓰는 언어다. 아프리칸스어는 네덜란드에서 온 이주자들이 사용하던 네덜란드어가 주변 언어 요소를 받아들이며 변용된 언어이다. 남아공 인구조사(1996년)에 의하면 아프리칸스 모어화자가 600만 명 가까이 있고, 줄루어 화자와 코사어 화자에 이어 다수를 차지하며 영어모어화자수 약 346만 명을 크게 상회한다[표 1 참조]. 아프리칸스어의 주된 화자는 아프리카나Afrikaner와 컬러드이다. 아프리카나라는 것은 이전에 보어인Boer(농민)이라 불리던, 네덜란드 이민 농민들의 자손을 중심으로 한 민족 그룹이다.

케이프타운 주변에 네덜란드인의 이주가 시작된 것은 1652년이라 추정되는데, 네덜란드 본국에서 멀리 떨어진 곳에서 그들의 언어는 원주민 언어와 노예로 데려온 말레이인의 언어, 나아가 포르투갈어와 영어 등의 영향을 받아 독자적인 발전을 이루었다. 19세기 후반이 되면 네덜란드 본국과의 언어 차이를 자각하는 사람이 늘어 자신들은 아프리카 대륙 유래의 아프리카나이며, 자신들의 언어는 표준 네덜란드어와 다른 아프리칸스어라고 생각하게 되었다. 아프리칸스어가 법률적으로 영어와 동등한 지위를 획득하게 된 것은 1925년의 일이다.

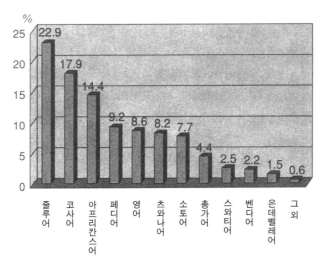

표 1 : 모어별 인구비율(1996년 인구조사)

## 3. 식민지초기 : 네덜란드어 시대

　케이프 식민지화를 시작한 네덜란드인은 학교를 세우고 앙고라와 말레이 반도 등지에서 데려온 노예에게 네덜란드어와 기독교를 전파했다. 그 뒤 1688년에 프랑스에서 위그노 교도가 이민 왔는데, 이 사건이 남아공 최초의 언어정책 문제를 야기한다. 네덜란드인은 그들을 분산, 이주시키는 등 상당히 강력한 네덜란드어화를 꾀했다. 교회에서 네덜란드어와 프랑스어 병용을 인정하기도 했지만, 1709년에는 행정 영역에서, 1739년에는 교회에서 프랑스어가 배제되고 18세기 중반 무렵 네덜란드어화가 진행되어 프랑스어를 할 수 있는 사람은 노인만 남았다. 또 이 즈음 만성적 여성부족으로 여러 인종 간 혼혈이 늘고, 현재 '컬러드'라 불리는 인구의 80% 이상이 아프리칸스어를 제1언어로 하는 요인이 되었다.

## 4. 네덜란드어의 고난

네덜란드어의 단일언어화가 진행되는 케이프 식민지였지만, 1795년에 영국에 점령되며 상황이 급변했다. 1803년 네덜란드에 한번 반환되기는 했지만, 1806년에 영국에 재점령된다. 이것이 네덜란드어의 고난이자 영어화Anglicization의 시작이다. 1812년에 크라독J. Cradock 총독이 영어를 케이프 식민지의 행정상 언어로 지정하고 영어 능력을 관리 채용의 조건으로 삼았다. 1814년에 서머셋C. Somerset 경이 총독에 임명되자 영어화는 더욱 강화되었다. 서머셋은 인구면에서 소수파였던 영국인을 늘리고자 1820년에 4000명의 이민자를 초청함과 동시에 1822년에는 영어를 유일한 공용어로 지정했다. 케이프 식민지에서는 1854년에 의회에서 네덜란드어 사용이 배제되고, 1865년 학교에서 네덜란드어 교육이 폐지되었다. 이러한 영어사용 강요가 매년 강화되어 갔다.

그 사이에 영국이 반포한 노예해방령(1934년)을 계기로, 보어인의 내륙이동 즉 그레이트 트렉Great Treck이 일어났다. 이 여정은 원주민과 격한 투쟁의 연속이었다. 이 때의 고통스러운 경험은 보어인들 간에 내셔널리즘을 고양시켰는데, 그 큰 특징은 네덜란드 개혁파 교회가 기반삼은 강한 칼뱅주의를 배경으로, 자신들은 이 땅을 지배하기 위해 신에게 선택된God-chosen 자들이며, 자신들의 말은 신에게서 주어진God-given 신성한 언어라고 생각했다는 점에 있다. 그들은 1877년 초 무렵에는 전용 인쇄기를 손에 넣고, 아프리칸스어의 인지, 보급을 목표로 여러 출판활동을 이어가는 한편, 네덜란드어 복권운동도 진행했다. 이러한 운동의 성과로 케이프의회의 네덜란드어 사용이 1882년에 다시 용인되어 1884년에는 공문서도 두 언어로 작성하게 되고 사법 분야에도 네덜란드어 사용이 인정되었다.

남아공의 역사에 큰 영향을 미친 것은 19세기 말 다이아몬드와 금의 발견이었다. 이 자원의 지배를 노리는 영국과 자신들의 국가를 지키려는 보어인들은 두 번에 걸친 격한 전쟁을 벌인다. 이 시기에 보어인에게 가장 강력한 영어화 정책을 실시한 것은 밀너A. Milner총독이다. 전쟁은 격렬해졌고, 특히 강제수용소에서 약 1만8천명(보어인 측 발표에서는 2만6천명)이 영양실조와 비위생적 환경 탓에 사망했다(대다수는 부녀자)는 비참한 경험은 보어인들의 마음에 깊은 상처를 남겼다. 밀너는 이 수용소 안에도 텐트 스쿨을 설치해, 종교 시간 이외에는 전부 영어로 교육을 시켰다.

그 뒤 케이프Cape, 나탈Natal, 오렌지 강Orange River, 트란스발Transvaal이라는 식민지 네 곳이 통일되어 남아프리카 연방the Union of South Africa이 결성된 것이 1910년인데, 이 과정에서도 공용어를 어떻게 할 것인가가 큰 문제가 되었다. 헌법규정을 위한 전국의회National Convention에서는 영국 측의 제임슨L. S. Jameson 등이 영어를 사용하는 단일언어 연방수립을 외쳤으나, 오렌지 강 식민지의 교육부 장관 헤르초크J. B. M. Herzog와 전 대통령 스테인M. T. Steyn 등이 네덜란드어를 강력하게 보호하는 조항을 넣지 않으면 통일에 참가할 수 없다고 주장했다. 결국, 헌법 제 147조에서 영어와 네덜란드어를 공용어로 하고 두 언어를 평등하게 다룰 것을 명시하게 되었다.

이 시점에서는 아직 아프리칸스어가 아니었지만 20세기에 들어설 무렵에는 표준 네덜란드어를 하거나 쓸 수 있는 보어인 수는 감소한 상태였다. 그 아이들에게 네덜란드어 교육은 부담이 됐다. 이것이 네덜란드어에 아프리칸스도 포함된다고 한 1925년 헌법 수정조항에 의한 아프리칸스어의 법률적 인정으로 어어진 것이다. 단 인정이라고 해도 진정한 의미에서 영어와 대등한 언어라 할 수는 없었다. 아직 교과서나 사전, 혹은 성서[02]가 전부 갖춰진 것이 아니라 학술이나 행정에 필요한 어휘도 충분하지 않았다. 행정, 의료, 고등교육 등 폭 넓은 분야에서 충분히 공용어라 부를 수 있는 상황이 되기에는 그 후 수십년의 세월이 필요했다. 이는 1948년 국민당National Party, NP정권수립 및 아파르트헤이트 정책의 확대와도 겹친다. 아파르트헤이트 정책은 언어정책 관점에서 말하면 아프리카나들의 바람이던 자신들의 언어, 아프리칸스어를 명실공히 인정받는 것이었다고 할 수 있다.


## 5. 1994년 이전의 교육언어정책 : 흑인정책을 중심으로

아파르트헤이트 시대의 흑인교육에 대한 언어정책은 다수파인 흑인을 사회적 정치적으로 컨트롤하고 지배하기 위한 도구였으며, 흑인학교에 대한 영어 영향력을 약화시키는데 주안점을 두었다. 그러나 그러한 언어정책의 원형은 남아공 결성 전의 백인교육에서 찾아볼 수 있다. 트란스발에서는 1907년에 스머츠J. Smuts가 교육부 장관이 되고나서 스탠다드3(초등학교 5[03] 상당)까지 모어를 사용하고 그 이후는 종교와 두 과목을 네덜란드어로 가르칠 수 있다고 정했다. 오렌지 강 식민지에서는 1년 후 1908년에 헤르초크가 교육부 장관이 되어 스탠다드4까지는 모어, 그 이후는 네덜란드어와 영어로 3과목 씩 가르치게 되었다. 이는 영어화자, 네덜란드어화자 양쪽의 아이들 모두에게 큰 부담이 되는 일이었다.

그러면 흑인 교육은 어떠한 식으로 이루어졌을까. 1910년 이전에는 주로 미션 스쿨에 맡긴 채 공적인 교육정책은 없었다. 흑인교육으로 아프리칸 언어가 문제가 되기 시작한 것은 연방이 성립된 1910년 이후의 일이며, 그 정책은 주에 따라 다르지만 첫 2-6년은 모어를 사용하고, 그 후에 영어(혹은 아프리칸스어)로 이행한다는 방침이 세워졌다. 단, 흑인에게는 의무교육이 없는데다가 대부분의 학교는 교회가 운영했으므로, 강제성은 거의 없었다고 할 수 있다.

1953년에 규정된 '반투[04] 교육법(Bantu Education Act)'에 의해 백인거주구 안의 흑인교육은 전부 중앙정부 감독 아래 놓이게 되었다. 반투 교육법 자체는 교육내용을 정하는 법률이라기 보다 감독의 권한과 예산, 인사 등을 정한 법률이었는데, 교육부장관의 권한으로서 제15조(e)항에 공립 흑인학교의 교육언어를 정하여, 당시까지 각 학교의 판단으로 정하던 교육언어를 정부가 결정하게 되었다(이것이 1976년 소웨트 봉기의 간접적 원인이 된다).

반투 교육법에 기초하여 새로운 실라버스(교육세목)가 발표되는데, 거기에는 언어정책상 큰 변화가 있었다. 초등교육은 모어에 의한 교육, 중등교육은 영어와 아프리칸스어를 50 : 50(두 언어를 평등하게 다룬다는 원칙)으로 한다고 원칙을 정한 것이다. 이는 큰 문제를 내포하고 있었다.

첫째, 초등교육과 중등교육의 일관성이 결여된 점이다. 반투교육법 시행 이전 흑인학교는 대부분 영국계 교회가 운영했고, 그런 학교에서 첫 수년간 모어를 사용해도 도중에서 영어로 바뀌어 초등교육 수료 시점에서는 완전히 영어로 이행되고 있었다. 새 제도에서는 중등교육으로 원활하게 넘어가기가 어려운데, 이는 흑인은 그다지 높은 수준의 교육을 받을 필요 없다는 정부의 의사표시였다. 이 실라버스는 다른 각도에서도 비판을 받았다. 그 이유는 모어중심 교육을 행하는 것은 아프리카인 끼리 장벽을 없애는 데는 역효과라는 점, 흑인을 좁은 부족 사회에 가둔다는 점, 과학기술 시대에 맞지 않는다는 점, 졸업 후의 고용기회를 감소시킨다는 점 등이다.

교육적으로 보면 모어사용 추진정책 그 자체는 당연시 되고, UNESCO도 1951년 전문가회의 보고서에서 토착어Vernacular Language 사용을 장려하고 있다. 그런데 남아공에서는 열악한 내용과 고등교육에서 배제한다는 목적에 문제가 있었으므로 흑인으로부터 강한 반발을 받게 된 것이다. 그리고 이 경험이 현재에도 이어져 모어로 하는 교육에 부모가 부정적 태도를 취하는 큰 원인의 하나가 되고 있다.

둘째, 흑인 아이들은 그때까지 영어(혹은 아프리칸스어)만으로 충분하던 중등교육을 모어 이외 두 가지 언어로 공부하게 된 것이다. 이는 백인의 입장과는 비교할 수 없을 만큼 큰 부담이 되었다. (인종별 교육이 정착된 뒤에는 영어계와 아프리칸스어계도 분리되었으므로, 거꾸로 2언어병용 백인학교는 격감했다.) 여기에는 국민당 정부의 생각-세금을 내는 것도, 흑인을 고용하는 것도 영어계보다 아프리카나 쪽이 많으니까 아프리칸스어를 배우는 것이 당연하다-이 반영되어 있다. 단, 새로운 실라버스에는 면제규정이 있어 대응 가능한 교사가 학교에 없으면 이 규정은 적용되지 않으므로 50 : 50 원칙이 지켜지는 흑인학교는 2-30%에 지나지 않았다. 50 : 50 원칙이 지켜지지 못한 배경에는 교사 문제와 더불어 아프리칸스어는 압제자의 언어language of oppressor라는 이미지가 있고 영어와 같은 국제성이나 근대성이 없다고 흑인들이 받아들이고 있는 점도 영향을 끼쳤다.

초등교육에서 다른 문제가 발생했다. 그것은 두 공용어 과목을 몇 살 때부터 가르칠 것인가 하는 문제였다. 교육부가 정한 실라버스에서는 1학년 처음부터 두 가지 공용어 중 하나를 과목으로 가르치고, 반년 후에는 또 다른 하나를 가르치라고 되어 있다. 즉, 2학년부터 모어, 영어, 아프리칸스어라는 세 언어를 배워야 하는 것이다. 그 때문에 1958년에 남아공 인종관계 연구회South African Institute of Race Relations, SAIRR에서 '공용어 중 첫 번째는 1학년 후반부터, 두 번째는 3학년부터 가르쳐야 함'이라는 의견이 정부에 접수되었다.

이 실라버스는 백인지역 내의 타운십township(흑인거주구)에 적용되는 것이며, 홈랜드homelamds는 자치정부의 자유재량이 인정되었다. 그 때문에 트랜스카이Transkei에서는 영어가 널리 보급되었고 교재가 부족하다는 사실 등을 이유로 64년에 스탠다드3에서부터 영어 혹은 아프리칸스어를 부모가 선택할 수 있게 됐고 결과적으로 모든 학교에서 영어가 선택됐다. 이 같은 차이도 타운십에 거주하는 흑인들의 분노를 샀다.

앞서 말했듯 중등교육에서 영어와 아프리칸스어 병용에는 면제규정이 있고, 몇 년 지나도 좀처럼 아프리칸스어 보급은 진행되지 않았다. 이에 초조해진 정부는 70년대에 들어서자 50:50정책을 강력하게 추진하려고 했다. 그러나 교사는 제대로 된 아프리칸스어를 구사할 수 없고, 학생도 이해 못한 채, 교재도 별로 없는 상황에서 강행되었으므로, 학생들은 수업내용을 거의 따라갈 수 없었다. 당연히 성적은 급격히 떨어졌다. 더구나 예산 삭감을 위해 학제를 개혁해서 초등교육을 단축했으므로, 중학교 1학년 수가 예전의 2배가 되어 교실이 콩나물시루 상태가 되는 일까지 발생하자 학생들의 분노가 폭발했다. 경찰에 의한 무력 진압은 기름에 불을 붙여, 1976년 6월 16일에 소웨토 봉기Soweto Uprising가 발발했다. 그 후 1년여에 걸쳐 전국적으로 폭동의 바람이 불고, 이는 아파르트헤이트 체제의 붕괴라는 역사적 흐름으로 나타났다. 영어에 치이는 상황을 뒤집으려던 아프리카나의 야망은 아프리칸스어를 흑인에게 강요함으로써 얄궂게도 허망하게 무너져버렸다.


## 6. 새로운 남아공의 언어사정

1994년 이후 남아공의 언어교육, 언어정책의 특징을 두 가지 들면, 첫째, 이전 헌법에 규정된 영어와 아프리칸스어의 평등사용 원칙이 폐지된 것, 둘째, 1976년 소웨토 봉기를 불러일으킨 강제적 언어정책을 폐기하고, 자주성을 존중하게 된 점을 지적할 수 있다.

새 헌법에서 11개 언어가 공용어로 인정되었다는 사실은 바꿔 말하면 공용어를 몇 가지 언어로 압축할 수 없었다는 것이며, 아프리칸스어가 약화되는 결과를 낳았다. 영어는 더욱 강화되어 1)영어 2)아프리칸스어 3)그 외 9개 언어라는 삼층구조가 형성되었다.

예를 들면 남아프리카 국방군South African National Defence Force, SANDF은 원래 아프리카나의 세력이 강했고, 아프리칸스어가 우세했으나, 지금은 백인 이외의 병사가 늘어나고, 훈련 시 사용 언어의 80% 이상이 영어가 되어 '가교 언어thread language[05]'로서 역할을 하고 있다(Barkhuizen & de Klerk 2000). 또 국회의사록과 재판기록에는 영어만 쓰자는 의견도 나왔다. 남아프리카 방송 공사SABC의 TV 방송도 영어 사용이 압도적이 되어 1998년 조사 (N.Kamwangamalu 2000)에서는 영어가 약 92%를 차지하고 있다고 한다. 여기에는 CNN이나 BBC같은 해외에서 제작된 영어 프로그램을 그대로 방송하고 있는 것도 포함되어 있으므로 남아공에서 제작된 것만 보면 약 70% 정도가 될 것이다. 한편, 코사어나 줄루어를 비롯한 아프리칸 언어 뉴스나 오락 프로그램도 점점 늘어나고 있으므로 아프리칸스어 방송시간이 대폭 줄어든 것은 분명하다. 아프리칸스어의 인터뷰 방송을 보다보면, 사회자가 아프리칸스어로 질문을 하는 경우, 자신은 아프리칸스어가 서투르다며 영어로 대답하는 사람도 있는데 질문과 답변이 다른 언어로 교차되는 것은 기묘한 모습이었다.

TV에서 영어 프로그램이 압도적이 된 이유는 몇 가지 있다. CNN이나 BBC 제작 프로그램을 그대로 방송한다는 것도 큰 이유지만, 이는 스스로 방송을 제작하기 보다는 사오는 편이 싸기 때문일 것이다. 아프리칸 언어 프로그램은 뉴스를 제외하면 아직 적다. 필자가 체재하던 2000년에는 벤다어 드라마가 방송되어 화제가 되었을 정도이다. 왜냐하면 아프리칸 언어 중에서도 화자수와 각 주의 공용어 여부에 따라 격차가 생기기 때문이다(표 2 참조). 또 하나의 이유는 아프리칸 언어로 드라마를 만들려 해도 좋은 시나리오를 쓸 수 있는 인재는 있는지, 배우는 있는지, 스폰서는 붙을지 등의 문제가 있다는 사실이다. 덧붙여 이해할 수 있는 시청자수도 한정돼 자막(대부분 영어)을 붙여야 하므로 결국 수고와 비용이 들 뿐 경제성이 없다. 또 TV를 누가 보고 있는가 하는 문제가 있다. 요하네스버그 교외에 나오면 슬럼가 위에 고압 송전선이 지나고 있는데 그 밑에 있는 집은 전기도 수도도 없다. 당연히 TV같은 것이 있을 리 없다. 인구조사 데이터를 보면 전기 보급률은 50%정도이다. 즉 국민의 반수는 세계에서 제일 싼 전기요금을 자랑하는 남아공의 전기료 혜택을 보지 못하고 있다. 그 대다수가 흑인이라는 것은 쉽게 유추 가능하다. 이러한 이유로 아프리칸 언어 프로그램이 늘어날 수 없는 것이다. 한편, 라디오를 켜보면, 다양한 언어가 섞여 있다. 이 TV와 라디오의 언어사용 차이에는 경제격차가 드러난다고 볼 수 있다. 현 상황에서는 라디오로 아프리칸 언어 프로그램을 제공하는 것이 아프리칸 언어 보급을 위한 합리적이고 현실적인 선택일지 모른다.

표 2 : 주별 공용어

| | 행정내부용<br>for internal communication | 대외용<br>for external communication |
|---|---|---|
| 자유주 | 영어 | 아프리칸스어, 소토어, 영어 |
| 콰줄루 나탈주 | 아프리칸스어, 영어, 줄루어 | 아프리칸스어, 영어, 줄루어 |
| 북부주 | 아프리칸스어, 영어, 은데벨레어,<br>페디어, 벤다어, 총가어 | 아프리칸스어, 영어, 은데벨레어,<br>페디어, 벤다어, 총가어 |
| 서케이프주 | 아프리칸스어, 영어, 코사어 | 아프리칸스어, 영어, 코사어 |

출처 : National Language Service의 자료(2001)
주 : 특정 공용어를 정하지 않은 주도 있다.

또 종래의 아프리칸스어계열 대학으로 여겨지던 대학에서 영어 강좌가 늘어나고 있다. 이러한 대학의 하나인 스텔렌보슈Stellenbosch대학의 학생모집 광고가 영자신문에 실렸다. '스텔렌보슈 대학은 고독하지 않다'

'미래를 향한 도전'이라는 표제어를 걸고, 아프리칸스어가 주요 교육언어지만 지적능력이 있으면 누구라도 들어올 수 있다는 사실을 강조하고 있다. 포체프스트룸Potchefstroom대학에서는 영어 중심 새 캠퍼스까지 만들었다. 위트워터스랜드Witwatersrand(이하 위츠Wits) 대학은 원래 영어계 대학인데 아프리칸스어 학과의 학생이 격감하자 2001년도부터 학생모집을 중지했다. 그 뿐 아니라 학과자체도 폐지하고 교원은 해고, 학생은 타대학에 이적시켰다.

그러면 아프리칸언어 지위가 올라갔나 하면 사태는 그렇게 낙관할 수 있는 상황이 아니다. 위츠 대학의 아프리카어 학과에서는 아파르트헤이트시대보다도 학생이 감소해서 교원도 반 이하로 줄었다고 한다. 정부의 압박이 없어지자 오히려 민족의식이 흐려졌을지도 모른다. 또 아프리칸언어를 하는 것 보다 영어가 돈이 된다는 실리적 문제도 있다.

두 번째 특징으로는 정부의 언어정책 강제가 사라지고 정부는 기본방침을 지시할 뿐 지역이나 학교, 그리고 부모에게 교육언어를 정하도록 한 것이다.[06] 이 때문에 초등학교에서 가정어home language[07]를 사용할 것인가, 사용한다면 몇 년간 사용할 것인가, 가정어에서 영어(혹은 아프리칸스어)로 전환은 몇 년째에 할 것인가 등의 문제를 논의할 때, 극단적으로 말하자는 학교 별로 방식이 달라져 버렸다. '남아공의 학교는~'과 같이 하나로 파악하여 논할 수 없게 된 것이다. 또 전통적 아프리칸스어계 학교에도 흑인이 입학하게 되자 영어를 교육 언어로 원하는 요청이 늘어, 문화적 전통을 지키고자 하는 아프리카나와 갈등을 겪는 일도 있다. 이 역시 다언어·다문화 사회의 일면이라 하겠다.

## 7. 아프리칸 언어의 진흥

새 헌법에 기반해 설치된 '전 남아공 언어위원회Pan South African Language Board' (이하 PANSALB)는 11개 공용어의 보급 및 발전에서 큰 책임을 진다. 법률에서는 공용어 뿐 아니라 코이어Khoi, 산어San, 수화, 나아가 독어나 구자라트어Gujarati 등 소수파의 언어, 아랍어, 헤브라이어, 산스크리스트어 등 종교의식용 언어를 존중하는 것도 활동 목표로 하고 있다. PANSALB은 단순한 자문위원회가 아니라 각 공용어의 보급, 지위향상, 각종조사, 연구, 번역, 출판, 정책제언 등 폭넓은 활동을 하고 있다. 나아가 언어권분쟁에 개입해 관청, 기업, 학교 등을 지도하는 일도 한다.

남아공 정부는 '무지개의 나라'라는 말에서 드러나듯이 다문화·다언어 사회를 만들기 위해 여러 시도를 하고 있다. 중등교육단계에서 제3언어 학습 장려(즉 백인이 아프리칸 언어를 학습)나 의학부에서 아프리칸 언어 학습의 의무화(영어만으로는 환자 진료를 충분히 할 수 없으므로)하는 것 등이 그 하나이다. 위츠대학의 아프리카어학과 교수에 따르면 기업 중에는 관리직에 아프리칸 언어 능력을 원하는 곳도 있다고 한다. 그 일례로 위츠대학 졸업생이 콰줄루 나탈주KwaZulu-Natal에 있는 회사에 취직해 노무관리를 하게 되었는데 거기에서는 흑인의 다수가 줄루어 화자이므로, 그 졸업생은 줄루어를 못한다는 이유로 잡무 같은 일에 배속 되었다고 한다.

그러나 앞서 말했듯 아프리칸 언어를 배우는 사람이 감소하면 교원 양성이나 교재 개발도 어려워진다. 시판 교재도 약간 있지만 중등학교나 대학 모두 대부분 교사가 스스로 제작한 프린트를 사용하는 것이 현실이다. 아프리칸 언어 신문도 줄루어 한 종류 뿐이고, 서점에서 아프리칸 언어 출판물을 찾기는 굉장히 힘들다. 단편 이야기 묶음 같은 것을 조금 볼 수 있지만 두께에 비해 값이 비싸서인지 그다지 팔리지 않는다. 팔리지 않으니 책도 나오지 않는다는 악순환이 반복되고 있다.

아프리칸 언어가 진정한 공용어로서 지위를 확보하기 위해서는 아직 과제가 많다. 그 하나는 표준어, 표준어법의 확정이다. 예를 들면 줄루어의 경우 동해안 지방의 줄루어와 내륙부에서 쓰는 줄루어 사이에 여러 차이가 있다. 그 때문에 줄루어를 배우러 가면 교사는 교과서에는 이렇게 쓰여 있지만 이 표현은 자신이 쓰는 줄루어와 다르다고 말한다. 무리해서 표준어를 정하려 하면 분쟁이 되기 십상이다. 또 하나의 문제는 학술용어와 기술용어이다. 적절한 번역어가 없으면 그대로 영어를 쓰게 된다. 경우에 따라서는 번역어가 어렵거나 길어서 사용하기 힘든 경우도 있다. 계산 분야는 아프리칸 언어로 큰 숫자를 계산하려고 하면 복잡하고 긴 표현이 되므로 영어를 쓰는 편이 간단하다고 한다. 머리를 짜내어 번역어를 고안해도 신문도 없고 사전도 없고 교과서도 없고 참고서도 없는 상황에서 번역어가 보급될 리 없으니 사라져 버린다. 실제로 반투 교육법 시대에는 모어에 의한 교육을 추진하기 위해 각 언어 위원회 Language Board를 만들고, 어휘를 만들려 했으나 그다지 보급되지 않은 채 사라진 것이 많다고 한다(Van Huyssteen 1999). 학교나 언론에서 사용하지 않으면 아프리칸 언어는 질적 성장이나 지위의 향상을 바랄 수 없다. PANSALB의 프로젝트 안에는 고등교육단계에서 줄루어를 사용한 화학 수업의 가능성 등의 과제가 포함되어 있다.

다민족국가에는 민족의 틀을 넘어 의사소통을 가능하게 하는 공통 언어가 필요하다. 남아공에서는 영어가 이미 사실상 그 자리를 점유하고 있다. LANGTAG의 최종보고서(1996)에서도 '단일 언어화의 흐름a drift towards unilingualism'이 보인다고 되어 있다.[08] 그러나 조사에 따른 편차는 있지만, 남아공 국민 중 영어를 어느 정도 이해하고 운용할 수 있는 사람은 40-60% 정도로 추정된다. 이는 뒤집어 말하면 국민의 약 반수는 영어를 거의 모른다는 것이다. 정치가가 영어로 연설을 해도 이해할 수 있는 것은 반수에 지나지 않는다.[09] 행정과 의료 등의 서비스도 충분히 받을 수 없다. 전

국민에게 영어를 강요하는 것은 인권침해가 될 가능성도 있다. 고등교육을 받고 공무원이 되고 무역업에 종사하는 일 등을 목표로 하는 사람에게 영어는 지극히 중요할 것이다. 그러나 농촌에 사는 많은 비영어화자에게 그 정도로 영어가 필요한지는 의문이다. 가정어와 지역공통어를 이해할 수 있으면 생활 가능한 사람도 많다. 그런 사람들이 영어를 못한다고 해서 차별받는 상황을 만드는 것은 바람직하지 못하다.

남아공이 빈곤의 박멸, 인종차별, 경제격차의 극복을 목표로 한다면 영어 보급과 더불어 아프리칸 언어의 지위향상은 어떻게든 필요할 것이다. 영어능력차가 경제력의 차이가 되는 현 상황을 방치하는 것은 매년 악화되는 치안의 개선을 어렵게 하는 일이기도 하다. 필자는 요하네스버그에서 강도를 만난 적이 한번 있다. 체포된 강도는 처음에는 간단한 영어로 취조에 응했지만 복잡한 말은 줄루어로 밖에 대답을 못했다. 경관이 줄루어 화자여서 다행히 괜찮았지만 그렇지 않았다면 어떻게 되었을까 문득 생각했다. 자신의 조서를 다 쓰고 나서 '위의 진술에 이의가 없다(I have no objection to~)'라고 쓰고 사인을 했는데, 이것을 본 가해자는 의미를 이해 못하고 자신을 고소하는 것인지 아닌지를 필자에게 물어봐서 깜짝 놀랐다. 이처럼 영어 능력이 충분하지 않은 젊은이에게 일을 줄 수 있을 것인지 진지하게 생각할 필요가 있다고 통감했다. 아프리칸 언어의 지위향상을 위해서는 우선 문화어, 근대어로서의 역할을 다 할 수 있을 정도로 언어개혁을 해야 한다. 다음으로 중등·고등교육, 나아가 기업과 언론으로 사용범위를 확대해 가는 것이 불가결하다. 아프리칸 언어를 배우는 것에 경제력과 메리트가 있다면 큰 진전이 있을 것임에 틀림없다. 그렇게 되면 흑인 뿐 아니라 백인이나 컬러드, 나아가 아시아계도 아프리칸 언어를 배우려 할 것이다.

아프리카 통일기구OAU가 1986년에 합의한 '아프리카를 위한 언어계획행동안the Language Plan of Action for Africa'에서는 아프리카인의 문화적 발전과 경제적 향상에 있어 고유어indigenous language의 이용이 중요하다는 사고가 기조가 되어 있고, LANTAG의 최종보고서(1996)에서도 '전 민중을 위한 교육은 비모어로 인한 장벽이 있다면 달성될 수 없다'고 서술하고 있다. 사람에 따라 언어능력이 낮아도, 이과계나 예술계 등에 능력이 있는 경우도 있다. 이러한 사람은 언어장벽으로 교육을 받을 수 없고 재능을 펼칠 기회도 얻지 못한다. 이는 관점에 따라서는 사회적으로 큰 손실이라 할 수 있다. 다언어사회를 논할 때 언어는 문제가 아니고 자원이라는 말이 있는데 어떤 언어를 말하는 사람도 모두 인재라고 하는 편이 적절할지도 모른다. 영어나 아프리칸스어 이외에도 사회적 기회가 확대되는 것이 바람직하다.[10]

금후 11개 공용어 정책이 명실공히 11공용어가 될 것인지 1공용어, 1준공용어, 9보조어라고 할 삼층구조로 고정될 것인지는 정부가 아프리칸 언어의 발전과 보급에 얼마만큼 진정성을 갖고 대처할 것인가에 달려있다.

## 8. 언어교육의 변화

1994년을 경계로 언어교육도 큰 변화를 보였다. 아파르트헤이트 시대는 인종별 교육을 행했으므로 어학교재도 인종별로 편찬되었다. 흑인용 영어교과서의 삽화에 나오는 등장인물은 흑인 뿐이며 활로 사냥하기, 나무타기와 물놀이, 동물과 곤충 등 농촌 생활에 관련된 내용이 대부분이었다. 거기에는 흑인은 백인이 사는 도시가 아니라 각 민족별로 만들어진 홈랜드에 살면 된다는 아파르트헤이트 이데올로기가 짙게 배어 있었다[그림 1 참조].[11]

현재 2005년도의 새 실라버스에 맞춘 교재가 차례로 개발되고 있는

데, 이미 큰 변화가 몇 가지 보인다. 우선 교재의 등장인물에 인종차별이 없어졌다(그림 2 참조). 종래의 영어교과서의 구성은 오랄 어프로치에 기초한 문형연습 중심이었는데, 새 교과서에서는 그림 보고 설명하기, 퀴즈나 퍼즐, 그룹워크나 페어워크 등 여러 활동이 요구되고 있다.

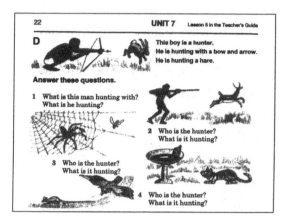

그림 1 : 아파르트헤이트 시대의 흑인용 교과서
New Day-by-day English Course(Std 2)의 초판 1982

그림 2 : 새 커리큘럼용 교과서
New Day-by-day English Course(Grade 4)의 초판 1996

여기에 배경이 되는 것이 종래의 input-driven에서 outcomes-based로의 흐름이다. 즉 '무엇을 가르칠 것인가'에서 '무엇을 할 수 있게 되는가'로 전환된 것이다. 이전의 영어교육은 어학 교수법의 훈련이 그다지 효과가 없었는지 낙오자가 굉장히 많았다. 이전 영어교원양성 모델은 '영어모어화자를 위한 코스'가 모델이었으며 '영문학 중심'이었다(Barkhuizen & Hough 1996)고 하는데, 이것도 낙오자를 만든 원인의 하나일 것이다. 현재는 의사소통중심 교수법을 도입하여 학습자 커뮤니케이션 능력을 육성하는 방향으로 전환하고자 하고 있다. 단 좀처럼 교육현장에서 이런 방식과 교수법을 이해하지 못하고, 이전과 같은 방식을 고수하는 교사가 적지 않은 것 같다. 필자가 요하네스버그에서 만난 백인영어교사는 공립학교를 그만두고 친구와 학원을 세워 낙오된 흑인 아이들을 위한 영어교육을 시작했다. 그녀는 그림과 도구를 써서 학생들에게 몸을 움직이면서 자신의 머리로 생각하고, 영어로 표현시키는 방법을 도입해 영어 능력을 향상시키기 위해 노력하고 있다고 말했다.

## 9. 다문화사회의 과제

남아공은 다언어·다문화의 공생이라는 이상을 목표로 한걸음 내딛었으나, 그 길은 평탄하지 않다. 가장 큰 과제는 경제성과 효율성일 것이다. 단일언어 사회라면 하나의 문서로 끝날 것을 11개의 언어로 같은 문서를 만들면 비용이 많이 든다. 2000년 8월에 포체프스트롬 대학에서 열린 PANSALB 회의는 영어와 아프리칸스어로 진행되었지만 6개언어 동시통역이 붙었다. 이정도 통역을 준비하는 것은 간단하지 않다. 국회, 재판소, 군대, 병원 등 여러 곳에서 다언어화 요구가 고조되고 있는 것은 사실하지만 남아공 정부 혹은 남아공 사회는 이에 대응할 수 있을까. 현재 재판소에서는 통역을 쓰는 것을 허용하고 있지만 그 통역이 능력부족으로 실수하거나, 일부분 밖에 통역을 못해서 피고인이 불리해 지는 경우가 있다고 한다. 이런 문제를 다루기 위해 예술문화과학기술부the Department of Arts, Culture, Science and Technology 안에 국가언어국National Language Service이 설치되어 관공서에 대한 언어정책, 수화나 전화를 포함하는 통역 지원책, 번역 추진책 등 여러 구체적 안을 짜내고 있다.

학교 교육으로 눈을 돌리면, 다언어사회를 실현하기 위해 많은 학습시간을 언어학습에 할애할 수 밖에 없게 된다. 남아공의 초중등학교에서는 학습시간의 약 반은 언어학습에 할당되고 있다(그림 3 참조). 일본이 만일 영어 제2공용어화를 정말로 추진한다면, 여유교육(역주 : ゆとり教育. 지식 전달보다 사고력배양과 경험을 중시해 학습시간과 항목을 줄인 교육방침) 같은 것은 꿈도 꿀 수 없게 된다. 그 지역에 사는 사람들이 같은 가정어 화자라면 상관 없지만 그 안에 소수의 다른 언어 화자가 있다면 아이들 교육을 어떻게 할 것인가 하는 문제가 발생한다. 소수의 학생을 위해 클래스를 만들고, 교사와 교재를 수배한다는 것은 현실적으로 불가능한 경우가 대부분일 것이다.

아파르트헤이트 시대에 학생은 모어별로 분리된 학교에서 배웠다. 이제 자유로이 학교를 선택할 수 있게 되어 영어를 교육언어로 하는 학교에도 영어가 제1언어가 아닌 학생들이 들어오게 되고, 교육현장에 혼란이 발생했다. 정부는 초등학교 저학년에서는 가정어로 교육을 하려고 하지만, 부모는 처음부터 영어 교육을 받게 하려고 하므로 문제가 발생한다. 부모 입장에서는 어차피 도중에 영어로 전환해야 한다면 아이들에게 이른 시기부터 영어를 배우게 해서 영어 능력을 향상시키기를 바란다.

## PROGRESS REPORT

Name of Pupil: __         Year: _1994_

Standard: ___5___         Admission Number: _11294_

### RECORD OF EXAMINATION WORK

| SUBJECTS | MAXIMUM MARKS | MINIMUM MARKS | FIRST TERM MARKS OBTAINED | PERCENTAGE | SECOND TERM MARKS OBTAINED | PERCENTAGE | THIRD TERM MARKS OBTAINED | PERCENTAGE | FOURTH TERM MARKS OBTAINED | PERCENTAGE |
|---|---|---|---|---|---|---|---|---|---|---|
| S/Sotho / Zulu | 150 | 60 | 88 | | 180 | | | | 254 | |
| Afrikaans | 150 | 60 | 64 | | 71 | | | | 84 | |
| English | 150 | 60 | 78 | | 107 | | | | 90 | |
| Mathematics | 150 | 60 | 40 | | 55 | | | | 77 | |
| Social Studies | 100 | 40 | 72 | | 71 | | | | 67 | |
| Religious Education | 100 | 40 | 94 | | 90 | | | | 76 | |
| Health Education | 100 | 40 | | | | | | | | |
| General Science | 100 | 40 | (32) | | (30) | | | | 47 | |
| Agricultural Science | 100 | 40 | | | 60 | | | | | |
| Handiwork/Needlework | 100 | 40 | | | | | | | 63 | |
| Music | 100 | 40 | | | | | | | | |
| **TOTAL MARKS** | | | 468 | | 666 | | | | 758 | |
| **PERCENTAGE %** | | | 66,9 | | 60,5 | | | | 63,2 | |
| **RESULT   P/F** | | | Passed | | Passed | | | | Passed | |
| **POSITION IN CLASS** | | | 6 | | 9 | | | | 11 | |
| **No. OF PUPILS IN CLASS** | | | 63 | | 63 | | | | 62 | |

**SCHOOL RE-OPENS ON:-**

FIRST TERM: _10 - 01 - 94_
SECOND TERM: _18 - 04 - 94_
THIRD TERM: _25 - 07 - 94_
FOURTH TERM: ...............

**NUMBER OF DAYS ABSENT**

FIRST TERM: _—_
SECOND TERM: _—_
THIRD TERM: ...............
FOURTH TERM: ...............
TOTAL: ...............

**SPECIAL NOTE:-**

EVERY PUPIL IS EXPECTED TO CONTRIBUTE R._10,00_ PER YEAR TO SCHOOL FUND. PARENTS AND GUARDIAN ARE REQUESTED TO CO-OPERATE IN CONTRIBUTING THE AMOUNT AT THE BEGINNING OF THE YEAR

그림 3 : 흑인 학생의 통지표(중1 상당)의 일부
통지표는 4학기 분이 있지만 3학기제의 학교이다. 농업과 기술을 한 학기 이수하지만
1년간 듣는 것은 어학 3과목과 수학, 사회, 종교, 이과 뿐이다.

그러나 이는 늘 성공한다고는 할 수 없다. 충분히 이해할 수 없는 언어로 새로운 지식을 배운다는 것은 아이들에게는 중압이며 좌절해도 이상할 것 없다. 교사 입장에서도 영어를 가정어로 하는 아이와 그렇지 않은 아이가 같은 클래스가 되면 충분히 대처하가 어렵다. 영어로 가르치는 학교의 교사가 학생의 가정어를 이해하거나 말할 수 있을 가능성도 낮다. 영어화자 학생들도 불만을 품고 비영어화자는 너무 어려워한다는 상황이 발생한다. 잘 진행된다 하더라도 가정어 유지는 어떻게 할 것인가 하는 문제가 다시 발생한다.

정부는 부가적(additive 역주 : 자신의 모어에 제2언어를 더해 바이링구얼이 되

는 것) 언어학습을 제창하고 있지만 결과적으로 감소적(subtractive 역주: 자신의 모어를 상실하고 새 언어로 옮겨 가는 것)이 되는 경우도 적지 않다. 부모가 벤다인과 츠와나인이라는 소웨토 출신 학생은 가정에서도 영어를 쓰므로 부모가 하는 말을 알아듣지만, 자신은 부모의 언어로 제대로 말할 수 없다고 말했다. 이렇게 되는 큰 원인은 부모와 아이 모두 가정어의 가치를 낮게 보기 때문이라 할 수 있다. 부모의 의식 안에 가정어는 아이가 자연스럽게 배운 것이니까 학교에서 학습할 필요가 없고 시간 낭비이며 도움 되지 않는다는 생각이 만연한 것이 영향을 미치고 있다.[12]

오늘날 남아공의 흑인에게 필요한 것은 케냐 출신의 작가 응구기기Ngugi wa Thiong'o의 유명한 말 '정신의 탈식민지화'일지도 모른다. 바꿔 말하면 현재 헌법의 이상에 기반한 언어정책을 실현시키는 것은 민중의 마음을 개혁하는 투쟁을 의미하는 것이 될 것이다. 이러한 의식개혁 없이 잔재주를 피워봐야 효과는 없을 것임에 틀림없다. 남아공이 진정 다언어·다문화 공생사회를 구축하기 위해서는 이 점이 중요한 과제이다.

## 주석

01 각 언어에는 언어를 대표하는 접두사가 붙어 있는데 외래어 표기에서는 보통 생략된다. 페디어는 북소토(Northern Sotho)어 중 유력언어인데, 페디어를 북소토어, 소토어를 남 소토어라고 하기도 한다.

02 처음 성서가 나온 것은 1933년

03 초등학교 첫 2년을 sub-Standard라고 부르므로 5학년에 해당.

04 '반투(Bantu)'는 '원주민(Native)'의 대용어로 아파르트헤이트 시대에 '흑인'의 의미로 쓰였던 말.

05 Linking Language라고도 한다.

06 헌법 29조 2항에서는 실행 가능한 범위에서 공용어 중 교육언어를 선택할 수 있는 권리가 있다고 되어 있다.

07 모어와 같은 의미인데 mother tongue은 아파르트헤이트 시대 교육의 안 좋은 이미지가 있어서 남아공에서는 일반적으로 home language라고 한다.

08 급속하게 영어화가 진행되고 있는 것은 인도계 주민이다. 1951년에는 약 12만 명의 타미르어 모어화자가 있었지만 1991년 인구조사에는 겨우 4103명으로 감소했다.

09 11개 공용어가 인정되고 있는데도 불구하고 Pandor(1995)의 조사에 따르면 1994년 국회 연설의 87%가 영어였다고 한다. 영어를 말하는 것이 prestige(위신)가 된다는 것은 확실하다.

10 Heugh(1995)는 영어 단일어화를 목표로 한 잠비아와 영어/유력민족어/모어라는 삼층구조를 목표로 한 나이제리아를 비교하여 일부 영어를 이야기하는 특권계층을 만들어낸 잠비아의 정책은 사회적 경제적으로 실책이었다고 평하고 있다.

11 Std2는 Grade4와 같다고 간주할 수 있다. 옛 교과서는 모어교육 안에서 하나의 교과로 가르쳤으므로 그다지 수준이 높지 않다. 현재진행형 학습에는 수렵 장면이 사용된다. 등장인물은 흑인 뿐. 새 교과서는 흑인의 자신감을 키우고, 백인, 흑인, 아시아인이 화해하는 것을 의도하고 있다. 등장인물도 인종별로 나누지 않고, 어휘나 문법 학습 사이사이에 토론이나 읽을거리 등이 삽입돼 있다. 동물의 울음이나 시간 표현 등이 배치되어 있기도 하고 쉬운 부분과 어려운 부분이 섞여 있는 인상을 준다.

12 아프리칸 언어를 사용하려는 기운이 조금씩 돌고 있다. 2000년 8월에 포체프스트롬 대학에서 열린 PANSALB 회의의 테마는 '고등교육의 언어정책'이었는데 거기에서는 학생들이 모어로 답안을 작성하고 싶다, 디스커션을 모어로 하고 싶다 등의 요청이 늘어나고 있다는 보고가 있었다. 모어로 디스커션을 시키면 활발한 의견이 나오지만, 모어로 쓰여진 답안을 교사가 채점할 수 없어서 곤란하다는 의견이 있었다.

참고문헌

L. トンプソン(宮本正興他訳) 1998. 『南アフリカの歴史』東京：明石書店

山本忠行 2001. 「言語政策から見たソウェト蜂起」『アフリカ研究センター年報』
　　第6・7・8合併号 東京：創価大学アフリカ研究センター

Alexander, N. 1995. "Multilingualism for Empowerment", Heugh,K.(eds.) *Multilingual Education for South Africa*, Johannesburg: Heinemann, pp.37-41.

Alexander, N. 1999. "Language and the national question", G.Maharaj (ed.), *Between Unity and Diversity*, Cape Town: Idasa, pp.17-31.

Barkhuizen, G.P. & Gough, D. 1996. "Language Curriculum Development in South Africa: What Place for English", *TESOL Quarterly 30 (3)*, TESOL, pp.453-472.

Barkhuizen, G.P. & de Klerk V. 2000. "The role of Xhosa in an Eastern Cape army camp", *South African Journal of African Languages 20 (2)* Pretoria: African Language Association of South Africa, pp.187-193.

Heugh, K. 1995. "Disabling and enabling: implications of language policy trends in South Africa", Mesthrie, R.(ed.) *Language and Social History*, Cape Town: David Philip, pp.329-350.

Hyslop, J. 1999. *The Classroom Struggle: Policy Resistance in South Africa 1940-1990*, Pietermarizburg: University of Natal Press.

Kamwangamalu,N.M. 2000. "A new language policy, old language practices: status planning for African languages in a multilingual South Africa", *South African Journal of African Languages 20 (1)*, Pretoria: African Language Association of South Africa, pp.50-60.

LANGTAG. 1966. *Towards a National Language Plan for South Africa: Final Report of the Language Plan Task Group*, Pretoria: LANGTAG.

NEPI. 1992. *Language: Report of the NEPI Language Research group*, Cape Town: Oxford U.P.

Ngugi wa Thiong'o. 1986. *Decolonising the Mind*, Nairobi: East African Educational Publishers.

Pandor, N. 1995. "Constitutional multilingualism: problems, possibilities, practicalities," *Proceedings of the Southern African applied linguistics association conference*, 15: pp.57-54.

UNESCO. 1953. *Monographs on Fundamental Education: The Use of Vernacular Lan-*

*guages in Education*, Paris: UNESCO.

Van Huyssteen, L. 1999. "Problems regarding term creation in the South African African Languages, with special reference to Zulu", *South African Journal of African Languages 19(3)*, Pretoria: African Language Association of South Africa, pp.179-187.

# 후기

가와하라 도시아키河原 俊昭

본서의 출판 경위에 대해 서술하겠다. 필자 9명은 언어정책에 관심을 갖고, 최근 수년간 매월 독서회를 이어왔다. 거기에서 사회언어학, 언어교육에 관한 기본 도서를 읽고 서로 의견을 나누었다. 또 전문가를 초빙해 언어정책에 관한 귀중한 이야기를 듣기도 했다. 그런 와중에 우리들이 품은 문제의식을 어떤 형태로든 책으로 엮어 발표하고 싶다고 생각하게 된 것이다. 다행히 이번에는 구로시오 출판사의 오카노 히데오 씨, 후쿠니시 도시히로 씨, 다키가미 교코 씨의 이해와 격려로 우리의 바람이 이루어지게 되었다. 이 자리를 빌려 감사를 표하고 싶다.

본서의 용어 통일에 대하여 약간 서술해 두겠다. 당초 집필자끼리 용어를 통일하려고 여러모로 검토했으나, 최종적으로 집필자의 언어관의 근간에 관련된 용어는 각자의 판단에 따르기로 했다. 따라서 본서의 용어는 엄밀하게 통일되어 있지는 않다. 단 이번 경험을 통해 이 분야의 용어를 정리해 언어정책용어사전이라는 형태로 언젠가 발표하고 싶다고 생각하게 되었다.

필자들은 용어뿐 아니라 언어관도 각각 다르다. 그러나 머지 않은 장래에 일본은 다언어사회를 향해 가리라 예상하며, 이에 대처하는 언어정책으로 동화주의보다는 다언어주의가 보다 적절하다는 공통인식을 갖고 있다.

    본서는 이러한 확신에서 9명의 집필자가 각 분야의 연구에 기반해 담당국과 지역의 언어정책을 역사적 시점을 더해 쓴 것이다. 여기에서 언어정책에 대해 교훈적인 이야기를 쓰거나 이상론을 펼치고자 하는 의도는 없다. 이들 나라나 지역의 언어정책에 대해 담담히 서술하려 생각한 것이다. 또 너무 전문적인 기술보다는 일반 독자도 이해할 수 있는 평이한 문체를 쓰려 했다. 본서가 언어문제에 관심 있는 독자에게 조금이라도 도움이 되기를 바랄 뿐이다.

편저자 소개

**가와하라 도시아키河原 俊昭** 교토 고카여대 교수. 도쿄대 문학부 졸업, 가나자와 대학 박사(사회환경과학
　　　　　 연구과). 편저서에 『다언어사회가 다가온다』(구로시오 출판), 『외국인과 함께
　　　　　 사는 사회가 다가온다』(구로시오 출판) 등

역자 소개

**채성식** 고려대학교 일어일문학과 교수
**조영남** 고려대학교 일어일문학과 교수
**김현아** 고려대학교 글로벌일본연구원 HK연구교수
**백이연** 고려대학교 글로벌일본연구원 HK연구교수

# 세계의 언어정책 1
다언어사회와 일본

초판 인쇄 2017년 8월 17일
초판 발행 2017년 8월 24일

편　저　자　가와하라 도시아키
역　　　자　채성식, 조영남, 김현아, 백이연

펴　낸　이　이대현
책 임 편 집　권분옥
편　　　집　이태곤 홍혜정 박윤정 문선희
디　자　인　안혜진 홍성권
기획/마케팅　박태훈 안현진 이승혜
펴　낸　곳　도서출판 역락
　　　　　주　　소　서울시 서초구 동광로46길 6-6 문창빌딩 2층(우-06589)
　　　　　전　　화　02-3409-2060(편집부), 2058(영업부)
　　　　　F A X　02-3409-2059
　　　　　이 메 일　youkrack@hanmail.net
　　　　　블 로 그　blog.naver.com/youkrack3888
　　　　　등　　록　1999년 4월 19일 제303-2002-000014호

ISBN　　　979-11-5686-958-0 94700
　　　　　979-11-5686-957-3 (세트)

정가는 뒤표지에 있습니다.

○ 이 번역서는 2007년 정부(교육과학기술부)의 재원으로 한국연구재단의 지원을 받아 수행된 연구임(NRF-2007-362-A00019)
○ 본서의 내용은 일본어판 간행년도인 2003년을 기준으로 한 것이며 이후 제반 사정이 변경되었을 가능성이 있음.